# 教職みちくさ道中記

森岡孝二 著

桜井書店

# はしがき

私は二〇一四年三月で関西大学を退職します。一九六九年一〇月に大阪外国語大学（現大阪大学外国語学部）の助手として教職に就いて、四四年六か月になります。外大で教えた学生たちの多くは定年で退職しています。

関西大学経済学部に移ったのは一九七四年四月でした。それから四〇年になります。この間、講義はずっと二つの科目を担当してきました。科目名は時期によって異なりますが、一九九〇年代後半からは一回生中心の「政治経済学入門」と三回生中心の「応用政治経済学」の二つでした。ほかに三回生と四回生のゼミナールも持ちました。いまこうして元気で退職できるのは、授業で接してきた大勢の若い学生から清新なエネルギーをもらってきたからだと思います。

本書は、私の退職を機に、この四半世紀に書き溜めた雑文をエッセイ集として編んだものです。

振り返ると、学生や教育についての文章は、関西大学の広報紙や経済教育学会の発行物などに書いたものがいくつかあるとはいえ、一つの柱を立てるほどの数はありません。それもあってタイトルは「教職一路」ではなく、『教職みちくさ道中記』としました。「みちくさ」としたのは、教職をおろそかにしたつもりはありませんが、教職人生の途中で学外の社会活動にかかわったり、趣味のバードウォッチングを楽しんだりするなかで、見たこと考えたことが主な内容になっているからです。

私の若い頃、一橋大学にいた野々村一雄先生が『学者商売』（新評論、一九七八年）というエッセイ集を出されました。論文の書き方など研究や教育の話もありますが、どちらかというと学者稼業の裏面を面白く書いた本です。この本が出た当時、池波正太郎の小説『剣客商売』が『小説新潮』に断続的に連載されていました。

今は亡き野々村先生に倣えば、私の稼業も学者商売ということになるでしょうが、学者修行については少し引け目があります。私が香川大学経済学部を卒業したのは一九六六年です。その一年後に京都大学大学院経済学研究科に進み、修士論文を書いた頃は、いわゆる大学紛争の最中でした。私は「大学民主化」と「封鎖反対」を唱える側にいて、ある時期は連日のように集会やビラ撒きやビラ書きをしていて、じっくり勉強するどころではありませんでした。修士論文もやっつけで書いたというのが偽りのないところです。

マックス・ウェバーという著名な社会学者が『職業としての学問』（尾高邦雄訳、岩波文庫）という講演録のなかで、「こんにちなにか実際に学問上の仕事を完成したという誇りは、ひとり自己の専門に閉じこもることによってのみ得られる」と述べています。これに照らすなら、専門に閉じこもったことのない私は、学問を職業とする者の心構えを初めから欠いていたともいえます。

その一方、ウェーバーは、大学で学んだ者が、教員となり教授となるためには偶然の幸運を待つほかはないと言います。大学教師の運命を決めるものが能力ではなく幸運であるというウェーバーの見方は、私に関しては当たっています。博士課程に進んだ直後に、大阪外国語大学の英語科(夜間部)でアメリカ経済論担当の採用人事が持ち上がり、私の修士論文が「アメリカにおける一九四六年雇用法」だったというだけで、幸運にも就職できました。一九七四年四月から関西大学経済学部に移ることができたのも、外大の同僚には申し訳なかったとはいえ、英語が苦手で英語科になじめなかった私には幸運でした。

二〇一四年一月二〇日、関西大学で私の最終講義があり、「働き方から見た日本経済の半世紀——学生時代からの自分史と重ねて」というタイトルで話をしました。そこでとくに取り上げたのは六〇年代前半、七〇年代半ば、八〇年代後半、九〇年代後半、二〇一〇年代です。これらの五つの時期のうち、とりわけ時間を割いたのは、バブル経済のなかで過労死が多発し、私が研究のうえでも社会運動のうえでも過労死問題にのめり込んだ八〇年代後半です。

過労死問題が深刻な社会問題になって今日まで四半世紀が経過しました。このエッセイ集に収録した私の雑文も、この四半世紀のあいだに書かれたものです。しかし、いましがた気づいたのですが、本書には過労死問題に関する拙稿は意外にわずかしか入っていません。過労死問題については、論文や研究ノートのかたちで比較的長い文章をかなりたくさん書いてきた結果、かえって本書に収めたような一〇〇〇字から二〇〇〇字程度の短い文章はあまり書いていないからでしょう。

本書は第Ⅰ章「気まぐれバーディング」、第Ⅱ章「単身遊学」、第Ⅲ章「ニューヨーク通信」、第Ⅳ章「会社ウォッチング」、第Ⅴ章「ブックレビュー」、第Ⅵ章「働き方連続エッセイ」の六つの章からなっています。

各章の冒頭でも述べましたが、はしがきをまず読む人のために、あらためてそれぞれの章で何を取り上げたかを説明しておきます。

第Ⅰ章には、二〇〇一年一二月から「森岡孝二のホームページ」にポストしてきた探鳥エッセイを収録しました。たんなる探鳥記は単調すぎておもしろみに欠けるので、テーマ性のある鳥談義を中心に載せています。鳥の写真はピクスタ(PIXTA)社から提供していただきました。

第Ⅱ章には、関西大学の在外学術研究員として、一九八五年四月から八六年二月まで、ロンドン・スクール・オブ・エコノミックスというイギリスの経済系の大学に遊学したときの想い出を、一九八八年五月末から六月初めの中国旅行の印象記と合わせて収めています。

第Ⅲ章には、二〇〇一年四月から半年、関西大学から在外調査研究の機会を与えられ、ニューヨーク市のニュースクール大学に滞在したときの見聞を、当時のEメール通信の記録をもとに並べました。この章と各章の扉には妻が家族に宛てたニューヨークの人と風景のハガキ絵もいくつか載せています。

第Ⅳ章には、一九九六年に株主オンブズマンが設立されてから最近まで新聞などに寄稿してきた、企業のあり方に関する短い論説を中心に収録しています。内容は企業統治や情報開示に関するものがメインですが、労働時間や有給休暇など働き方に関する発言も含まれています。

第V章には、二〇〇六年一一月からほぼ三か月に一度の割合で、『週刊エコノミスト』誌(毎日新聞社)に寄稿してきた三〇本の短い書評を集めています。評者である私の関心で選んだ結果、いきおい雇用・労働分野を扱った本が中心になっています。

第VI章には、NPO「働き方ASU-NET」とその前身の「働き方ネット大阪」のホームページの「森岡孝二の連続エッセイ」欄に掲載してきた拙文を収めました。連載はまもなく二五〇回になりますが、ここには比較的アクセスが多かった回を中心に三四本を選んでいます。

時間的順序からいえば、IIが一番早く、IV、IIIと続きますが、書いた順番に並べなかったのは読みやすさを考慮してのことです。しかし、どこから拾い読みしていただいてもけっこうです。

二〇一四年一月二〇日最終講義の日に

森岡孝二

教職みちくさ道中記

# 目次



## I 気まぐれバーディング

ミサゴの狩りも楽ではありません　二〇〇五月一〇月九日……046
コウノトリの郷公園を訪ねて　二〇〇六年三月六日……048
関西大学逍遥歌二番の雁について　二〇〇六年三月二五日……050
北帰行、デートの罪で退学処分　二〇〇六年四月六日……053
ツバメは冷遇されてきた　二〇〇七年四月二一日……056
蕪村と一茶に愛でられたツバメ　二〇〇七年四月二七日……058
藤沢周平「玄鳥」――つばめのおとずれは夏の到来を告げるか　二〇〇七年六月五日……060

## II 単身遊学

チェルシーの出会い――一九八五年四月　『プロシューム』第一二号　一九九〇年五月……065
サンミッシェル通りの別れ――一九八五年九月　『プロシューム』第一三号　一九九〇年六月……066
ヒースローの出迎えと別れ――一九八五年八月　『プロシューム』第一四号　一九九〇年七月……068
ハイドパークの鳩――一九八五年一〇月　『プロシューム』第一五号　一九九〇年八月……070
ピットロホリーの秋――一九八五年一〇月　『プロシューム』第一六号　一九九〇年九月……071
バーミンガム、そしてニューリン――一九八五年一一月　『プロシューム』第一七号　一九九〇年一〇月……073
ハムステッドの丘の病院――一九八六年一月　『プロシューム』第一八号　一九九〇年一一月……075
天安門の民主の女神――一九八八年五月～六月　『プロシューム』第一九号　一九九〇年一二月……076

# Ⅲ ニューヨーク通信

## Ⅳ 会社ウォッチング

企業経営に今こそ厳正なルールを　朝日新聞「論壇」一九九六年三月一三日……143
企業改革は株主総会から　朝日新聞「論壇」一九九六年七月一二日……145
社員が死んで会社が太る　毎日新聞「コンパス(1)」一九九七年二月一日……147
株主の疑問に答えよ　毎日新聞「コンパス(2)」一九九七年三月一日……149
「時間無制限」が総会屋根絶　毎日新聞「コンパス(3)」一九九七年四月五日……150
伝統産業護れぬ土木づけ　毎日新聞「コンパス(4)」一九九七年五月一〇日……152
個人株主よ、発言しよう　毎日新聞「コンパス(5)」一九九七年六月七日……154
長時間労働が危険を招く　毎日新聞「コンパス(6)」一九九七年七月五日……156
株主の経営監視の芽を摘むな　朝日新聞「論壇」一九九七年九月二四日……157
企業は障害者雇用の責任果たせ　朝日新聞「論壇」一九九九年七月二〇日……160
企業献金　抜け道残す改革はもう限界　朝日新聞「私の視点」二〇〇三年八月一九日……162
日本人にもバカンス必要　読売新聞「論点」二〇〇三年七月二五日……165
内部告発を育てる制度を　毎日新聞「発言席」二〇〇三年一月二六日……167
東電の原発損傷隠し事件を「厳重注意」で幕引きしてはならない
株主オンブズマン・ホームページ　二〇〇二年一〇月八日……169
「人の時計」を「森の時計」に　北海道新聞夕刊　二〇〇五年一〇月二五日……173
ワーキングプアと国家の責任　東京新聞夕刊「文化」欄　二〇〇七年四月二日……175
役員報酬の個別開示から見えてきたもの　朝日新聞「法と経済のジャーナル」　二〇一〇年八月二日……177

◎原発事故で問われる東電と経団連の企業倫理　朝日新聞「法と経済のジャーナル」◆二〇一一年四月一〇日……180
◎過重労働対策に過労死防止基本法の制定を　朝日新聞「私の視点」◆二〇一二年七月一四日……184
◎「まともな仕事」労働時間をまず適正化　読売新聞「論点」◆二〇一三年六月一四日……186

# V

## ブックレビュー

◎『労働ダンピング——雇用の多様化の果てに』中野麻美 著　『週刊エコノミスト』◆二〇〇六年一一月二一日号日……191
◎『ユニオン力で勝つ』設楽清嗣・高井　晃 著／旬報社　『週刊エコノミスト』◆二〇〇七年三月二七日号……192
◎『現代の貧困——ワーキングプア／ホームレス／生活保護』岩田正美 著／ちくま新書
『週刊エコノミスト』◆二〇〇七年六月二六日号……194
◎『格差社会ニッポンで働くということ』熊沢　誠 著／岩波書店　『週刊エコノミスト』◆二〇〇七年一〇月二日号……196
◎『エンドレス・ワーカーズ』小倉一哉 著／日本経済新聞出版社　『週刊エコノミスト』◆二〇〇八年一月一五日号……197
◎『不安な経済／漂流する個人——新しい資本主義の労働・消費文化』リチャード・セネット 著／森田典正 訳／大月書店
『週刊エコノミスト』◆二〇〇八年四月一日号……199
◎『反貧困——「すべり台社会」からの脱出』湯浅　誠 著／岩波新書　『週刊エコノミスト』◆二〇〇八年七月八日号……201
◎『名ばかり管理職』ＮＨＫ取材班 著／ＮＨＫ出版生活人新書　『週刊エコノミスト』◆二〇〇八年一〇月一四日号……202
◎『失墜するアメリカ経済——ネオリベラル政策とその代替策』ロバート・ポーリン 著／佐藤良一・芳賀健一 訳／日本経済評論社
『週刊エコノミスト』◆二〇〇九年一月一三日号……204

●『新自由主義の破局と決着』二宮厚美 著／新日本出版社 『週刊エコノミスト』❖二〇〇九年四月七日号……206

●『グローバル資本主義と日本経済』鶴田満彦 著／桜井書店 『週刊エコノミスト』❖二〇〇九年七月二一日号……208

●『大搾取！』スティーブン・グリーンハウス 著／曽田和子 訳／文藝春秋 『週刊エコノミスト』❖二〇〇九年九月二九日号……209

●『大収縮――検証・グローバル危機』日本経済新聞社 編／日本経済新聞社
『週刊エコノミスト』❖二〇〇九年一二月二九日・二〇一〇年一月五日迎春合併号……211

●『働きすぎに斃れて――過労死・過労自殺の語る労働史』熊沢 誠 著／岩波書店
『週刊エコノミスト』❖二〇一〇年三月三〇日号……213

●『社員切りに負けない！』鈴木 剛 著／自由国民社 『週刊エコノミスト』❖二〇一〇年六月二二日号……215

●『日本の教育格差』橘木俊詔 著／岩波新書 『週刊エコノミスト』❖二〇一〇年九月一四日号……216

●『減速して生きる――ダウンシフターズ』高坂 勝 著／幻冬社 『週刊エコノミスト』❖二〇一〇年一一月九日号……218

●『市民社会とは何か――基本概念の系譜』植村邦彦 著／平凡社新書 『週刊エコノミスト』❖二〇一〇年一二月七日号……220

●『人権としてのディーセント・ワーク――働きがいのある人間らしい仕事』西谷 敏 著／旬報社
『週刊エコノミスト』❖二〇一一年五月三一日号……221

●『ルポ 東京電力 原発危機一カ月』奥山俊宏 著／朝日新聞出版 『週刊エコノミスト』❖二〇一一年八月二九日号……223

●『金融が乗っ取る世界経済――二一世紀の憂鬱』ロナルド・ドーア 著／中公新書
『週刊エコノミスト』❖二〇一一年一一月二九日号……224

●『資本の〈謎〉――世界金融恐慌と二一世紀資本主義』デヴィッド・ハーヴェイ 著／森田成也・大屋定晴・中村好孝・荒井田智幸 訳／作品社
『週刊エコノミスト』❖二〇一二年四月二四日号……226

●『国民のためのエネルギー原論』植田和弘・梶山恵司 編著／日本経済新聞出版社
『週刊エコノミスト』❖二〇一二年二月七日号……228

◎『私たちは〝99％〟だ――ドキュメント ウォール街を占拠せよ』オキュパイ！ガゼット編集部 編／肥田美佐子 訳／岩波書店
『週刊エコノミスト』二〇一二年七月一〇日号……230
◎『ヒーローを待っていても世界は変わらない』湯浅 誠 著／朝日新聞出版
『週刊エコノミスト』二〇一二年九月一八日号……231
◎『原発とは結局なんだったのか――いま福島で生きる意味』清水修二 著／東京新聞
『週刊エコノミスト』二〇一三年一月二七日号……233
◎『日本の転機――米中の狭間でどう生き残るか』ロナルド・ドーア 著／ちくま新書
『週刊エコノミスト』二〇一三年二月一九日号……235
◎『労働組合運動とはなにか――絆のある働き方を求めて』熊沢 誠 著／岩波書店
『週刊エコノミスト』二〇一三年五月二八日号……237
◎『生活保護――知られざる恐怖の現場』今野晴貴 著／ちくま新書 『週刊エコノミスト』二〇一三年九月三日号……238
◎『家事労働ハラスメント――生きづらさの根にあるもの』竹信三恵子 著／岩波新書
『週刊エコノミスト』二〇一三年一一月一九日号……240

## VI 働き方連続エッセイ

◎働き方はライフスタイル 第一回 二〇〇八年五月一二日……245
◎睡眠不足は危険がいっぱい 第三回 二〇〇八年五月二三日……246

- 朴元淳市長との面談もかない収穫の多いソウル四日間の旅でした　第一七八回 ◆二〇一二年五月三〇日……288
- ブラック企業すぎるワタミの冷酷非情な働かせ方　第一六六回 ◆二〇一二年三月三日……290
- 大阪が首都になり「維新諸法度《はっと》」が公布されたら　第一八二回 ◆二〇一二年六月二四日……293
- 国家戦略会議の冷酷非情な「四〇歳定年制」提言　第一八四回 ◆二〇一二年七月七日……296
- 安倍首相が返り咲くと残業ただ働き法案が生き返る？　第一九七回 ◆二〇一二年九月二七日……298
- 天王寺動物園の元日開園を迫る橋下大阪市長に批判ツイッター　第二〇九回 ◆二〇一三年一月二日……300
- 働く者には踏んだり蹴ったりのアベノミクス　第二二〇回 ◆二〇一三年四月一七日……302
- 日本の労働者を年収一〇〇万円で働かせるのがユニクロ　第二二一回 ◆二〇一三年四月二四日……305
- 橋下さん、ツイッター乱発で政治生命がツイエター！　第二二三回 ◆二〇一三年五月一八日……307
- ＮＨＫラジオに出演し、過労死問題でコメント　第二二七回 ◆二〇一三年六月二二日……309
- バイト学生がこれだけ多ければ労組結成も当然　第二三三回 ◆二〇一三年九月八日……311
- 議員連盟が過労死防止基本法の早期制定に動き出す　第二四二回 ◆二〇一三年一一月二〇日……312

謝辞……316

第Ⅰ章の野鳥の写真はピクスタ（PIXTA）社の提供。
各章の扉および第Ⅲ章の挿画は森岡清のハガキ絵。

# 教職みちくさ道中記

# I
# 気まぐれバーディング

# I

私は一九九〇年代初め、四〇代半ばごろからバード・ウォッチングを楽しむようになりました。最初は家の近くの川辺や野山を歩いて双眼鏡で野鳥を見るだけでしたが、一〇年ほど経った二〇〇一年一二月に「森岡孝二のホームページ」を開いたのをきっかけに、「気まぐれバーディング」と題して、ここに収録したような拙い探鳥エッセイを書くようになりました。読み返してみると、たんなる探鳥記は単調すぎておもしろみに欠けます。その点を考慮して、ここには多少ともテーマ性がある鳥談義を中心に載せることにしました。野外の探鳥をエンジョイする時間がないことも、机上の鳥論といいますか、トリをネタに理屈をこねる一因になっているのではないかと反省しています。

なお、二〇〇六年三月からはブログ版「ささなき通信」に載せるようになり、文体が「です・ます」から「である」調に変わっています。

また、二〇〇八年五月からは、「働き方ネット大阪」のホームページに働き方をテーマに連続エッセイを連載するようになって、バーディング・エッセイのほうはすっかりお留守になってしまいました。ここに収めた鳥談義が二〇〇七年で終わっているのは主にそのためです。

## 高槻市西大樋の小さな公園
### ——イカルはどう鳴くか
二〇〇二年三月二四日

今日は家の近所のスーパーに買い物に行った帰り道、ちょっと立ち寄った小さな公園で、桜の蕾をついばむイカルたちをじっくり見ることができました。一〇羽までは数えました。もっといたかもしれません。

大きさはムクドリくらい。嘴《くちばし》がやたらと大きく、鮮やかな黄色。声がいい。まるで美しい口笛のように、ヒョーヒーヒョーヒーと聞こえます。「ただし、私には」、と付け加えなければなりません。手元の図鑑(『日本の野鳥』山と渓谷社)には、〈「キィーコーキィー」とか「キョコ、キィー」「キキキィーコ、キコキコキィー」などと、明るく朗らかな声でさえずる〉とあります。

鳥のさえずりを、何か意味のありそうな言葉に例えるのを「聞き倣《な》し」といいます。たとえばホトトギスは「特許許可局」、ツバメは「土喰うて虫喰うて渋い」というように。ヒバリは高利貸をなじって「一升貸して一斗取る、利取る、利取る」、「日一分、日一分」と鳴くとか。池澤夏樹の『むくどりとしゃっきん鳥』というエッセイ集には「借金返しちくりー、借金返しちくりー」と鳴く鳥の話が出てきます(私の郷里の大分県でも「してくれ」を「しちくりー」と言います)。沖縄にいるシロガシラです。沖縄にはヒバリは少ないようですが、ヒバリが「利取る、利取る」「日一分、日一分」と鳴

イカル

くそばで、シロガシラが「借金返しちくりー」と鳴いたら面白いでしょうね。

イカルの場合は「お菊二十四」とか「あけべべ着い」(赤いべべ着い)と聞こえるのだそうです。「月日星《つきひほし》」と鳴くともいいます。「日本の鳥百科」(サントリーのホームページ)では、いろんな鳥たちのさえずりを楽しむことができます。あなたにはイカルのさえずりはどのように聞こえますか。

古名は奈良の斑鳩と同じ「イカルガ」だったそうです。万葉集にも「いかるが」と出てくるとか。ただし漢字では斑鳩はジュズカケバトを指すので、イカルには、嘴の大きな鳥を意味する国字の鵤をあてるのが正しいようです。菅原・柿澤編著『日本鳥名由来辞典』(柏書房)には、ほかに「マメマワシ」「マメウマシ」「マメ」「マメワリ」といった呼び名も出ています。いずれもマメのような木の実を食べるのにふさわしい嘴の持ち主であることに由来する名前だと考えられます。

## 熊野古道の不思議な鳥おじさん

二〇〇二年四月二九日

連休前半の二七日から二九日、友人夫婦の案内で、御坊に一泊したあと竜神温泉、中辺路を経て本宮町までパートナーの運転で走りました。二日目は川湯温泉のかめやに泊まり、翌日、熊野本宮大社旧社地の大斎原《おおゆのはら》から伏拝王子までの熊野古道を二人で歩きました。かめやは大塔川の掘れば温泉という川原を臨む場所にある、料理のおいしい純和風旅館です。鯉のぼりが泳ぐ川原の朝風呂はややぬるめでしたが、実に風情がありました。

里も山も聞こえてくるのはウグイスのさえずりです。ケキョ、ケキョ、ケッキョ、ケキョ、ホーホケキョ……。この時期、ウグイスは次第に梢に姿を現すようになります。実際、声のするほうを見上げると、高い枝で鳴いているのが見えました。

ほかに出会ったのは、セグロセキレイ、ハクセキレイ、ホオジロ、カワラヒワ、トビなどでした。もちろん、スズメもハシボソガラスもいましたが。初めて姿を見たのは、大斎原で見たコルリでした。大きさはルリビタキとほぼ同じ、雄は色も似ていますが、わき腹の薄いオレンジがないところがルリビタキとは異なります。

熊野本宮の脇から少し行ったところで、不思議な鳥おじさんに出会いました。というより正確には、鳴き声に引き寄せられて、鳥おじさんの家に立ち寄りました。その人は、小さなあばら家に一人で住んでいるようです。周囲はスズメのお宿のようなところで藪に囲まれた狭い畑があります。家の周りにはなんと二〇個ほどの手製の鳥篭がぶら下げられ、ヤマガラがツーツーピィ、メジロがチィチィチュー。数はヤマガラがやや多いようでした。鳥もちと落し仕掛けの籠で捕ったのだと聞きました。

鳥たちの水浴びの仕掛けもおじさんが自分で作ったとか。鳥籠を一度に四つ並べて置けるような広い容器に水を張って、籠に入った鳥を浸してやるのです。ヤマガラの何羽かは籠から出ても戻ってくるらしく、私の目の前でおじさんは籠の窓を空けて餌をやって見せました。野鳥の捕

ヤマガラ

獲は原則として禁止されており、捕るのも飼うのも感心しませんが、おじさんを見ていると虐待しているとも、売って稼いでいるとも思えず、まあいいんじゃないのという気になりました。まるで鳥仙人のような不思議な不思議なおじさんでした。

## 【米国バーディング協会のバーディング倫理原則】

二〇〇二年五月五日

連休中なさけないことにフィールドならぬ、ネットバーディングをしていて以下の情報を見つけました。英文からの下手な日本語訳ですが、賢明なバーダー諸氏の参考になれば幸いです。

●米国バーディング協会のバーディング倫理原則
American Birding Association's PRINCIPLES OF BIRDING ETHICS
http://www.aba.org/about/ethics.html

鳥とバーディングを楽しむ人はすべて、常に野生生物、その環境、および他の人々の権利を尊重しなければならない。鳥とバーダーの間の利害が衝突する場合には、鳥の幸福と鳥の環境が最優先される。

**バーディング倫理規範**

——鳥とその環境の福祉を増進する。

**a**……鳥の大切な生息地の保護を支援する。

**b**……鳥にストレスを加えない。

鳥を寄せるために録音やその他の方法を使用することを自制する。バーディングがよくされる地域においてそうした方法は使用してはならない。また絶滅危惧種や特別に心配のある種を寄せるために、そうした方法は使用してはならない。

巣や、営巣場所や、ねぐらや、求愛活動地や、大切な餌場には近寄らない。そうした感じやすい場所において、長期の観察や、写真撮影や、映画撮影や、録音の必要がある場合には、ブラインドや隠れ場所を使用するようにし、また自然の覆いを利用するようにする。

映画撮影または写真撮影のために、とくに近距離からの撮影のために、人工的光を使用することは控える。

**c**……珍しい鳥の存在を知らせるときは、その前に、その鳥や、その環境や、その地域における他の人々への加害の可能性を評価検討する。そして、アクセスがコントロールでき、加害が最小化され、土地所有者から許可が得られる場合にのみ、実行に移す。巣作り中の珍しい鳥のいるところは、関係保護当局にのみ知らされるべきである。

d……人々が通る道路、小道、歩道の外に出ない。出る場合は生息地への妨害を最小化する。

二——法律や他の人々の権利を尊重する。

a……所有者の明示的な許可なしに私有地に入らない。

b……国内でも国外でも、法律、規則および道路や公共区域の使用を管理する規制に従う。

c……他の人々と接するときは社会一般の礼儀を実行する。あなたの立派な行動はバーダーにも、バーダーでない人にも好感を持たれるでしょう。

三——フィーダー（えさ箱）や、巣箱や、その他鳥の人工的な環境の安全性を確保する。

a……容器、水および食物を、清潔で、腐食や病気のないものにしておく。天候が荒れている間も鳥に続けて餌を与えることが大切である。

b……巣箱を規則的に整備し清潔にする。

c……鳥をある地域に寄せている場合は、猫や他の家畜の捕食、あるいは人工的事故によってもたらされる危険に、鳥をさらさないようにする。

四——組織的であるか、たまたまかは問わず、グループ・バーディングは特別の注意を要する。

グループ中の各個人は、第一条および第二条に述べられた義務に加えて、グループ・メンバーとしての責任をもっている。

**a**……他の本式の野外活動に参加する人々と同じように、仲間のバーダーの関心や権利やスキルを尊重する。第一条の(**c**)が当てはまるところ以外は、あなたの知識や経験を自由に共有するようにする。とくに初心者のバーダーの助けになるようにする。

**b**……不道徳なバーディング行動を目撃したときは、状況を評価し、それが賢明と思えば割って入る。仲裁する場合、その人に不適切な行為であることを知らせ、道理にかなった範囲で、それを止めさせることを試みる。その行動がなおも続く場合は、それを記録して、しかるべき個人あるいは組織に通報する。

グループ・リーダーの責任［アマチュアおよびプロのツアー］。

**c**……グループの倫理的役割の模範となる。言葉と実例を通じて教える。

**d**……グループの人数を、環境への打撃を制限し、同じ地域を利用する他の人々を邪魔をしない程度にする。

**e**……グループの誰でもこの規範を知っており、実行することを確かなものにする。

**f**……訪れる地域に適用される特別な状況(例えば、テープレコーダーの使用は許されない)を学び、そのグループに知らせる。

g……専門の旅行会社は、その会社の営業上の利益よりも、鳥の幸福と公共知の利益を優先することに特別な責任を負うことを承認する。理想的には、リーダーは、旅行の見所を把握しておき、異常な出来事を記録し、しかるべき組織に記録を提出するべきである。

## バード苗字考——小鳥遊《たかなし》、善知鳥《うとう》

二〇〇二年六月一五日

先日、株主オンブズマンがソニーや雪印乳業に対して行っている株主提案の件で、『日経ビジネス』の大豆生田《おおまみゅうだ》記者に取材を受けました。

大豆生田とはなんとも珍しい苗字です。国語学者の金田一春彦がミャミュミョの「ミュ」という音が日本語にあるかどうかを調べていて出会ったのがこの「大豆生田」という姓であったとか。

珍しい苗字に関心をもって、WEB検索をしてみると、小林一茶の「我と来て遊べや親のない雀」を思い出させるような、「小鳥遊」という姓が出てきました。「たかなし」と読むらしいのです。

いったいなぜ小鳥遊が「たかなし」なのでしょうか。ネットの「ニコニコ大百科」によれば、「小鳥が遊ぶ」→「天敵がいない」→「鷹がいない」、だから「たかなし」なのだそうです。ウッソーと言いたくなります。でも、「月見里」を「やまなし」と読む(山がない里なので月が見えるから)、あるいは「四月一日」と書いて「わたぬき」と読む(春になり綿入れの着物を脱ぐから)という例もあるくらいだから、ホントーなのでしょう。

鳥にちなんだ珍しい苗字では「善知鳥」というのもあります。これはバーダーならたぶんご存知の「ウトウ」の漢字名です。ペンギンの仲間ではありませんが、私はニューヨークの動物園のペンギン館で見たことがあります。日本ではオホーツク海にいるハトよりちょっと大きいチドリ目ウミスズメ科の海鳥で、繁殖期には上部に突起が生じます。名前は、アイヌ語で突起を「うとう」というところからきているという説があります。

ウトウの親子にまつわる悲しい説話をネットで調べると、能には「善知鳥《うとう》」という謡曲があり、浄瑠璃には「善知鳥安方《うとうやすかた》」という人物が登場します。青森の裁判所庁舎の近くの安方《やすかた》二丁目には「善知鳥《うとう》神社」があるそうです。それにしても、ウトウ(烏頭)をなぜ漢字で「善知鳥」と表記するのでしょうか。『図説日本鳥名由来辞典』にはウトウの呼称についてはいろんな説が紹介されていますが、「善知鳥」の由来はでていません。ただ、ウトウには「善名鳥《ヨナトリ》」という異名があるという情報が出ています。知鳥は千鳥と同意であることを考えると、善千鳥が転じたものかもしれません。

ウトウ

## ヤマガラのおみくじ引き

二〇〇二年一一月四日

秋が深まりカムチャッカからシベリアからカモやハクチョウやガンの仲間が渡ってきています。そうだというのに今年はまだ一度も会っていません。バーディングに出かける時間がなかなかつくれないのです。

忙しいときも暇なときも、夜は入眠剤として文庫本や新書を何分か読みます。それで手にした小沢昭一の『むかし噺うきよ噺』(新潮文庫)のなかに、ヤマガラの芸についての話を見つけました。亡くなったすぐ上の姉と行った比叡山でもヤマガラの面白い芸当を見ました。坂本側の山頂駅のケーブル乗り場でのことでした。ベンチに座って売店をみているとヤマガラが繰り返し飛んできて、店番のおばさんから餌をもらっているのです。そのときはおばさんに慣れ、大胆にして細心というか、ちょこまかと同じような動作を繰り返すヤマガラの習性に感心したものです。

今年はヤマガラと縁があるらしく、四月末に熊野本宮の近くのあばら屋でヤマガラとメジロをたくさん飼っている鳥おじさんに会ったことは前に書きました。そのおじさんは手製の鳥籠を開けたまま餌をやっていましたが、ヤマガラは籠から出てもまた戻ってくると言っていました。

小沢昭一の随筆に出てくる「ヤマガラの芸」というのは、「おみくじ引き」のことです。それはかつて(彼が最後にみたのは十数年前とか)は、あちこちの神社の初詣やお祭りや縁日などで見ることができたそうです。まったく知らなかったことなので少し引用させてもらいます。

まずお客が、ヤマガラ使いのおじさんにお賽銭(三〇〇円)を渡しますと、鳥は籠から出て、百円玉では重いので一円玉を嘴でくわえさせられます。するとチョンチョンと模型のお宮の参道を進み、賽銭箱に金を落とし、鈴をならし、階段を登って扉をあけ、お宮の中からおみくじを取ってでてきます。これをすべて嘴でやる姿がかわいいのです。

ヤマガラはさらにそのおみくじを足で押さえ、封を切り、くるりくるりと調べるふりでひっくり返したりしておじさんに渡しますと、麻の実をもらって籠にもどります。おじさんはそのおみくじを客に渡して一回の終わりです。

ヤマガラの芸も細かいけれど、小沢昭一の観察も細かいですね。回想でここまで微細に書けるということは記憶力のよさもありましょうが、それだけ熱心に見ていたからでしょう。ちなみに羽鳥宏『野生のいのちは温かかった』(三省堂書店)にも同じような話が出ていますが、これによっても小沢昭一の観察眼の確かさを確認できます。

野鳥には乱獲や環境の変化ですでに絶滅したものや、絶滅危惧種とされているものがいます。ヤマガラはいまのところそのおそれはまったくありませんが、それでもおみくじ芸については、それを一度も見ないうちに絶滅したとすればまことに残念無念です。どこかでまだ生き残っていないものでしょうか。

〈追記〉本書の編集中にユーチューブに「ヤマガラ　おみくじ芸」の動画映像があることを知りました。
http://www.youtube.com/watch?v=nYDa9gK7TGQ

## 近くの池に一一羽のカルガモの雛が誕生

二〇〇三年六月二二日

気まぐれもいいところです。この春は仕事と雑事に追われてバーディングはほとんどできず、昨年の秋に渡ってきたカモの仲間たちも、その姿をみることなく、気がつけばとっくに北に帰ってしまっていました。

しかし、束の間でも時間にゆとりができさえすれば、視界から消えていた鳥のある風景が見えてくるものです。その証拠に今日は昨日孵化したばかりと思えるような一一羽のちびっ子たちと対面することができました。都会でもよくみる留鳥で梅雨の季節に繁殖するあのカルガモの雛たちです。

場所は家から歩いて五分ほどのスポーツグラウンドの横手の水路沿いの人口の池です。池はできて数年経っており、いまでは周囲に葦と蒲がほどよく生い茂り、カルガモやカワセミやヨシキリのかっこう住処になっています。

近くに住みながらごく最近になって知ったのですが、ここには二年ほどまえからいまごろになると、カルガモ一家の姿が見られるようになってきたのだそうです。一昨年は私がニューヨークに遊学して不在だったために知らなくても当然ですが、去年も知らずに過ごしたのは迂闊でした。

この池のカルガモファミリーに初めて出合ったのは、先週のことです。そのときは、水路を今日見たのとは別の親が七羽の生後二週間？ほどの子どもたちを連れて泳いでいました。

数日後に行ってみると、この家族の子ガモたちはすでに顔にカルガモ特有の横線が見えるほどに成長していました。しかし、先週は七羽(その前は一〇羽いたとも言われる)いた兄弟姉妹は、三羽減って四羽に

カルガモ（撮影：森岡）

なっていました。

今日はじめて見た一一羽の雛というのはこれとは別のファミリーです。連れに教えられて行ってみると、池のなかの岩の上にうずくまった親ガモの胸の下に小さな足と尻尾がいくつか見え隠れしていました。それをじっと見ているると、やがて親が立ち上がり、伸びをし、水に降りました。すると、子どもたちも次々とダイビングして扇形に広がって滑るように泳ぎだしました。親が逆立ちを繰り返して池の底の餌を捕っているあいだ、子どもたちは輪になったり散ったりしながら、あちこちと自由に泳ぎ回ります。親は気になるのか時々そのあとを追い呼び戻すという感じです。

私が池にいたのは三〇分ほどでしたが、その間にも雛たちを一目見ようとする人たち、安否を気遣う人たち、ウォーキング途中の人たちが次々と立ち寄り、会話を交わしています。「何羽、何羽、えー、一一羽」。「まえに一〇羽いた家族のほうは四羽になってる!」「カラスだろ?」「人間じゃないの? 悪い人もいるから」。

いろんな危険にさらされ強い個体が生き残るのは動物界の常かもしれません。それでもなお、雛たちの無事を祈らずにはおられません。

## 八重山諸島で野鳥の世界の生物多様性を実感

二〇〇四年三月二一日

三月一四日から一八日まで沖縄県に行ってきました。息抜きのために思い立った休暇旅行でしたが、のんび過ごしたというより、車、高速艇、飛行機を乗り継いで忙しく回ったというほうがあたっています。最初に降り立ったのは石垣島(石垣市)でした。ここは沖縄本島から四三〇キロ、大阪から一五九〇キロも離れています。観光ガイドによればハワイやマイアミとほぼ同緯度だそうです。アダン、ソテツ、ヒルギ、ヤシなどが茂るまぎれもない亜熱帯です。

ここはまた西表島、竹富島、小浜島、黒島、与那国島、波照間島など大小一九の八重山諸島の中心になっています。上記のうち、与那国島を除く島々は地方自治体としては竹富町に属していながら、役場(本庁)は石垣市にあります。島々の交通は石垣島を介して互いに結ばれているからでしょう。

最初に行った場所は、石垣市街地の重要文化建造物とされている宮良殿内《みやらどぅんち》でした。どこでも観光ついでにできればバーディングをしようということでしたが、チャンスはのっけからやってきました。門をくぐって見上げると、電線に頭部が白い、モズより少し小さい鳥が尾羽を折るようにして止まっているではありませんか。それは八重山諸島でよくみられる、前に紹介した借金返しちくりーのシロガシラでした。

その後、レンタカーで道に迷ってバンナ公園に出ようと走っていると、道路脇の草地にオオクイナが二羽、足早に消えていきました。それからほどなく行くと、やはり道路脇にシロハラクイナが一羽、ひょこひょこと歩いていました。どちらも、石垣島では年中見られるようですが、私は初見でした。車でうろうろしているうちに、ニューフェースの二種のクイナと出合うなんてことは八重山諸島以外では考えられないことです。

二日目の午前中は竹富島に渡りました。ここは住民自治と景観保存の理想みたいなところで、かねてより訪ねてみたいと思っていました。今回の旅ではその点を確認する余裕はありませんでしたが、短い時間でわかったのは、ここが蝶の楽園だということです。港から歩いた海岸沿いの狭い外周道路には、オオゴマダラ、カバマダラ、アサギマダラ、リュウキュウアサギマダラ、シロオビアゲハなどの蝶たちがふわふわと舞っていました。このうちアサギマダラははるばる大海原を超えて千数百キロ先の本州へ渡っていくのかもしれません。

二日目の午後は、再び石垣島に戻って、川平湾のほうへ車を走らせました。途中、ぶざま岳に近い海岸でヒルギがまばらに広がっているのを見ようと停まったときのことでした。双眼鏡で田んぼを辿っていくと、一五〇メートルほど先の山際の電柱にワシかタカらしき鳥が見えました。どうやらお目当てのカンムリワシらしいのです。しかし、遠すぎてはっきりとは識別できません。

そこで車で回り道をして側まで行くことにしました。ところが目指す場所に着く前に、電柱に止まっていたサシバにまず挨拶をすることになりました。昨秋、このタカが渥美半島の伊良湖岬で群をなして南に渡って行くのを見ました。彼らの一部は伊良湖から約一七〇〇キロ離れた石垣島などの八重山諸島で越冬し繁殖しているようです。竹富島で立ち寄った食堂では、「この近くでサシバのつがいが毎年子育てをしています」と話していました。このときを含め、今度の旅ではサシバを間近に見る機会が四回ありました。

石垣市の市鳥とされているお目当てのカンムリワシとの初対面は車の窓越しでした。車だと近づいても、真下を通っても、じっと見つめても、まったく驚いたり、警戒したりする気配がありません。二〇メートルほどに近寄って、見上げると白い部分の多い羽の色から推して、幼鳥のカンムリワシでした。でも体は大人並で、嘴も目も鋭く、いかにもワシ然としていました。
西表島では仲間川のヒルギが主体のマングローブの林が壮観でした。地中から突き出た板根が特徴のサキシマスオウの群落も亜熱帯の自然を感じさせてくれました。しかし、それ以上の発見は、咲き誇るデイゴの花の間に赤と黒のあざやかなコントラストをなして止まっていたカラスでした。デジカメで景色を写すように撮ったピンぼけ写真を貼り付けておきます。

このカラスの第一印象は小さいということでした。ハシブトガラス（五七センチメートル）はもちろん、ハシボソガラス（五〇センチメートル）よりも小さい感じがしました。一見、コクマルガラス（三三センチメートル）かと思いましたが、後で調べてみたところ、コクマルが八重山にいるという情報はありません。真木広造写真・大西敏一解説『日本の野鳥五九〇』（平凡社、二〇〇〇年）を見ると、ハシブトガラスのページに、デイゴの花の間に止まっている亜種のオサハシブトガラスの写真がありました。あっこれだ、と得心しました。説明も符合します。

「池田板金」さんの「屋根屋の独り言」のホームページには、「西表のカラスは、本土のカラスに比べ小型でスマート」と出ていますが、これもおそらくオサハシブトガラスのことでしょう。「自然観察の部屋」さんのホームページには、次のような興味深い解説があります。

デジカメで撮ったピンぼけ写真の一部

オサハシブトガラスというハシブトガラスの別亜種がいるのですが、ずっと小さいのです。手元の図鑑によると、ハシブトガラスが全長五七センチメートルに対して、オサハシブトガラスは四七センチメートルしかありません。色をそれ以上黒くできないので、暑さ対策としてサイズを縮めたのでしょうか。そういえば、「動物のサイズは南へ行くほど小さく、北へ行くほど大きくなる」という法則もありましたね。

カラスにかぎらず、ヒヨドリ、キジバト、メジロ、ウグイス、その他多くの鳥が、西表島や石垣島では、本土のそれらと比べて、色や姿がどこか違います。これらの亜種にはたいていリュウキュウホニャララという名が付けられています。

八重山地方を初めて訪れて、日本における鳥の世界の生物多様性——種の豊かさ、多様な生息地や生態系——は、亜熱帯のこの地方をぬきには考えられないことを実感しました。

## 石舞台古墳の桜を啄《つい》ばむニュウナイスズメ

二〇〇四年四月五日

四月五日、関西大学の飛鳥文化研究所(セミナーハウス)から近い、石舞台古墳に行ったときのことです。双眼鏡で満開の桜を見ていると、スズメに似ているがスズメと違って頬に黒い点がない鳥たちが、樹上を見え隠れするように移りながら、桜の花をくわえてはちぎって落としていました。二〇羽近くいたと思います。地面に落ちた花を手にしてみると、五枚の花弁はきれいについたまま、花柄の子房と接する箇所がプツンと食いちぎられていました。切り口を吸うと甘い味がしました。子房の付け根の蜜を吸っていたのです。

後で確認すると、桜花を啄んでいたこの鳥たちは、私にとっては初対面のニュウナイスズメでした。手元の本には「スズメとはずい分と違った鳥のような印象を持たせる」。「雄は上面が明るい赤褐色で白い頬。雌は上面がオリーブ色で太く白い眉斑が目立つ」（竹下信雄『日本の野鳥』小学館）とあります。まさしくその通りでした。

インターネットでざっと検索した範囲では、桜の花にいるニュウナイスズメの写真はあっても、雄の赤褐色と雌の白い眉斑がはっきりと写っているものは見つかりませんでした。スズメは雌雄同色ですが、ニュウナイスズメの雌雄は色も模様も違います。雄はスズメに似ていますが頬に黒斑がなく、雌は太い黄土色の眉斑があるのが特徴です。

ついでに言えば、日本ではスズメはいたるところに棲んでいますが、ヨーロッパではスズメは森の中に追いやられ、町中ではスズメにかわってイエスズメが暮らしています。ヨーロッパを旅行してい

ニュウナイスズメ

スズメ

て出合うスズメの多くは、実はスズメ(tree sparrow)ではなく、イエスズメ(house sparrow)なのです。公園などで人なつこく、人間の手からパン屑などを取るのもイエスズメだと思われます。この種は日本には迷鳥が飛来することがあっても自然分布はしていないようです。

そのイエスズメが環境悪化の影響のためか、近年、急激に減少していると伝えられています。イギリス政府は本格的な調査に乗り出したという報道もあります。日本のスズメも家屋の変化にともなう「住宅難」で近年大幅に減少していると言われています。昨今は鳥インフルエンザの野鳥への感染や、地球温暖化の影響などの棲息環境の変化も問題になっていますが、スズメ社会にも何か大きな異変が起きているのでしょうか。

## 先生　つばめがきました

二〇〇五年五月三日

小学校の五、六年の頃、国語の教科書に載っていた、春になると想い出す詩があります。といっても「先生　つばめがきました」という最後の一行だけです。

それは「北の春」という詩で、作者は丸山薫という人です。高名な詩人なのですが、名前はすっかり忘れていました。覚えているのは「先生　つばめがきました」という最後の一行だけです。そこであらためてこの詩の全体を紹介しておきます。

どうだろう
この沢鳴りの音は
山々の雪をあつめて
ごうごうと谷にあふれて流れくだる
このすさまじい水音は

緩みかけた雪の下から
一つ一つ木の枝がはね起きる
それらは固い芽のたまをつけ
不敵なむちのように
人の額を打つ
やがて　山すその林はうっすらと
緑いろに色付くだろう
その中に　早くも
こぶしの白い花もひらくだろう

朝早く　授業の始めに
一人の女の子が手を挙げた

## ——先生　つばめがきました

いま読んでみるとああこんな感じだったなあという想いはあります。それでも、手を挙げたのが女の子だったという記憶はありませんでした。ともかく最後の一行だけが鮮明に焼き付いているのです。ツバメは春になると毎年南から渡ってきます。それを見るたびに「先生　つばめがきました」というところだけが頭に浮かぶからかもしれません。

今年、最初にツバメを見たのは、三月の末ごろだったように思います。阪急高槻市駅の京阪バス乗り場の柱の最上部に巣を作りはじめているところでした。でも「ツバメが来ました」というより「とっくに来ていました」という感じです。去年も同じところで雛を育てたのですが、その巣はいつの間にか壊されていました。また一から作り直して、今日見たときにはもう卵を抱いているようでした。付近の地面はコンクリートに覆われていて巣材の泥は見あたりません。いったいどこから運んで来るのでしょう。

三日前の四月三〇日、京都の嵐山から清滝まで真夏日の暑い中を連れ合いと歩きました。帰りに立ち寄ったカフェの入り口に半円のドームのようなテント状のひさしがあり、それに囲まれた壁の最上面にツバメの巣を二つ見つけました。店を出たときにちょうどツバメが飛び出したので気づいた次第です。よく見ると片方の巣の縁に四つほどの黄色い可愛いくちばしが見えました。

もう雛がかえっていたのです。

# 卯の花の匂う垣根に時鳥早も来鳴きて

二〇〇五年五月二〇日

佐世保に住むいつも早起きの兄から、「未明たぶん四時ごろ、まだ床のなかだったが、ホトトギスを今年初めて聞いた」というメールをもらいました。それには、ホトトギスの聞きなしについて「テッペンかけたか」と鳴くという説明があるが、田舎(わたしたち兄弟の生まれ育った大分県豊後大野市、旧大野町)では「トッタンはげたか」と言っていた、と記されていました。調べてみると、聞きなしのほかにホトトギスについていくつかのことがわかりました。以下は兄への返事に書いたことです。

――聞きなしはいろんなバージョンがある

特許許可局
テッペンカケタカ
トッピンカケタカ
テッペンハゲタカ
トッタンハゲタカ

このうち最後の「トッタンハゲタカ」は父親のことを「トッタン」(おとったん)という大分県の田舎のバージョンなのか、一般には言われていないようです。

二――漢字の当て字や異名が多い

時鳥《ほととぎす》、初時鳥《ほととぎす》、霍公鳥《ほととぎす》、不如帰《ほととぎす》、子規《ほととぎす》、田長鳥《たおさどり》、沓手鳥《くつてどり》、妹背鳥《いもせどり》、卯月鳥《うづきどり》、杜鵑《とけん》、杜宇《とう》など

文芸上の異名となるとさらに多く、『日本鳥名由来辞典』には上記以外に三〇余りの異名が出ています。そのなかには「いにしへこふるとり」や「みつきすごすとり」というのもあります。

三――古来、文芸上もっとも愛された

『万葉集』では四五〇〇余首中、一五六首に「ほととぎす」が詠まれているそうです（一五三首の説もあり）。「かり」「かりがね」の五一首、「うぐいす」の四七首よりずっと多い。異名が多いのもそのためだと思われます。

四――卯の花との結びつきが強い

『万葉集』に出てくる一五〇余首のうち、少なくとも一四首は卯の花と一緒に詠み込まれています。万葉学者の歌人、佐々木信綱は、明治二九年に、「卯の花の匂う垣根に時鳥早も来鳴きて忍び音もらす夏は来ぬ」を作詞しています。このもとは『万葉集』にあります。たとえば次の歌もその一つです。

霍公鳥《ほととぎす》来鳴き響《とよ》もす卯の花の伴にや来しと問はましものを

ホトトギス

五――卯の花月に越冬地の東南アジアから来る

卯の花（ウツギ）が咲く陰暦の四月になると、南から来て野山に響きわたるように鳴く。それで「来鳴き響《とよ》もす」と言うのでしょう。『広辞苑』に出ている『古事記』の用例では「雉は響《とよ》む」とあることから、「響《とよ》もす」とはあたりに響くように鳴くことをいうようです。

なお「夏は来ぬ」に出てくる「忍び音」はホトトギスの初音のことです。『大辞林』（三省堂）には「忍び音は苦しきものを時鳥」（『和泉式部日記』）という例が出ています。初音の頃は鳴き声が何かつらいことを我慢しているように聞こえるからでしょうか。

六――ウグイスへの托卵は万葉の時代にも知られていた

兄からのホトトギスの初音メールには、「裏薮でウグイスが元気よい。目覚める前からにぎやかだ」ともありました。ホトトギスがウグイスに托卵することはよく知られていますが、『鳥獣虫魚歳時記〈春〉』（朝日新聞社）によれば、『万葉集』には「鶯の生卵《かひご》の中に霍公鳥《ほととぎす》独り生れて己《な》が父に似ては鳴かず己が母に似ては鳴かず……」と詠まれているそうです。奈良時代にも近代の博物学者顔負けのバードウオッチャーがいたものと思われます。昔の人はそれほど自然に親しんでいたということでしょうか。

## ミサゴの狩りも楽ではありません

二〇〇五月一〇月九日

ミサゴ

今日は久しぶりに淀川左岸を枚方大橋下から牧野ゴルフ場まで歩きました。快晴であったにもかかわらず、昨夜までの雨のせいか、どこかでダムの放水があったのか、泥水のような濁流に大小のゴミが浮いて大雨の日を思わせるような流れでした。

見たのはヒバリ、オオサギ、アオサギ、コサギ、カワウ、ハクセキレイ、セグロセキレイ、キジバト、ヒヨドリ、ホオジロ、スズメ、カワラヒワ、ハシボソガラス、カイツブリ、マガモ、カルガモ、ミサゴの一七種でした。まだ北からの秋の使者たちが来ておらず、予想以上に少なくてがっかりしました。

そのなかでせめてもの慰めは、わずかな時間でしたが、お目当てのミサゴに出会えたことです。ミサゴはトビと同じくらいの大きさで、海浜や大きな河に棲み、上空から急降下して魚を捕らえます。魚を捕る鷹、これがミサゴです。英語ではオスプレイと言います。(沖縄に配備された墜落事故の多い垂直離着陸可能なヘリコプター型米軍輸送機の名にもなっています――追記)。

「ニューヨーク通信」に書いたように、二〇〇一年七月に訪れたニューヨークのケネディ空港に面したジャマイカ湾の人工島の野生生物保護区では、柱か杭のような営巣施設の上にミサゴのヒナが二羽巣立ちを待っていました。その折りに、ミサゴは、通称フィッシュ・ホークと呼ばれることを知りました。日本でも江戸前期にすでにウオタカという別名があったようです。

今では準絶滅危惧種で数が減っているといいますが、留鳥で北海道から沖縄まで全国に生息することから、多くのバーダーやフィールド・カメラマンが自分のホームページにミサゴの写真を載せています。ミサゴはボラやスズキやコイなど大きな魚を鋭い爪で捕らえます。しばしば大きすぎて、あるいは魚が暴れて、落としてしまうようです。「寝屋川の野鳥園」さんのホームページには、男里川(大阪府南部)の河口でミサゴがフグを捕っている場面があり、「河豚しか採れないミサゴさん。とっては捨ての連続でした」という解説がついています。フグは食べると危ないことを知っているのでしょうか。

今日のコース途中の穂谷川の浅瀬では一羽のコサギが、じっと目を懲らし、小魚(たぶんハヤ)を見つけるとちょこまかと走り回っては逃さず上手にキャッチしていました。でも三、四センチのハヤではなかなかお腹にたまらないので、しょっちゅう捕っていなければなりません。それに比べると、大きな魚を捕らえるミサゴは、ライオンの狩りに似て、一度成功するとしばらくは満腹でいられるでしょうが、それだけに失敗するリスクも大きいのかもしれません。

ミサゴは高い杭や電柱などを食事専用の場所にしており、キャッチした獲物はそこに運んで食べるそうです。リスクはここにも潜んでいます。カラスやトビがいつ横取りするかわからないからです。自然のなかで生きるのは楽ではありません。

## コウノトリの郷公園を訪ねて

二〇〇六年三月六日

コウノトリ

三月五日、大学院生三人と城崎温泉に行った。途中、豊岡市の兵庫県立コウノトリの郷公園に立ち寄り、コウノトリを間近に見ることができた。ただし、対面したのは、昨年九月二四日に初めて放鳥された五羽でも、また二〇〇二年から渡ってきてそのまま棲み着いている野生の一羽でもなく、屋根のない公開ケージにいる風切り羽の一部が切られて飛べない状態の九羽のコウノトリたちであった。

目の当たりにして想像以上に大きいことに驚いた。図鑑には全長一一二センチメートル、翼開張二〇〇センチメートルとある。普段よく見るもっとも大きな鳥のアオサギの九三センチメートル、一六〇センチメートルに比べどれだけ大きいかがわかる。私たちが行ったときには、たまたまコウノトリの公開ケージの山側のフェンスに四羽のアオサギが留まっていた。アオサギのほうが奥にいたせいもあって、視覚的にはコウノトリのほうが倍も大きいように見えた。とはいっても一四〇センチメートル、二四〇センチメートルのタンチョウには及ばないが。

ニホンコウノトリは人家から離れた樹の上に営巣する。しかし、ヨーロッパでは近縁種のシュバシコウ（ヨーロッパコウノトリ）が人家の屋根や煙突に巣をつくり夫婦で子育てをする。そのためにコウノトリは赤ん坊を連れてくるという言い伝えが生まれた。この鳥の大きい体に長い嘴《くちばし》はいかにも赤ちゃんを運ぶイメージに相応しい。嘴はコウノトリの最大の特徴といってよく、成鳥は地声では鳴かず、カスタネットのように上下の嘴を打ち鳴らして、カタカタカタカタとクラッタリングする。

コウノトリは分類上サギの仲間である。しかし、色と形は、ツルの仲間のタンチョウに似ている。実際、現地の但馬地方の老人たちはコウノトリをよくツルと呼んでいたらしい。コウノトリの郷公園のパネルには、日本画には「松に鶴」の絵が多いが、ツルが松に営巣することはないので、コウノトリをツルとして描いたものだという説明があった。

かつては、但馬地方では、コウノトリが水辺や田んぼに群れ大空を舞う姿を見ることができたが、農薬の散布で餌のドジョウやカエルが減って棲息環境が悪化し、一九七一年を最後に、野生のコウノトリは姿を消したという。一九六〇年代には絶滅が危惧されるなかで、野生個体を捕獲し、人工飼育を行う試みがなされたが、成功しなかった。一九八五年にロシア・ハバロフスク地方から六羽のコウノトリの幼鳥をもらい受け、一九八九年に飼育場で初めて雛が誕生。最近では一〇〇羽を越えるまでになり、二〇〇五年から人工飼育コウノトリの試験放鳥が始まった。

コウノトリの郷公園の近くの田んぼは、コウノトリの餌の小動物が育つように有機農法で栽培されている。休耕田に水を入れて餌の生き物を育てるビオトープもある。前途にはさまざまな困難があるが、但馬の空に再び野生のコウノトリが飛翔する日がくるかもしれない。そういう想いを抱いて城崎に向かい、コウノトリが足の傷をいやしたことから発見されたといういわれのある鴻の湯の露天風呂で幸せな気分に浸った。

## 関西大学逍遥歌二番の雁について

二〇〇六年三月二五日

三月二〇日、関西大学の卒業式に出席した。式の最後にいつものように逍遥歌と蛍の光が歌われた。音痴の私は逍遥歌を歌うというより口パクしながら、二番の歌詞にきてふと考えた。

金蘭の花散りて無し
千里が丘に月落ちぬ
眺むる彼方白明に
雁高く鳴きて飛ぶ
嗚呼青春の若き夢

---

金蘭の花ってどんな花なのだろうか。雁はかつて大阪の空を飛んだのであろうか。金蘭は「野山の図鑑」によれば雑木林の陽が射しこむような場所に育ち、黄色い花をつけるランの一種である。数十年前は普通に見られたが、雑木林の手入れがされなくなった今では絶滅が危惧されるまで減っているという。

さて、本題の雁であるが、右の逍遥歌では「ガン」ではなく「カリガネ」と読む。しかし、ややこしいことに、そう読ませながらも、この雁は目の周りに黄色い輪がある小型のカリガネという名のガンではなく、マガンである。カリガネはマガンの群れに混じってごく少数が渡ってくるので人びとの目に留まることは少ない。マガンは宮城県伊豆沼には毎冬、数万羽が飛来する。昔は日本の各地に広く渡ってきていたらしい。

森鴎外の『雁』に出てくるのもマガンである。この作品の舞台となった明治一三(一八八〇)年当時の東京には不忍池に限らずマガンがたくさん渡ってきていたという。しかし、今は東京で野生のガンを見ることはできない。もちろん大阪も例外ではない。

現在、近畿地方ではマガンは琵琶湖の湖北町に少数が来るにすぎない。湖北町の近くの浅井町の西池に来る数百羽のガンはマガンではなくオオヒシクイである。一茶が「今日からは日本の雁《カリ》ぞ楽に寝よ」と詠んだのも、ガンの仲間ではもっとも大きいこのオオヒシクイである。

では関大の逍遥歌が作られた頃の大阪には雁が渡ってきていたのだろうか、と書いて「まてよ」と思った。関大年史編纂室のホームページで調べても、この歌が作られたのがいつなのか、いつ頃から口ずさまれることになったのかは出ていない。作詞者も作曲者も不詳である。しかし、逍遥歌は戦前の旧制高校や大学の寮歌や応援歌であった。「紅萌ゆる」で始まる三高(京大)の「逍遥の歌」が作られたのは、関大経済学部が創設された明治三七(一九〇四)年であった。「琵琶湖周航の歌」ができたのは大正六(一九一七)年であった。これらのことから考えて関大の逍遥歌(なぜか題名がない?)が作られたのは明治の終わりから大正にかけてのことであろうと思われる。

ともあれ関大の逍遥歌が作られた当時は、大阪にもガンが渡ってきていたにちがいない。万葉の昔に奈良や京都に来ていたらしいことは多くの和歌にガンが詠まれていることでも想像できる。では明治、大正の頃はどうか。それを確かめようとネットを検索していたら、與謝野寛(鉄幹)編集の『礼嚴法師歌集』(鉄幹の父、与謝野礼厳の歌集)に「雁四首」として次の歌が収められていた。ここには有馬山や淡路の地名が

マガン

あることから、明治の昔は阪神地方にもガンが渡ってきていたことがわかる。

かりそめの世とや知るらん秋風にかりかりと啼く天つかりがね
有馬山いなの古江に雨すぎて蘆間の月に雁のおちくる
秋かぜは肌《はだへ》に寒し水門田《みなとだ》に雁の来て啼く時ちかづきぬ
淡路の海朝霧ふかし磯崎を漕ぎ廻《た》みくれば雁ぞ鳴くなる

ついでに言えば、「雁高く鳴きて飛ぶ」の「雁」は春の北帰行のガンである。そのことは春の花である金蘭の花がすでに散って無くなっていることから知られる。時は「千里が丘に月落ちぬ／眺むる彼方白明に」から考えて夜明けである。夜明けとともに飛び立って、雁行と呼ばれるくさび形の飛行隊形を描いて、遙か五〇〇〇キロ彼方の故郷シベリアを目指す雁の群れ。それを詠んだのが関大逍遥歌の二番である。

夜明けのマガン

## 北帰行、デートの罪で退学処分

二〇〇六年四月六日

二月下旬から三月下旬にかけて、全国各地から渡り鳥の北帰行の便りが届く。中国新聞のホームページは、二月二五日、米子水鳥公園のコハクチョウの北帰行が始まったことを伝えている。同じホームページは、山口県周南市八代で冬を過ごしたナベヅル一三羽が三月二四日、繁殖地のシベリアへ旅立ったと報じている。

ところで北帰行という言葉はいつごろからどのような意味で使われるようになったのであろうか。北帰行は『広辞苑』には載っていない。ネット辞典の『大辞林』にも出ていない。渡り鳥の春の旅立ち以外の使用例で私が思い出すのは、小林旭の十八番の「北帰行」である。

窓は夜露にぬれて
都すでに遠のく
北へ帰る旅人ひとり
涙流れてやまず

---

ネットで調べるとこの歌は宇田博作詞・作曲で、旧制旅順高等学校逍遥歌が元歌らしい。ネットのフリー百科事典「ウィキペディア」で「北帰行」を引くと、旅順高等学校第一期生であった宇田(一九二二〜一九九五年)について次のように解説している。

作者、宇田博は元々建国大学予科(満州国新京)の生徒だったが半年で退学となり、昭和一五年(一九四〇年)、開校したばかりの旧制旅順高等学校に入学した。宇田は同校の第一回寮歌『薫風通ふ春五月』(村岡楽童作曲)を作詞している。しかし戦時体制下の新設校だった同校に、宇田の望んだバンカラで自由な校風は存在せず、彼は常々生活指導の教官に目を付けられていた。

昭和一六年(一九四一年)五月、宇田はメッチェン(女の子)とデートして戻ったところを教官に見つかり、〝性行不良〟で退学処分となった。彼が同校への訣別の歌として友人たちに遺した歌が、この北帰行である。そのため、同校の正式の寮歌ではないが、広義の寮歌として歌われてきた。宇田はその後内地に渡り(故国に帰り――引用註)、旧制第一高等学校(一高)を卒業した。彼は東京大学を経て東京放送(TBS)に入社し、後に同社の常務・監査役を歴任している(二〇〇六年四月六日アクセス。現在の情報は一部更新されている)。

北帰行の宇田については、「東京大学追分寮」のホームページの寮生文集のなかで中村幸生(一九四五年入学)が詳しく書いている。中村は、唐詩の「兵車行」「琵琶行」などの例を引きながら、漢詩でいう「行」は「歌」を意味し、北帰行は「北へ帰り行く」という意味ではなくて、「北へ帰る歌」だと言う。

この真偽のほどは別として、宇田の作詞・作曲になる北帰行以前に北帰行ということばがどのように使われていたかはわからない。「秋は来て、春帰り行く雁《カリガネ》が音の……」という古歌があるように、帰り行くという言葉は古くから使われていたのであろう。しかし、北へ帰り行く、という使われ方が昔からあったかどうかは不明である。その点で謎は残るが、北帰行について調べていくうちに、この言葉にはデートをしたことを理由に自由な校風を求める学生を退学処分にし、学生寮の自治を抑圧した戦争の暗い影が秘められていることを知った。

# ツバメは冷遇されてきた
二〇〇七年四月二一日

満開の桜を見るなら今日しかない。でも、摂津峡や万博公園は人出が多すぎて避けた方がよいだろう。そう思って、四月八日(日)、対岸に桜並木が見える大山崎近くの淀川の河川敷と堤防を歩いた。ここは木津川・宇治川・桂川が合流して淀川になる三川合流地点として知られ、背割堤と呼ばれる中州のなかの堤防には一・四キロにわたって、延々と桜のトンネルが続いている。その桜を桂川を隔てて遠く見晴るかす様はまるで一幅の屏風絵である。

足下の堤防には斜面に黄色い絨毯を広げたように一面に菜の花(セイヨウカラシナ)が咲いている。ふと気づくと、ツバメが次から次へと目よりも低く地面すれすれに土手を巻くように飛んでいるではないか。ネット情報ではツバメが飛来したことを知っていたが、自分の目ではこれが今年はじめてのお目見得であった。

ツバメは毎年、近畿では三月下旬に姿を現し、九月の中旬から一〇月にかけて南に帰って行く。ツバメは春を告げる鳥でありながら、昔から飛来が待ちこがれられてきたというわけではない。ネットで『万葉集』を調べると、「燕来る時になりぬと雁がねは国偲ひつつ雲隠り鳴く」(ツバメが南からやってくる時期になったと、マガンは北の故郷を思いながら雲に隠れて鳴くよ)という雑歌のほかはツバメの歌は出てこない。以前、このコーナーに書いたように、『万葉集』にホトトギスの歌は一五〇首以上詠まれている。ホトトギスとツバメの出現頻度はざっと一五〇対一である。

そのホトトギスでも俳句となると秀句は少ない。芭蕉には「ほととぎす今は俳諧師なき世哉」という句がある。ネットのデータベース『芭蕉俳句全集』の編者は、この句を「ホトトギスが空を渡っていく。古来、さまざまに詩に詠まれたホトトギスだが、俳諧で詠まれた名句は未だない。まるで俳諧師が居ないみたいだ」と解説している。

『枕草子』は第四一段「鳥は」で、ホトトギスを鳥のなかの鳥と持ち上げて、「五月雨の短い夜に目覚めて、どうしても他の人より先にほととぎすが聞きたいと待っていて、夜遅くに聞こえてきた声の気品があってかわいらしいのは、ほんとに心引かれてどうしようもない（あおいさくら『枕草子』ホームページ口語訳）と述べている。一方、ツバメは『枕草子』のどこにも出てこない。

この極端な違いは何を意味するか。答えは明瞭である。奈良・平安の歌人たちにとっては、鳥は見るものではなく、聞くものなのである。だから、百人一首の「ほととぎす鳴きつる方を眺むればただ有明の月ぞ残れる」（後徳大寺左大臣）という歌のように、夜通し待ってようやくホトトギスの初音を聞いたが、音の方向を見ても姿はなく、夜明けの月が残っているばかりだった、という感慨を覚えることにもなるのである。

しかし、ツバメの鳴き声はたとえ初音でも夜通し待って聞くほどのものではない。だいたいツバメは、ホトトギスやウグイスのように鮮やかにさえずったりはしない。「虫喰って土喰って渋い」という聞きなしどおりに、ツバメは渋い声でツチーツチー、シブーシブーとつぶやくだけである。人家に巣を作り、人に大事にされてきた野鳥ではあるが、歌の世界ではツバメはその声ゆえに冷遇されてきたように思われる。

## 蕪村と一茶に愛でられたツバメ

二〇〇七年四月二七日

前回、「ツバメは冷遇されてきた」という駄文を書いた。しかし、俳句では、正岡子規の名前や、高浜虚子の俳誌名にもなっているホトトギスには遠く及ばないとしても、ツバメは季語(燕、玄鳥、乙鳥、つばめ、つばくら、つばくろ、つばくらめ)としてけっこう登場している。以下は蕪村の句である。

花に啼く声としもなき乙鳥《つばめ》哉
大津繪に糞落しゆく燕かな
大和路の宮もわら屋もつばめ哉
ふためいて金の間(寺院)を出る燕かな
つばくらや去年も來しと語るかも
落日の中を燕の帰るかな
燕啼て夜蛇をうつ小家哉
わりなしや燕巣つくる塔の前
つばくらや水田の風に吹れ貌《がお》
飛魚となる子育るつばめかな
細き身を子に寄添る燕かな

ツバメは春を告げる鳥でありながら、これという声で啼かないために歌に詠まれることが少なかったことは前回書いたとおりである。そんなことをあえて言うまでもなく、蕪村の「花に啼く声としもなき乙鳥《つばめ》哉」という句は、桜の花の下でも啼かずに飛ぶところはいかにもツバメらしいと詠んでいる。

子どもの頃、わが家には毎年ツバメのつがいが来て、土間の天井で雛を育てていた。今でもその情景が目に浮かぶ。「油屋」という屋号をもつ大きな家であったわが家でも、「燕啼て夜蛇をうつ小家哉」という句と同じような青大将騒ぎがあった。

二年前は阪急高槻市駅の京阪バス乗り場横のコンクリートの円柱にツバメが巣を作ったのを見た。けれど、昨年はその巣が途中で落ちたか落とされたかした。私が気づかないのか、今年はまだ姿さえ見ない。「わりなしや燕巣つくる塔の前」ではないが、いかに泥の巣作り名手でも、凹凸のない円柱に巣材を落ちないようにくっつけるのは、わりない(理無い、どうしようもない)のかもしれない。

一茶はスズメを愛した俳人として知られている。その一茶にも蕪村に劣らず面白いツバメの句がある(一茶の句は、八木雄二『詩歌探鳥記　鳥のうた』平凡社、一九九八年より)。

---

夕燕我には翌《あす》のあてはなき
今来たとかほを並べる乙鳥《つばめ》かな
巣乙鳥《すつばめ》や何をつぶやく小くらがり
紅粉《べに》付けてずらり並ぶや朝乙鳥《つばめ》
乙鳥《つばくら》や小屋の博打《ばくち》をぺちゃくちゃと

最初の句はなぜか山田洋次の寅さんを連想させる。「旅のつばくろ、淋しかないか」で始まる歌（西條八十作詞、古賀政男作曲、松平晃唄）がある。この「サーカスの唄」を引くまでもなく、しょっちゅう旅をしている寅さんは、さながらツバメである。いや、そうではない。寅さんには葛飾柴又の帰る家が、ツバメには人家の軒下に帰る巣がある。一茶はこの句を郷里の信州に帰住する数年前の四五歳の春に詠んでいる。このときの一茶の心境は、帰るあてのある寅さんやツバメさんより淋しいのかもしれない。

## 藤沢周平「玄鳥」——つばめのおとずれは夏の到来を告げるか

二〇〇七年六月五日

藤沢周平の小説に「玄鳥《つばめ》」という短編がある。ヒロインの路は、家に来たツバメの巣を下男に壊せと命ずる世渡り上手の夫の仲次郎より、父の道場に通って来ていた粗忽者で藩から討手をかけられる身になった兵六に惹かれている。「玄鳥」はそのあたりの感情の機微を巧みに描いた佳作ではあるが、いくぶん秘太刀（隠し剣）ものの趣があって、同じ文庫に収められている「鷦鷯《ミソサザイ》」の清貧の親娘の心に沁みる自然な描写に比べると、読後にどことなく無理な感じが残る。

文春文庫の『玄鳥』の表紙絵には柳に舞うツバメが描かれている。にもかかわらず、題につられて本を手にするまでは、「玄鳥」がツバメの漢名だとは知らなかった。ツバメをなぜ玄鳥と言うかは、『日本鳥名由来辞典』にも定かではないが、おそらく玄という漢字が「赤または黄を含む黒色」（『大辞泉』）を意味し、ツバメの喉の濃い赤を表すからだろう。

一読して目に留まったのは、本筋とはさして関係のない、しかし表題からは見逃せない次の行である。


つばめのおとずれは季節の風物詩だった。そして長くつめたい冬のあとに来る春が、野山にいっぱい花を咲かせながら、まだどこかに油断のならない寒さをひきずっていたのとは違い、つばめのおとずれは、少しの曖昧さもなく夏の到来を告げる出来事でもあった。


---

文庫の解説で、中野孝次が言うように、藤沢周平は「現代のあらゆる小説家の中でおそらく最も自然描写が巧みな作家である」。右に引用した箇所にもその巧みさはいかんなく表れている。だが、まてよ。ツバメは「夏の到来を告げる」鳥なのだろうか。

夏鳥と冬鳥に分ければ、ツバメはむろん夏鳥である。けれど、夏の到来を告げるのはホトトギスであって、ツバメではない。ネット上の「ツバメQ&A」の解説によれば、ツバメは九州には二月末から三月初めに姿を現し、近畿から中部にかけては三月中・下旬、東北には四月初めに飛来する。

これは日本ツバメ研究会が二〇年間（一九七三～一九九三年）にわたって、日本各地への飛来日を調べた平均なので、年によって多少は前後する。だとしても半月とは違わないだろうから、藤沢小説の故郷の「海坂藩」のモデルである山形県鶴岡市あたりでも、遅くとも四月の半ばにはツバメが渡って来るものと思われる。

以前、「気まぐれバーディング」で、詩人の丸山薫の「北の春」という詩を取り上げたことがある。「緩みかけた雪の下から／一つ一つ木の枝がはね起きる／……／朝早く／授業の始めに／一人の女の子が手を挙げた／——先生　つばめがきました」。戦後、一九四五年から四九年に、丸山が山形県の岩根沢で小学校の教員をしたときに作ったこの詩は、ツバメが春の遅い北国でも、いや春の遅い北国だからこそ、春を告げる鳥であることを詩っている。なお、鶴岡市の隣の西川町の中央部にあたる岩根沢には丸山薫記念館がある。

「玄鳥」の「つばめのおとずれは……夏の到来を告げる」の行《くだり》を読んで、一瞬これは誤植ではないかと思った。しかし、「冬のあとに来る春が……寒さをひきずっていたのとは違い」と書かれている。これでは誤植の余地はない。それだけに確信的な思い違いというほかはないだろう。

だからといって藤沢周平を責めるのは酷である。山田洋次の寅さんシリーズには「夏になったら鳴きながら、必ず帰ってくるあの燕《つばくろ》さえも、何かを境にパッタリ姿を見せなくなることもあるんだぜ」（第七作男はつらいよ「奮闘篇」）という台詞がある。「夏になったら鳴きながら必ず帰ってくるあの燕さえも、ふるさと恋しを唄っているのでございます」という言い回しもあるらしい。いずれにしても寅さんのツバメも夏になったら日本列島に帰ってくるのである。

# Ⅱ
# 単身遊学

# II

一九八五年四月から八六年二月まで、私は、イギリスのロンドン・スクール・オブ・エコノミクスに遊学しました。帰りに中国人の従姉妹との約束で北京に立ち寄る予定でしたが、健康上の理由でできませんでした。そのときの約束を果たすために、一九八八年五月二二日から六月四日まで上海と北京に行きました。その後、当時のイギリス遊学と中国旅行の想い出を、よどがわ市民生協が出していた『プロシューム』という生活文化誌の一九九〇年五月号(第一二号)から一二月号(第一九号)に八回にわたって寄稿しました。以下はそのシリーズエッセイから転載したものです。

## チェルシーの出会い——一九八五年四月

『プロシューム』第一二号 一九九〇年五月

水仙が黄金色にきらめくロンドン。街路樹はまだ冬景色の早春。チェルシーに留学生活の居を定めたばかりの私は、道をたずねたことがきっかけで、痩身で背の高い一人暮しのイギリス人女性と知り合った。

「来週の月曜から語学学校に行くことにしています」

「英語なら私が教えてあげましょうか。時間があれば今日は近くの美術館に行きませんか」

私はとまどいつつも誘われるままビクトリア・アンド・アルバート・ミュージアムに出かけた。彼女は有名な装飾品や絵画を前に、自分は大学で英文学を勉強し、スペインや南米で英語の教師をしているうちに婚期を逸し、中年を過ぎた今も独り身でいるというような話をした。

それから二人の間に彼女のいう「コミュニケーション」が始まった。彼女は私の英語を優しく直し、私が口ごもっていると、すぐに思いを察して言葉をくれた。しかし、彼女には何か満たされないものがあったのか、ある日、一度はさよならとおやすみを言ったのに、もう少し話をしたいので宿まで来てほしいと言ってきかない。彼女の芝居じみた態度に同情半分、好奇心半分、私は意を決してついて行った。そこは安ホテルで狭い部屋にはシャワーはあるが浴室はなく、私が一つきりの椅子に座ると彼女はベッドの端に掛けるしかなかった。

私と二言、三言交わしているうちに、彼女は急に捜し物を始め、大切なネックレスがないと騒ぎだした。彼女はこの部屋に出入りする黒人のメイドが盗ったに違いないと言い張って、階下の受付の男性と口論を始めた。私は居たたまれずに、ホテルをとびだし、宿に帰って彼女にもう会いたくないと手紙を書いた。何日かして、彼女から私を口汚く罵った返事が来た。

それから二週間も過ぎただろうか。ある日曜日、私はドアのノックの音で目を覚ました。出てみるとあの女ではないか。彼女は教会の帰りに立ち寄ったといいわけをする。彼女のしおらしさに負けて、その日、私たちは昼食をともにした。そして、私の宿にはもう来ないということを条件に、次の週、時間のとれる平日に動物園に行くと約束した。

ところが、彼女はその週末、またも私の宿にやってきた。ロンリイな彼女を拒絶するには勇気がいったが、彼女を受け入れる勇気もなかった私は、宿の前の道路に出て怒鳴った。

「なんで来たんだ。宿に来たらもう会わないと約束しただろう」

彼女はプラタナスの若葉の下を走り去りながら叫んだ。

「会うもんですか。もう誰もあなたの邪魔をする人はいないわ」

留学中にしたためた妻への手紙にはこの話だけは書いていない。

## サンミッシェル通りの別れ——一九八五年九月

『プロシューム』第一三号　一九九〇年六月

パリへの小旅行を思い立ったのは九月はじめだった。ロンドンの旅行社で、パリはファッションショーがあって宿はとりにくい、といわれながら、週末の格安切符につられて夜の便で飛んだ。シャルル・

ドゴール空港に降りて、午後一〇時半すぎにパリの北駅に着いたが、案の定どのホテルもコンプレ(満室)。さがしあぐねて、サン・ジェルマン通りまでタクシーに乗る。閉店まぎわの日本料理店の店員にホテルをいくつか教えてもらうが、やはりコンプレ。

夜明しを決め込んで入ったカフェでは、楽士がアコーデオンやギターでシャンソンやポップスを歌っていた。朝まで語り明かすのか、動こうともしない恋人たちに見とれていると、わたしの斜め向いに五〇年配のふくよかな感じの日本女性が座っていることに気づいた。もう午前四時をすぎていた。本を読む彼女にわたしのほうから近寄って声をかける。本は『紅萌ゆる——昭和初年の青春』(土屋祝郎著、岩波新書、一九七八年)だった。聞けば土曜の深夜映画を観たあと一番の電車が動くのを待っているという。

「長居しすぎました。河岸を変えましょう」という彼女のことばで、ノートルダム寺院がすぐ横にみえるサンミッシェル通りのカフェに移った。フランス国籍のドイツ人と結婚し、三人の娘を育て上げ、数年前からはフランス人を相手に日本語を教えているという彼女からは、フランス人の気質や、フランスの学校教育や、フランスから見た日本文化について多くの興味深い話を聞いた。

話に夢中になっているうちに、気がつけば朝の六時。「もう電車が動きだしてますよ」と立つ。が、わきに置いたはずの旅行鞄がない。それには現金、パスポート、カメラ、着替えなどが入っていた。彼女が店員に尋ねてくれたが、どこにも見あたらない。「前のカフェに忘れたんじゃないの」というので、そんなはずはと思いつつ一緒に引き返してみたが、やはりない。私が「これ以上ご迷惑はかけられません。パリに友人(同じ時期にパリに留学していた同僚の若森章孝さん)がいるのでなんとかなります」というと、彼女は私に警察の場所を丁寧に教え、人影のないメトロの階段に吸い込まれるように消えていった。

帰国して留学体験を持つ同僚にこの話をすると、「その女には仲間がいたに違いない、そいつにやられたんだ」という。彼女の書き留めたパリの住所はあるが、私は確かめなかった。彼女にだまされたはずはなかったし、たとえだまされたとしても楽しい思い出だったのだから。

パスポートを盗まれて再発行を待つあいだロワールの古城を巡ってパリに戻った私は、オペラ座通りのモリエール横町の安ホテルで妻に長い手紙を書いた。五年後のいま、すべてを手に取るように思い出すのはこの手紙のおかげである。

## ヒースローの出迎えと別れ――一九八五年八月

『プロシューム』第一四号 一九九〇年七月

混雑するヒースロー空港の到着ロビー。待つ人が見えるや走り寄ってあつい抱擁と口づけを交わす幾組もの男女を見ながら考える。私も妻の姿が見えたら、手を握ろうか、それとも勇気を出して抱きしめてやろうか。そう思い迷う間に、無事入国手続きを済ませたらしく、彼女が向こうから歩いてくる。が、そのとき私にできたのは、手をあげて合図し、近寄って旅行鞄を押すのを替わってやるということぐらいだった。

妻とは四カ月ぶりに会った。彼女は小学校に勤めている。そのうえ家族が多いので、家を長く留守にすることができない。このときも夏休みに一〇日余りの有給休暇をとって、留守を母にあずけて、私に会いに来たところだった。

私が単身赴任を余儀なくされたのはわが家の家庭事情にもよる。しかし、わが家だけでなく、わが国では、共働きで夫か妻が外国出張になる場合、妻か夫が仕事をやめない限り、つれあいと赴任地で一緒に暮らすことはできない。私と同じ年にロンドンに留学していた京都大学のある先生は、奥さんが高校の英語教師で、彼女の語学研修の目的もあって、家族でロンドン暮らしをした。しかしこの場合は、彼女の英語研修が認められたからではなく、折しも彼女が第二子を出産し、その育児休暇を英語研修のために活用できたからである。

八五年当時、英語教師が英語研修のための無給休暇さえとれなかった国とは違って、ヨーロッパでは、たとえば、イギリスに他の大陸諸国から三カ月英語の勉強にくるという場合も、彼や彼女は職を失う心配はなく、むしろ帰国後職場にもどれば昇給さえ待っている。これはなにも外国での語学研修に限ったことではない。国内での技術習得や資格取得の場合にも同様に研修休暇が認められている。

私たちはあわただしい旅の先々でホリデーを楽しむ夫婦に出会った。向こうの人びとは実にゆったりしている。スイスのユングフラウの麓のインターラーケンにある湖の船上では、初老にさしかかった夫婦と親しく話す機会があった。私たちはわずか二泊したにすぎないが、イギリスからきたこの夫婦はすでに二週間も湖畔の宿にいて、もう一週間そこにいるのだという。これは平均年間一カ月、一カ所に二週間以上という長期滞在型バケーションが一般化しているヨーロッパならではのことである。

二人だけの短い休暇は夏の夜の夢のように終わった。空港ではあちらの人びとのように人混みのなかでハグをすることもなく、「じゃあね、また。みんなによろしく」という感じで別れた。

# ハイドパークの鳩——一九八五年一〇月

『プロシューム』第一五号 一九九〇年八月

ロンドンのチェルシーで留学生活を始めて半年後の一〇月、私は都心から北に地下鉄で二〇分足らずのゴールダーズグリーンに引っ越した。それからほどなく、街のあちこちに「Human Race or Nuclear Race——人類か核開発競争か——一〇・二六(土)ハイドパーク一周行進」と大書したポスターが目につくようになった。

また先週の土曜日には、CNDという核廃絶をめざす平和団体の地域支部が駅の近くに露店を出して、バッジやパンフレットを売りながら平和行進への参加をよびかけていた。外国人も大歓迎とのことであった。

二六日の朝、駅に行くと、すでに子どもを含む老若男女十数人がピクニック気分で集まっていた。地下鉄を乗り継いで私たちがハイドパークに到着したときには、集結地の広場はもう人の海であった。参加者はグループごとにいろんな絵模様や地域名を入れた手製の旗をもって集まってくる。旗は三指の鳥の足を〇で囲んだようなCNDのマークに鳩を配した図柄が多い。私が鳩のことをピジョン(pigeon)というと、一緒に行進した黒人青年が「平和のシンボルはダブ(dove)というんです」と教えてくれた。

行進は正午すぎに動き出し、途中で少し寄り道をしてアメリカ大使館とソビエト大使館の前で抗議行動をしながら、ハイドパークとそれに続くケンジントンガーデンを一周した。どちらも広い広い公園で、解散点に戻ったのは午後四時近くだったから一〇キロは優にあっただろう。弁当を用意するのを忘れた私はサンドウィッチをもらって頬張りながら歩いたが、なかには列から外れてパブでビールをひっかけてくる人もいた。コースに当たる道々ではプロやアマの音楽家たちが思い思いに歌い奏でていた。そんな陽気な行進にも厳粛な場面があって、途中五分ずつ、午後一時からは一斉に道路に座り込んで核保有国に抗議し、二時からは路上に死んだように寝ころんで核戦争の恐ろしさを訴え、三時には全員が黙祷を捧げて被爆者の冥福を祈った。

夕方、私たちの一行は、ゴールダーズグリーンの駅を降りるとすぐに地域の世話人の家に集まった。その日の行進がテレビで報道されるのを、ティーを飲みながらみんなで観てみようというわけである。テレビは六時台のニュースのトップに、集会と行進の参加者はロンドンで一〇万人、全国で二五万人を超え、CNDの運動としてはここ数年で最大規模のものになった、と報じていた。

ティーに呼ばれた家には娘がいた。彼女と私は行進の間に仲良しになって、手をつないで歩いた。そのとき七つか八つであった彼女は、今はもう中学生だろうが、私が折ってあげた折紙の鶴を「鳩だ鳩だ」と喜んでくれたのを思い出す。

## ピットロホリーの秋――一九八五年一〇月

『プロシューム』第一六号 一九九〇年九月

夏を過ぎてもポカポカと暖かい日が続く一九八五年一〇月の中頃、私はロンドンに留学していた同僚・同宿の加藤義忠さんとスコットランドへの旅にでかけた。香川大学時代に恩師の山﨑怜先生によく聞いた『国富論』で有名なアダム・スミスゆかりの地を巡ったあと、私たちはスコットランドのハイランドのほぼ中心に位置するピットロッホリーを訪れた。

この村のことは出口保夫『ロンドンの夏目漱石』(河出書房新社)で知った。出口氏によれば漱石は一九〇〇年(明治三三年)一〇月から二年間のロンドン留学中、ほとんど旅行らしい旅行をしなかった。鉄道で全国どこへでもいけた時代に、漱石はロンドンから一〇〇キロあまりの、文学者なら誰でも行くシェイクスピアの生誕地ストラトフォード・アポン・エイボンにも出かけたことがないという。その漱石が帰国まぎわにめずらしく旅をしたところがスコットランドのピットロッホリーである。

私はこの山間《あい》の秋景色の印象を、「山も谷も黄一色に覆われている村を太陽が冬に向かって傾きながらやわらかく照らしている」と妻に書き送った。というより、漱石の次の文の後にそう書き添えた。

---

ピトロクリの谷は秋の真下にある。一〇月の日が眼に入る野と林を暖かい色に染めた中に、人は起きたり寝たりしている。一〇月の日は静かな谷の空気を空の半途で包んで、じかには地にも落ちて来ぬ。と言って山向へ逃げても行かぬ。風のない村の上に、いつでも落ち附いて、じっと動かずに霞んでいる……。

漱石は「ピトロクリの谷は此の時一〇〇年の昔、二〇〇年の昔にかへって」と綴っている。私たちが立ち寄った村の粉屋には、歴史を重んずるスコットランド人の気持ちを象徴するように、一七世紀から粉を挽き続けているという水車があった。

スコットランドは一七〇七年にイングランドに併合されたが、今日も人々はホテルやロッジに泊まるとき宿帳の国籍の欄に「スコットランド人」と記入する。ピットロッホリーのレストランでサーモンステーキを食べたときのことだ。私たちがその味をほめると、主人が血の滴る鮭を調理場からもってきて、「これを見てくれ、ロンドンの腐った鮭とは違ってまだ生きている」と言う。

日本に帰ってチャップリンの「ニューヨークの王様」をテレビで観た。政治的に早熟で気位の高い少年が自分を「マックビー」と名乗ると、チャップリンが「道理で！」とうなずく。かの地で、頭に「マック」のつく姓はスコットランド（およびアイルランド）系で、スコットランド人は自尊心が強いと聞いていた私は、このやり取りの意味を即座に合点した。

## バーミンガム、そしてニューリン——一九八五年一一月

『プロシューム』第一七号 一九九〇年一〇月

今度の気まぐれな旅は家族への便りからはじまった。私は留学中せっせと手紙を書いた。便りは手紙だけではない。小さい子どもたちには絵はがきを送った。

ロンドンには動物、乗り物、風景などの美しい絵葉書が多い。なかでもとくに喜ばれたのは八枚一組のパノラマ風の恐竜シリーズであった。順番を気にせず五、六枚も送ったころ、子どもからの便りで「絵がつながらないので、残りも送ってほしい」といってきた。しかし、最初のなん枚かを手にいれたチェルシー近くの自然史博物館の売り場にはすでに送ったものしか残っていなかった。それでロンドンのあ

ちこちを捜しまわったがなくて、結局、絵葉書の説明に名前があったバーミンガム美術館に出かけた。残りの絵葉書はそこで見つけた。それだけでなく私はこの美術館で「ニューリン派」の特別展示に魅せられた。漁船の甲板に立つ「我らがジャック」という少年の絵。潮の引いた朝の浜辺に無造作にならべられた魚を売り買いする人々の絵。「だが男たちは働くしかなく、女たちは泣くしかない」と題された、海が荒れて漁師である夫を失った妻と夫の母の絵。これらの作品からは潮の香りとともに労働と生活のにおいが伝わってくる。私は海でも川でも水辺がすきで、ロンドンの運河や池でも日本からもってきた竿で釣れない釣りを楽しんだ。それだけに私は海に生きる人々と海辺の風景を描いた画家とその作品が好きになった。と同時に、彼ら彼女らが一九世紀の末に仕事の舞台としたニューリンに、なんとしても行ってみたくなった。

スコットランドの旅から半月後の一一月初め、私はポンコツの日本車に乗る法政大学の増田壽男さんを誘って、ニューリンへのドライブ旅行に出かけた。ロンドンから西へ三〇〇キロ以上走り、コーンウォール地方に入ってポドミンという村のファームハウスに二泊して、ニューリンの美術館を訪ねた。小さな村の小さな美術館は、すべての絵がバーミンガム美術館の特別展示に貸し出されて空っぽであった。しかし、ニューリンとその近隣の村や町はニューリン派の絵さながらに淡い光のなかに輝いていた。地図にもない野の道を縫ってたどりついたファームハウス、陶芸とアートで知られる港町のセント・アィヴス、紺碧の海に白壁の家並みが映える海辺の村、港につながれた漁船で作業する男たち、ニューリンのすぐ先のランズエンドという地の果てのような突端の切り立った崖から見える水平線、見るものすべてがバーミンガムで観た絵の中にあったような気がした。

## ハムステッドの丘の病院――一九八六年一月

『プロシューム』第一八号　一九九〇年一一月

ロンドンの冬は四時には日がくれる。それでも昼間が少し長くなった一月の末、私は炊事中に台所で倒れ、救急車で病院に運ばれた。脳塞栓であった。

友人の知らせで妻と兄が駆けつけてきたときには、手足のまひもとれ、口のしびれもほとんどなくなって、もとのおしゃべりな私にもどっていた。

病院は「ロイヤル・フリー・ホスピタル」といった。病棟は一〇階にあった。その階の北の窓からは、自然をふんだんに残したハムステッド・ヒースの丘が間近に望めた。南側からは地平線を這うような太陽にロンドンの町並みが遠く沈んで見えた。

私は日本でも心臓弁膜症の手術で留学の前と後で二回入院したが、患者へのケアのあり方は国によってずいぶん違うものだと驚いた。

入院して昏睡から覚めると最初に、「あなたの宗教はなにか」「あなたはヴェジタリアンか」と聞かれた。これは答えのいかんによって食事のメニューを変えるためである。

そのうえ各自の日々の食事も選択メニューになっている。看護師が夕方、翌日の食事について葉書大の用紙をもってくる。それにはたいてい三種類のメニューが用意されていて、その中から好みに応じてメインディッシュはこれ、ブレッド・シリアル・チップスの類はこれ、飲み物はこれと選ぶことができる。ティーサービスも日本とは違う。食事時とは別に、朝一〇時ごろ、午後三時ごろ、夜八時ごろの三回、係の人が部屋に回ってきて、「ティー・オア・コヒー?」と訊いて、注いでくれる。砂糖やミルクを入れるかどうかも飲む人の選択である。

日本の病院では付添いがいないと、新聞を買うにも、電話をかけるにも不自由する。それがロンドンの病院では、新聞は雑誌とともに毎朝、病室まで売りにきた。病院の中には図書館があって、患者はボランティアの人から病室で本を借り出すことができた。私が日本に電話をかけたいといったら、看護師がすぐに電話機をもってきてベッドの脇のコードにつないでくれた。当時のイギリスは、サッチャーのもとで社会保障の切り崩しが始まり医療制度も部分的に有料化、民営化の方向に進み始めたところだった。ベッドが足りず入院待ちの患者が多いとも聞いた。だが私は倒れるとすぐにかつぎ込まれ手厚い検査と治療を受けながら一ポンドも払わずにすんだ。

元気になった今だからいえることだが、異国の病院での一〇日間は、一〇カ月の遊学中のどの体験にもまして、日本の生活と文化を振り返る貴重な体験となった。

私は二月初旬、妻と兄に伴われ予定より二ヵ月早く帰国した。

## 天安門の民主の女神——一九八八年五月〜六月

『プロシューム』第一九号 一九九〇年一二月

中国に私の従姉妹がいる。彼女は科学者である。彼女との前からの約束で、イギリスからの帰りには北京に立ち寄る予定でいた。そのために中国の学術機関から招待状をもらい、年が明けるとロンドンで中国への入国ビザもとった。しかしその直後に病気で帰国を繰り上げねばならなくなり、そのビザは使わずに終わった。

それから三年後の昨年五月、中国で民主化運動が盛り上がり、北京では百万人デモがつづいていたころ、その年の四月より大学から半年の研修休暇をとっていた私は、以前の約束を果たすために北京にいく準備をしていた。ところが出発二日前になって、突然、北京に戒厳令が布かれてしまった。テレビも新聞も戒厳軍がすぐにも市内を制圧するかのように報ずるなかで、同僚は「こんな情勢で行くのは危ない」と言う。通訳兼案内役の従姉妹の息子は、「おじさん、歴史的な大事件に立ち会うチャンスですよ」と言う。北京に電話をかけると、まだ軍は動いておらず、市民生活は平静を保っているので安心して来るようにということである。結局、予定どおり五月二二日大阪を発ち、上海に立ち寄ったあと、二四日の夕方北京に入った。

上海では百万人と報じられた大規模なデモに遭遇した。北京ではほとんど連日、天安門広場に出かけた。広場中央の人民英雄記念碑の回りには無数のテントと大学名を記した旗の列。横断幕やステッカーからは「専制反対」「報道自由」「腐敗追及」などのスローガンが読み取れた。戒厳令後、日に日に減ってはいたが、なお数万の学生が座り込みに参加しているようだった。

五月三〇日、人民代表大会の開催を求めて座り込む学生の意気を示すかのように、天安門と人民英雄記念碑の間のテント村に「民主の女神」が建てられた。翌日、大勢の市民に交じって純白のその像を見物した。高さ一一メートル、費用一万元、美術系の学生が作って三台の三輪荷車で運び込んだと聞いた。

六月二日になると、市内の大きなホテルには一斉に中国共産党をたたえる垂れ幕が掲げられた。天安門では軍当局のスピーカーが学生の放送をはるかに上回るボリュームで学生の行為を「暴動」よばわりしていた。

三日には、ついに戒厳部隊が動き始め、学生と市民の包囲を破って、地上と地下から天安門近くに姿を現した。私は「暴力反対、人民の血は水ではない」という字幕を掲げたデモをあとに宿舎に帰った。戦車と装甲車が広場を制圧し犠牲者が出たのはその夜から四日未明にかけてであった。

前夜の噂が街を暗く包む四日朝、私は従姉妹らとともに、大通りを避け郊外の細い道を縫うようにして北京空港に急いだ。民主の像が再び建つことを念じながら。　（完）

# Ⅲ
# ニューヨーク通信

# III

二〇〇一年四月から半年、関西大学から在外調査の機会を与えられ、主にニューヨーク市に滞在しました。お世話になったのは「ソーシャル・リサーチ」で名の通ったニュースクール大学です。すぐ近くのニューヨーク大学の図書館もよく利用させてもらいました。

一六年前のロンドン以来、これが二度目の遊学です。前回と違って、このときはインターネットやEメールを利用して広く情報を集め伝え交信することができました。ニューヨークの風物やアメリカ経済について思ったことを友人や家族に気軽に書き送ることができたのも、またそれらをいま読み直すことができるのも、新しい情報ツールのおかげです。

内容は五つの柱からなっています。「一――アイ・ラブ・ニューヨーク」では、人々の生活と文化を見たまま、聞いたまま書きました。「二――世界都市のワイルドライフ」では、私の趣味のバード・ウオッチングから見た自然の風景をまとめました。「三――アメリカ経済レポート」では、不況に入りつつあったアメリカ経済の動きを追いました。「四――株主運動と株主提案」では、やや専門的ですがアメリカにおける社会問題での株主運動について報告しています。「五――九月一一日のテロ事件とその後」では、ニューヨークから引き揚げる間際に起きたテロ事件のその後のことを綴りました。

アイ・ラブ・ニューヨーク

## ニューヨークは特別大盛りのサラダボール

二〇〇一年五月一九日

ニューヨーク市の人種的多様性にはびっくりします。アメリカが多様なエスニック・グループ（人種民族集団）からなる移民の国であることはよく知られています。それを言い表すのに「るつぼ」（melting pot, crucible──金属を溶かす壺）という比喩が使われることもありました。イギリス系、ドイツ系、アイルランド系、フランス系、イタリア系、アフリカ系、中南米系、アジア系など、いろんなエスニシティをもつ人々が、渾然と溶け合っているということでしょう。

しかし、現在では「るつぼ」より「サラダボール」（salad bowl）という比喩がより多く用いられるようになっています。いろんな国や地域の出身のグループが、大きなサラダボールに盛られた多様な生野菜のように、混ぜられて「アメリカの精神」というエキスに浸されながらも、元の形や元の味を保ち、それぞれ自己主張をしているというのでしょう。

ニューヨーク市の人口は、二〇〇〇年の国勢調査では約八〇〇万人です。ミシュラン社の最新の『ニューヨーク市グリーンガイド』によれば、ニューヨーク市の人口は、戦後プエルトリコ人の大量流入で一挙

に膨れ、一九五〇年には七八九万人を数えるまでになりましたが、六〇年代は横這いで一九七〇年も七九〇万人ほどでした。しかし、その後は住民のうちの比較的豊かな層のニューヨーク市周辺への流出でむしろ減り始め、一九八〇年には七〇七万人まで落ちています。そして、一九八〇年からの二〇年間に再び増えて、二〇〇〇年には八〇〇万人になったというわけです。とくに一九九〇年代には、アメリカ経済の繁栄を反映して年間一〇万人の割合で新移民の流入がありました。これはかつての移民の最盛期を思わせるほどの規模の移民だと言わねばなりません。

エスニック・グループの構成をみれば、二〇〇〇年現在のニューヨーク市の人口は約八〇〇万人うち、アフリカ系アメリカ人（黒人）とヒスパニック（スペイン語を話す中南米から移民）がそれぞれ約二一〇万人、アジア系アメリカ人が約八〇万人を数えます。したがって、全人口八〇〇万人中、五〇〇〇万人は非白人のいわゆるマイノリティで、白人として区分されるのは約三〇〇万人、三八％にとどまっています。新移民で目立つのは、中南米系を別とすれば、アジア系です。二〇〇〇年センサスではアジア系アメリカ人は約八〇万人、そのうち半数近くは中国系が占め、以下インド系、韓国系、フィリピン系、パキスタン系、日系の順になっています。

ニューヨーク市は黒人人口の絶対数では最多の二一〇万人を数えますが、比率では二六％にとどまり、デトロイトの八二％(七九万人)に負けています。それでも、ニューヨーク市では一九八九年の選挙で黒人のDavid Dinkinsが市長に選ばれたことがあります。

住んでみると、ニューヨークは、覇権国家の金融・商業センターとして、世界の諸民族を呑み込んできたことがよくわかります。ノーム・チョムスキーはこうした事態を「第三世界化」だと言っています。私が利用しているニューヨークの地下鉄では、英語を話す人はひょっとすると少数ではないかと思われるほどスペイン語や中国語がよく聞こえてきます。ソ連崩壊後はロシアからの移民も多く、近所の商店ではしばしばロシア語を耳にします。

私の住むアパートの近所の魚屋には、ロシア系ユダヤ人がよくきています。魚屋の主人もロシア語を話すユダヤ教徒です。ユダヤ教徒については、宗教人口としての統計はあっても、エスニック・グループとしての統計はありません。しかし、ニューヨーク市には、一〇〇万人を超えるユダヤ人がいて、ニューヨーク市民の一割強がユダヤ人かユダヤ系の子孫であると言われています。

不思議なことに、アパートの近所でも、大学の近辺でも、ニューヨークで出入りしたグリーン・グローサリーの雇い主は韓国系でした。下働きをしているのは、ほとんど中南米系です。村上由美子さんの『アジア系アメリカ人』(中公新書、一九九七年)には、カリフォルニアのドーナツ・ショップの八〇％(二四

○○店)はカンボジア系の家族経営だと書かれています。移民と職業の問題は労働市場論のテーマですが、かつて多くはユダヤ人によって営まれていたというグリーン・グローサリーがなぜ韓国系の人々によって制覇されたのか、私にはまだわかっていません。

## 五番街のゲイ・プライド・マーチ

六月二四日

六月二〇日からの一週間はゲイ(レズビアンを含む)・プライド・ウィークでした。六月二四日の日曜日に五番街に出かけたところ、正午からゲイ・プライドのマーチがあり、ゲイ、レズ、バイセクシャルの人々が、着飾ったり、半裸だったり、いろんな格好で、デモ+パレード+祭りのような行進を楽しんでいました。

主催者発表では約二五万人が参加。前日の二三日にはベルリンで約五〇万人が参加した同じようなマーチがあったそうです。どちらも見物人を含んでいるとしても、びっくりするほどの人数です。五番街の行進で最も目に付いたスローガンは「平等」(Equality)でした。性的指向に関係なく、家族、住宅、福祉、健康、雇用などについて平等な権利を認めよというものです。アフリカのＡＩＤＳ救済に関連したスローガンも目立ちました。

ニューヨーク・ゲイ・プライドのウェブサイトによれば、ニューヨークで第一回ゲイ・プライド・マーチが行われたのは一九七〇年となっています。その前年の一九六九年六月二七日、ニューヨークはグリニッチ・ヴィレッジのゲイバー「ストーンウォール・イン」で警官の執拗な手入れがあったのに対して、ゲイたちが抗議行動に立ち上がり、「同性愛の自由を認めろ」とデモを行った。それをきっかけに、「同性愛者である誇りを主張するために行進しよう」と、翌年から開催されるようなったのが、ゲイ・プライド・マーチだそうです。観光名所の一つになっているグリニッチ・ヴィレッジのクリストファー公園には、ジョージ・シーガルの制作した等身大のゲイとレズビアンの二組のカップルの彫刻があります。

毎年のマーチには、ニューヨーク市長も参加するそうです。残念ながら私は見ていませんが、今年はニューヨーク州選出の国会議員で前大統領夫人であるヒラリー・クリントンも行進したことを後で知りました。ニューヨーク市警察は、ゲイとの歴史的和解を示すかのように、今年も隊列を組んでパレードの最後を楽隊とともに歩いていました。

社会派株主による株主提案について調べていて、エマーソン・エレクトリック社というオートメ・エアコン関係の大企業(従業員一二万三〇〇〇人)に対して、ゲイ・プライド基金が行った、性的指向を理由に差別をしないことを会社の文書に盛り込ませる提案を見つけました。同基金によれば、提案にいたるまで会社と交渉をもったが、会社はあらゆるタイプの差別をなくすと言いながら、法律は文書化を求めてはいないという理由で要求を容れることを拒んだ。それで株主提案に及ん

だのだそうです。

その提案は今年の株主総会で、初年度でありながら、投票総株数の一二・八％の支持を得たそうです。社会問題の提案では、かなり高い賛成率だといえます。エマーソン・エレクトリック社はまだ姿勢を変えていないようですが、インターネットのゲイ団体のウェブサイトはゲイにやさしい企業五〇社を発表しています。それは従業員の性的指向に関する非差別政策を文書化していることと、同性の同伴者にも福祉手当を平等に支給していることが条件です。こうした会社のなかには、ＩＢＭ、バンク・オブ・アメリカ、シェブロン、ナイキなどの一流企業も含まれています。

こうしたゲイの社会運動の全体像について私の頭のなかはまだ整理できていませんが、性的指向に関係なく、家族、住宅、福祉、健康、雇用などに関し平等な権利を主張する意味はよく理解できます。不勉強をさらすようですが、私の知らぬ間に拓かれてきた平等の新しいフロンティアの一つを垣間見た感じです。

## チャンドラ・レヴィ失踪事件

八月一日

こちらに来て四カ月。この間、全国ネットのテレビで最も頻繁に取り上げられてきたニュースは、米司法省刑務局でインターンをしていた大学院生のチャンドラ・レヴィさん（二四歳）が五月一日を境に行方不明となっている事件です。

彼女のことがよくニュースに出るようになったのは、五月中旬と記憶していますが、姿を消したのは四月三〇日、両親が受け取ったEメールは五月一日が最後だと伝えられています。これだけなら、せいぜい新聞の片隅に載る程度でしょうが、その後、カリフォルニア州選出のコンディット下院議員（民主党、五三歳）と彼女との不倫関係が表面化して、事件は俄然話題性を帯びてきました。またコンディット議員と過去に不倫関係があったといわれるもう一人の女性（フライト・アテンダント）が現れて、同議員から議員と自分との関係を否定する誓約書を書くように求められたことを暴露して、事件はセックス・スキャンダルとしても関心をもたれるようになりました。

コンディット議員は、当初は否定していたレヴィさんとの不倫関係については、同議員のオフィスにインターン実習中の彼女が頻繁に出入りしていたことなどを追及され、結局、認めました。しかも、その後、高まる疑惑をはらそうと、自ら申し出て、ポリグラフのテストを受け、無実証言の信用性を「証明」してみせました。

捜査は、ゴミ箱、埋め立て地、空き家などから始まって、議員宅、公園（大きな公園はまるで森）と広がりましたが、今にいたるも何の証拠も手がかりも出てきていません。七月の末は、失踪からまる三カ月ということで、テレビで詳しく取り上げられていました。しかし、内容はこれまでの報道のおさらいにすぎませんでした。

いまではレヴィさん発見に懸賞金二〇万ドル（約二五〇〇万円）が懸けられ、その中には話題の主の一人のコンディット議員からの寄付の一万ドル（約一二五万円）も含まれているそうです。共和党の議員の一部からはコンディット議員に対する辞任要求が出ていましたが、それも立ち消えになった感じで、このままいけば事件は失踪、自殺、他殺のいずれかもわからないまま迷宮入りになりそうです。

性質はまったく違いますが、インターンとの不倫事件とその議会偽証疑惑で話題になったクリントン前大統領は、黒人のとくに多いハーレムに新事務所を開き話題を呼んでいます。あの不倫事件のこともいまでは遠い過去になってしまいました。マスメディアが大きな影響力をもつ現代社会は熱するのも忘れるのも早いようです。

## シェイ・スタジアムで新庄を応援

家族へのメール、五月二四日〜九月一日

**五月二四日**……こちらでは新聞は何日かおきにしか買いません。あまりに分厚くてわずかしか読めないのと、さしあたりインターネットとテレビで間に合っているためです。たまたま買った今日の『ニューヨークタイムズ』のスポーツ面に、新庄の記事が大きく出ています。

見出しには The Mets Find a Hero in Shinjyo Once Again とあります。前日のサヨナラゲームにつづいて「またもや新庄メッツのヒーローに」というわけです。日本の新聞にもこのニュースが大きく出ていることと思います。

記事によれば、彼は記者の質問にこう言っています。「みなさんがなぜいつも私をイチローと比べるのかわかりません。イチローは私をはるかに超えている。私よりずっとうまい。私は(記録では負けても)ファンのみなさんの記憶に残る選手でありたいと思っています」。彼の気持ちがよくわかります。

**七月一九日**……この四月からアイオワにいてこのあとベルリンに行く関西大学文学部の宇佐美幸彦先生と私たち夫婦の三人で、今日はブロードウェイにミュージカルの「キャバレー」を観に行きました。終わって近くのアイリッシュ・パブにビールを飲みに行ったら、ちょうどメッツとフロリダ・マーリンズが延長戦をやっているところでした。バーテンの一人が熱狂的なメッツファンで、商売そこのけで声援を送っていました。試合は途中で中断があって、もう夜も一一時に近いというのに、たしか一〇回裏でした。一打サヨナラのシーンで新庄が打席に入る。私が日本語で「行け」という。そのタイミングに合わせたかのように、メッツファンのバーテンがレッツ・ゴーSINJYO! と叫びました。その直後、新庄の打球は右中間を抜けて二塁を回ったところで一塁ランナーがホームイン。新庄はバレンタイン監督に抱きかかえられて祝福を受けていました。勝負強い新庄の復活をみた瞬間でした。

次は球場で新庄の打つ場面を観たいものです。

**八月一三日**……今日は日本から来た子どもらといっしょにメッツの本拠地シェイ・スタジアムに対カーディナルズ戦を観にいきました。ほとんど満席でしたが、ホームをはるか下に見下ろすアルプス席がやっと取れました。入場料は一枚一五ドル。始

まる前は小雨が降っていて中止が心配されましたが、試合中はほとんどやんで、暑くもなくて幸いでした。

一時一〇分プレイボール、一回に一九九九年に七〇本ホームランを記録したマグワイアのツウランホームランと次打者のソロホームランがあって、カーディナルズが三点先取するかたちで始まる。

楽しみにしていた新庄は、七回に一番打者の代打で登場し、死球で出塁するも、次打者の凡打で二塁アウト。八回からは守備に入り、九回表には、大きなレフトフライを後ろ向きにナイスキャッチ。観客から大きな拍手を浴びました。そのあと、九回裏にまわってきた打席では、レフトに大飛球を打つも、いま一歩届かずアウト。結局一打数ノーヒットで終わりました。打率はこれで、二割七分二厘となりました。

試合は一対四でメッツが敗れましたが、メッツにおける新庄の人気ぶりと、大リーグの球場の雰囲気がわかって、楽しい観戦となりました。日本ではプロ野球なんて昔一度観たにすぎないことを言い添えておきます。


**九月一日**……このところ新庄が復調し、よく打っています。

八月二七日(月)、ニューヨークでのサンフランシスコ・ジャイアンツ戦に六番・中堅手で先発出場。四回の第二打席は左前安打、八回の第四打席は、レフトスタンドに飛び込む八号ホームラン。この日、リトル・リーグで優勝した日本の少年チームが球場を訪れたが、新庄がホームランを打ってスタンドに向かってガッツポーズしたときは、もうこどもたちは球場をあとにしていた。

最近の四試合は以下のとおりです。

八月二九日(水)、ニューヨークでのフィリーズ戦に五番右翼で先発出場。四打数一安打一打点。

八月三〇日(木)、ニューヨークでのフィリーズ戦に五番左翼で先発出場。第一打席の一回二死一、二塁で左中間に三点本塁打を放つ。大リーグでは九本目。第二打席の三回には左前安打、五回には右中間に三塁打。サイクルヒットは惜しくもならず。

八月三一日(金)、ニューヨークでのマーリンズ戦に三番中堅で先発出場。三打数二安打で、打率を二割七分三厘に。試合はメッツが六対一で圧勝。

その後、九月三日から九・一一のテロアタックの前までは、連日のように四番の左翼と右翼で先発出場しています。それにしても打順や守備位置はころころ変わりますね。

〈追記〉シェイ・スタジアムは二〇〇八年のシリーズ終了とともに閉鎖され翌年解体されました。

# ニューー世界都市のワイルドライフ

## セントラル・パークは野鳥の楽園

七月二一日

ニューヨークのバード・ウォッチングの第一のポイントといえば、セントラル・パークです。最近、皇居の森でオオタカが営巣しているというニュースを目にしましたが、一般の人が立ち入れない吹上地区でのことです(『毎日新聞』二〇〇〇年四月二八日)。ここセントラル・パークでは、レッド・テイル・ホーク(日本にはいないが和名はアカノスリ)が毎年雛を育てています。正確に言うと、セントラル・パークのメトロポリタン・ミュージアムに近い小さい池に面した、五番街のビルの屋上近くの窓枠の上にその巣はあって、親鳥は公園の小動物を餌に今年は三羽の雛を育てていました。六月の初め頃は池の端に行くと、何台もの望遠鏡が据えられていて、マニアのウォッチャーが、通りすがりの人に「見てくれ。あそこに雛と母親が見えるだろう。こっちにいるのは父親だ」、と説明つきで覗かせてくれるのです。それが楽しくて巣立ちの時まで何回か足を運びました。

セントラル・パークに限らず日本のスズメ同様にどこにでもいるのがヨーロッパ・スターリング(ホシムクドリ)という小鳥です。体中に無数の星を散りばめた夜空色のこの鳥は、とても綺麗な声で鳴くにもかかわらず、バーダーからは嫌われています。それは、ヨーロッパ産のこの鳥が、一八九〇年に六〇羽ほどセントラル・パークに放たれ、以後、北アメリカ全域に広がった外来種であること、繁殖力が強くて何種かのネイティブの野鳥を絶滅に追いやったこと、非常に攻撃的で他の鳥やリスの餌を盗む習性があることなどが原因のようです(外から来てネイティブを追い払ったというのはまるでかつてのアメリカ人自身のことのようです)。ところがです。この嫌われ者がいまではニューヨークのような大都市におけるワシ、タカの安定した餌になって、生態系の維持に役立っているのだそうです。

私たちがセントラル・パークに通い始めた頃は、さまざま野鳥たちが子育ての最中でした。ロビンではないのに、胸が赤褐色であるというだけで、アメリカ人が故郷のヨーロッパのロビンへの郷愁からロビンと名づけた鳥もそうです。図鑑などではアメリカン・ロビンとなっているこの鳥は、コマツグミという和名がありますが、姿形からみて日本の鳥では、アカハラに似ています。レイチェル・カーソンの『沈黙の春』のはじめに「春がきたが、沈黙の春だった。いつもだったら、コマドリ、スグロマネツグミ、ハト、カケス、ミソサザイの鳴き声で春の夜はあける。そのほかいろんな鳥の鳴き声がひびきわたる。だが、いまはもの音一つしない」という一節があります。この「コマドリ」もアメリカン・ロビンだろうと思います。

ある日、セントラーパークの大きな池(The Lake)の辺りを歩いていると、日本語の上手な台湾出身の女性に声をかけられました。彼女はニューヨークに来て二〇年以上になり、バード・ウオッチングが好きでウォーキングを兼ねて毎日のようにここに来ているとのことでした。彼女が指さす道路の側を見てみますと、アメリカン・ロビンの巣があり、親鳥が餌を運んできて、雛たちが首を伸ばしているところでした。

しかし、翌週行ったときには、その巣の中は空っぽでした。蛇か猛禽類か何かに襲われたのかもしれません。

セントラル・パークの野生生物は野鳥だけではありません。六月の下旬には、北の端の池(Harlem Meer)で、ワニ(南米産のカイマン)が捕らえられたということがニュースのこぼれ話にもなりました。

また、この時期の晴れた日のパーク内の広い芝生には、水着姿で日光浴をしている女性が賑やかな海水浴場のように驚くほど大勢います。双眼鏡でみると、Tバックの女性や裸同然で抱き合っているカップルもいます。こうした風景もまたある意味で野生の証明であるのかもしれません。

## 大リーグには小鳥の球団が三つある

七月一六日

大リーグ三〇球団中には小鳥のニックネームをもつ球団が三つあります。セントルイス・カージナルス、トロント・ブルージェイズ(本拠地はカナダ)、ボルティモア・オリオールズです。

七月初旬の土曜日、セントラル・パークで右の三種のうち、カーディナルとブルージェイを間近に見ることができました。というより、口笛と鳴き声のまねと餌で巧みに鳥を寄せているおじいさんがいて、見せてもらったというべきです(その後はこの二種にはあちこちで何度も出合う機会がありました)。

カーディナルは、その名の通り、カトリックの枢機卿の衣装のように真っ赤な小鳥です(メスはやや地味)。頭に毛冠をかぶったような姿をしています。ブルージェイは、カケスの一種で、青い色をしてうるさく、ジェイジェイと鳴きます。オリオールはジョウビタキに似て、雄は胸と腹がオレンジ色をしています。

不思議に思うのは、大リーグには、おそらくアメリカで最もポピュラーな小鳥であるロビン(フルネームはアメリカン・ロビン)の名を冠した球団がないことです。この鳥は人なつこく、公園でよく見ます。ただし、前にも書いたように、日本やヨーロッパでいうロビン(コマドリ)とはまったくの別種で、ヨーロッパからの入植者たちが「ロビン」と名づけたのだそうです。

そういえば、子どもの頃に日本に松竹ロビンスという球団があったことを思い出しました。しかし、なぜ、松竹がロビンスなのでしょう。インターネットで調べてみたら、まず「太陽ロビンス」という球団が、一九四七年にニックネームを採用することになり、オーナーの田村駒治郎の「駒」からコマドリ（ロビン）としたそうです。それが「野球は点を取るスポーツ」だからという理由で、「太陽」から点を取って「大陽ロビンス」と変わり、一九五〇年に松竹映画がスポンサーになり、「松竹ロビンス」に改名した、という経緯があることがわかりました。

アメリカの話に戻ると、カーディナルズとブルージェイズは、それぞれの球団カラーと関係しています。ボルティモア球団の愛称になっている鳥は、イギリスのボルティモア公の服装に似ていて、鳥の名前自体がフルネームでは「ボルティモア・オリオール」といいます。ワシントンDCの近くのボルティモアに本拠地を置く球団としては、この鳥の名をニックネームにするのも当然です。

昔観た「一二人の怒れる男」というモノクロ映画で、ボルティモアという球団はまるで大リーグの弱いチームの代表のように言われていました。野茂英雄投手が今年（二〇〇一年）の初登板試合でノーヒットノーランを達成した相手チームがこのオリオールズです。

しったかぶりの話をしてきましたが、実は、大リーグの小鳥球団のことは、先日、ニューヨークの紀伊國屋書店で見つけた『ニューヨークのワイルドライフ――野生生物の楽園』（理文出版、二〇〇一年三月）という本に出てきます。著者はニューヨーク在住の画家で野鳥写真家でもある松本百司氏です。この本のなかには、著者が三六枚撮りフイルムを約三〇本使ってようやく納得するものが一枚撮れたというハクガンの、その一枚の貴重な写真も含まれています。みなさんにも一読をお薦めします。

# 水鳥を見るならジャマイカ湾の野生生物保護区

七月二〇日

ニューヨークには、セントラル・パークのほかに野鳥観察のポイントになっている公園があちこちにあります。私が足を運んだのはクイーンズのフォレストパーク、アレイポンドパーク、ブルックリンのプロスペクトパーク、マンハッタンの北のインウッドヒルパーク、ブロンクスのペルハムベイパークなどです。ジョン・F・ケネディ空港を挟むように広がるジャマイカ湾には「野生生物保護区」があります。ここはアメリカの大都市圏では最も重要な保護区の一つとされており、小道を歩きながら、野鳥(主に水鳥)が観察できるようになっています。最初に行ったのはそのうちのよく整備された西池で、二回目には葦の生い茂るなかをかき分けるように歩いて東池に行きました。

ここは一九五〇年代の初期にニューヨーク市の交通局が地下鉄を通す目的で湾の一部を浚渫《しゅんせつ》して盛り土することになり、その交換条件として、市の公園局長のロバート・モーゼスが池をつくることを求めた結果誕生したそうです。海に囲まれた小さな島のようなところに淡水の池ができたことで、他のところにもまして、たくさんの種類の水鳥が訪れるようになったわけです。

西池で最初に出会ったのはオスプレイ(和名はミサゴ)でした。全長は約六〇センチ、翼を広げると約一・四メートルもあります。別名フィッシュ・ホークと言われるように、魚を餌にしているタカの一種です。双眼鏡で見たところ、雛は二羽。巣立ちの日も近いのではないかと思われましたが、一カ月後に行ってもまだ餌をもらっていました。解説にはDDTのような殺虫剤の使用で一時は激減したが、いまは増えていて、いたるところで見ることができる、とありました。

圧巻は、数百羽のカナダ・グース(和名はシジュウカラガン)の大群でした(I「気まぐれバーディング」の扉絵参照)。ボストンでもワシントンでも、同じ種を見ましたが、ニューヨークのここほど多数の群がいるところはありませんでした。ほかに、アジサシ、カモメの仲間たち、シギの仲間たち、サギの仲間たち、鵜などがいます。水面の小魚を飛びながらクチバシですくいとるブラック・スキマーのような変わり者も見ました。来訪者に配られるパンフレットの表紙絵は、日本人にはなじみの深いゴイサギ(Night Heron)です。水鳥ではない小鳥の種類も多く、一度にたいして労せずにこんなにたくさんの種を観察してもよいものか、と思わざるをえないくらいです。日本で探鳥を始めて一〇年近くになるのに、識別できた鳥はあちこち行ってもまだせいぜい一一〇種くらいにすぎません。それがここでは一カ所で年間に一三〇種あまり見ることができると言われており、半年の体験でもそれは嘘ではないと思います。過去二五年にここで観察された鳥は三二五種にものぼるそうです。

東池は西池よりずっと大きいのですが、全体がうっそうとした芦原に囲まれており、アクセスは容易ではありません。とくに周りを巡ることは困難なようです。しかし、池に出るだけなら、小道が整備され、湿地にもボードウオークが用意されています。ここの見物は、はるか見渡す彼方に群れる数えられないほど多くのミュートスワン(和名はコブハクチョウ)でした。ミュート(mute)というのは「無言の」という意味で、いかにも物静かな白鳥です。春から夏にかけては、メスは二、三羽の雛を連れていることが多く、雛は「みにくいアヒルの子」という話にあるように、やや黒ずんだ灰色をして、純白の親に寄り添っています。

うれしいことに、ニューヨークは公共交通網が発達していて、ジャマイカ湾の保護区は私のアパートから地下鉄とバスで簡単に行けます。そこは海水浴ができるビーチに近いために、行きも帰りもビキニ姿の少女たちが大勢乗り込んできて、目のやり場に困るほどでした。

## ニューヨークはセミが鳴き出せばもうすぐ秋

八月一〇日

ここ数日はしのぎやすくなりましたが、八月一〇日前後の一週間ほどはニューヨークも東京に負けない猛暑でした。テレビでは暑気注意報が出て、暑さを表すいろんな言葉が使われていました。broiling というのはまだわかりますが、scorcher(焼けつくように暑い日)、sizzling(ジリジリと暑い)、swelter(うだるような暑さ)、などは辞書を引いて知りました。これも知らなかったことですが、一年のうちで最も暑い日々を dog days というのだそうです。今年は今日あたりがそれにあたったのか、最高気温は連日、華氏九五度(摂氏三五度)から一〇〇度(摂氏三八度)ありました。ちなみに、今はこれを書いている時間(夜八時半)は華氏六八度(摂氏二〇度)です。

なぜ最も暑い日々を dog days というのでしょうか。人間もイヌのように舌を出してあえぐほど暑いからというわけではなく、株主オンブズマンの熊野実夫さんから教えてもらったところでは、大犬座の主星のシリウスを Dog Star といい、Dog Star が太陽と同じ時刻にのぼる夏の暑苦しい時期を dog days というのだそうです。この時期に鳴きだす dog day という名のセミ(cicada)がいます。北米には六種類くらい

アメリカではセミが少ないそうです。
日本のセミとちがい。
ジー．ジーと よわよわしく
鳴きます。
土の中に
2年しか
いません。
Dog Day
Cicadas

のセミがいて、ニューヨークには、このドッグ・デイ・シカーダと、セブンティーン・イヤー・シカーダの二種が多いそうです。

松本百司氏の『ニューヨークのワイルドライフ——野生生物の楽園』(理文出版、二〇〇一年)には、セブンティーン・イヤーはその名のとおり地中に一七年もいると書いてあります。他方、ドッグ・デイは、二年くらいで出てくると言われています。どちらも日本のセミに比べていかにもおとなしくて、さほどうるさくありません。強いて言えば日本の春ゼミ(マツゼミ)のような感じです。

ドッグ・デイは、先週、アパートの前の庭でスズメがくわえて遊んでいるところを追っかけてつかまえました。鳴き声がしても姿が見えず、いつかなんとかして捕まえてやろうと思っていただけにラッキーでした。たまたま日本から来ていた娘がスケッチしましたが、色といい姿といいミンミンゼミを小さくしたような感じです。

# ブロンクスは植物園と動物園が面白い

八月一五日

ニューヨーク市の北には、市内では唯一島でなく、ニューヨーク州と接し、大陸の一部をなしているブロンクスという行政区があります。四月にこちらに来て最初に訪れた見どころの一つは、ブロンクスの「ニューヨーク植物園」でした。

森あり川ありの広大な土地には北米大陸をはじめ、世界の植物が集められています。園内を流れるブロンクス川はニューヨークで唯一淡水の川だそうです(ハドソン河やイーストリバーは海水混じり)。ここで見た桜は実に見事でした。アメリカの桜の名所といえば、ワシントンのポトマック河畔くらいしか知りませんでしたが、ニューヨークにはブルックリン植物園やセントラル・パークを含め桜の名所がいくつもあります。なかでも、時期がよかったのか、日本でも見たことがないほどの鮮やかな咲きぶりだったのはブロンクスの植物園の八重桜でした。

日本から伝わったもう一つの植物にイチョウがあります。ブロンクスの植物園にももちろんありますが、セントラル・パークを歩いていて目につく木の一つはイチョウと桑です。桑は六月の中頃、枝先までたくさんついた苺のような実(桑果)が熟します。二抱えもある巨木も多く、あちこちで熟れた桑をもいで頬張りました。

イチョウの実のギンナンは、英語でギンコウ(ginkgo)と言います。辞書には「銀杏」の音読みをまず“ginkyo”と誤り、次にそのyをgと誤記したことからだという説明があります。日本と違って食べることはほとんどないそうです。

　さて、ブロンクスの植物園の隣には、全米最大、世界でも屈指といわれる動物園があります。ガイドブックによれば、一八九九年に開園して以来「ブロンクス動物園」の名で親しまれてきたが、動物の生態に合わせ、可能な限り自然に近い環境にするという意図で、一九九三年に「国際野生生物保護公園」と改められたそうです。とはいえ、いまも人々は「動物園」と呼んでいます。

　ここには私たち二人で一度、日本からの訪問者を案内して一度、それから家族と一度、都合三度も行きました。でも、とても広いので、約六五〇種のうち結局見ずじまいに終わった動物たちもたくさんいます。いっしょに訪れた誰もが気に入ったのはコンゴ館の表情豊かな、面白いしぐさのゴリラたちだったようです。

## 三――アメリカ経済レポート

### 大学前の労働組合紛争

五月一四日

街を歩いているとアメリカの消費事情が多少は見えてきます。しかし労働事情については、八年前に来たときと比べホームレスが減ったという以外は、外からはほとんど見えてきません。そういうなかでのわずかな見聞をリポートします。

留学先の大学の向かい側のグリーン・グローサリー(八百屋+デリカ)の前で、こちらに来たときから、毎日のように大声でなにやら叫んでいる人たちがいます。よく見ると二つのグループがあるようです。日によって違いますが、人数は両派とも一〇人前後です。昨日、両派のビラを受け取ってようやく事情がわかりました。

一方に「韓国人反差別協会」と名乗る労働組合敵視団体があり、これが職業的抗議者(「プロテスター」)を雇って、労働組合と労働条件改善の協定を結んだ「ヴァレンチーノ・マーケット」という店に対して、その労働組合をボイコットせよと連日のように嫌がらせをしているのです。

他方、「地域組合連合」のグループが、その店と労働組合を支持するビラをまいています。

参考までに以下に組合擁護派のチラシを訳しておきます。

ヴァレンティーノ・マーケット店！
うそつきを通りから追い出せ！
ヴァレンティーノ・マーケット前のうそつきどもが路上騒動を起こしている。

五番街七五のヴァレンティーノ・マーケットが、商店における労働組合の組織化を避けようとするスウェットショップ（低賃金で劣悪な労働条件の工場や商店）のオーナーに雇われた「抗議者」によって、攻撃されている。

イースト・ナチュラル・マーケットを含むスウェットショップは、従業員によって選択された労働組合を承認することによって、「正しいこと」をしたオーナーを攻撃しようとしている。

グリーン・グローサリー産業にあまねく存在するスウェットショップの労働条件とは異なり、ヴァレンティーノ・マーケットは、最低賃金以上に従業員に支払い、健康保険を提供し、有給休暇と病休を与え、労働者に不服調停手続きを通して穏便に不服を解決する力を与える協定を取り決めた。

労働組合とのこの種の協定に反対する商店主によって送り込まれた「抗議者」は、ヴァレンティーノ・マーケットの買い物客を混乱させ、執拗に困らせている。もしあなたが「抗議者」に悩まされるなら、どうかそれを警察に報告してください。

これらのうそつきどもをこのブロックから追い出すことに力を貸して下さい。

詳細は以下の地域組合連合または支部にお電話下さい（電話番号は省略）

裏面にはスウェットショップの労働者の労働条件が次のようなものであることが書かれています。

最低賃金より低い支払い
残業手当なしの一日一二時間から一四時間労働
健康保険給付なし
病休なし
有給休暇なし

なお、現在の連邦最低賃金は五・一五ドル（一ドル一二〇円とすると六一八円）です。二〇〇〇年三月、下院は二年間の時限で最低賃金を六・一五ドルに引き上げる法案を通しましたが、共和党の出した減税法案との絡みで結局は未成立に終わっています。

〈追記〉二〇一四年二月現在の連邦最低賃金は七・二五ドルです。オバマ大統領はこれを一〇・一ドルに引き上げるよう議会に要請しています。

## なにか秋には一波乱ありそう

七月二七日

今回の遊学の主要な目的は、「機関投資家とコーポレート・ガバナンス」および「社会派株主活動と株主提案」について調べることです。とはいえ、アメリカ経済の動向にも関心を寄せています。現地にいればわかるというものではありませんが、こちらで見聞した当地の経済情勢についてレポートします。

この三月から四月にかけて、ダウが一万ドルを大きく割り込み、「ネットバブルの崩壊」でナスダックが一年前の五〇〇〇超から一六〇〇近くまで暴落したときには、アメリカ経済の「繁栄」もついに終わりのときを迎えたかと思いました。ちょうどそのころ、製造業の設備投資の減少が伝えられたことも、不況到来の印象を強くしました。

その後の経過は、私の予想とは異なり、株価は四月以降持ち直し、五月には昨年九月の高い相場まで戻し、六月半ばまで好調を保っていました。アメリカでは一般に二期連続のマイナス成長をもって「リセッション」と言うようです。それもあって、私が質問した人たちの多くはまだリセッションとは言えないという見方をしていました。

しかし、ここ一カ月余りは、自動車のビッグスリーや大手情報通信機器のメーカーでも大幅減益が報じられ、製造業の指標は明らかに悪化しています。貯蓄率がマイナスになるほどに高水準に推移してきた個人消費も、大規模なリストラにともなう雇用情勢悪化の影響で、ここにきて鈍化してきています。なにか秋には一波乱ありそうな雲行きです。インフレの潜在圧力を考えると金利引き下げによる景気対策も今後は難しくなるでしょう。
振り返ると、アメリカ経済は一九七〇年代から八〇年代にかけての長期停滞から抜け出し、一九九〇年代には新たな成長局面に入りました。それを可能にしたのは私見では主に次の七点です。

一――経済のグローバル化の下での金融、情報、サービス分野における世界的優位性の確立
二――衣服から情報機器にいたる生産基地の途上国化による徹底した価格革命の推進
三――中南米とアジアからの新移民の大量受け入れとパート化・派遣化よる低賃金労働力の確保
四――景気変動に即応したリストラの徹底による労働市場の流動化
五――株式の高い個人保有比率を背景とした証券市場の活況と機関投資家によるリスク分散的な資金運用
六――消費者金融による将来所得の先取りと女性皆就業による旺盛な個人消費と消費需要の持続的な拡大
七――アメリカに有利な国際通貨体制と経常収支の赤字をカバーする資本環流

当面の動きは一と二がどうなるかにかかっていると思います。しかし、アメリカ経済が一九三〇年代や現在の日本のように深刻な不況に突入する可能性は当面それほど高くない、というのが目下のところ私の診断です。

〈追記〉機関投資家とは、投資信託、生命保険、損害保険、年金基金、労働組合など、人々から預かった資産を証券投資で運用する法人や団体のことで、機関株主でもあります。

## ＩＴ産業はいま過去最悪の状態

八月七日

大手証券会社の著名アナリストが、半導体最大手インテルの大幅値下げ予想を出したことから、今日の証券市場はダウ、ナスダックとも、かなり下げました。半導体市場が需要低迷で値引き競争がさらに激化することはＣＮＮの最近のニュースからも明らかです（左の見出し一覧参照、日付は日本時間）。歴史の浅いＩＴ産業はいま過去最悪の状態にあります。

半導体産業、二〇〇一年は「過去最悪の年に」（六月二二日）
ＡＭＤ、フラッシュメモリー低迷で七〜九月期も減収に（七月一三日）
インテルＭＰＵが三七％値下げ、ＡＭＤとの競争激化（七月一七日）
インテルは七六％減益、ＭＰＵ需要低迷が響く（七月一八日）
世界半導体販売、六月は前年同月比三〇％減（八月三日）
「ペンティアム４」を五割値下げ？ 米専門家が予測（八月七日）
米株式が続落、半導体値引き競争の激化を懸念（八月七日）

今日のCNNでは「七月の米人員削減は前年比三倍超、過去最高」であることも報じられました。削減人数は今年一月〜七月の累計で九八万人、うち一〇万人はハイテク業界で占められています。雇用情勢の悪化が続けば、これまで好調であった消費も鈍化すると予想されています。自動車のビッグスリーの大幅減益や、住宅建設の落ち込みも伝えられています。

アメリカ経済はまだ大不況的な状況にはなく、株価も暴落という事態にはならないでしょうが、秋に向かって一波乱ありそうです。そうなれば日本の株価や景気に深刻な影響を与えることは必定です。

それにしても日本経済はいったいどうなっているのでしょう。先日のNIKKEI・NETには「金融機関の不良債権、過去最大の四三兆円・二〇〇一年三月末」という記事が出ていました。この一〇年は何だったのでしょう。これまでに銀行の抱える不良債権のかなりの部分が処理され、また巨額の公的資金による資本注入で金融の安定化が進んだはずではなかったのでしょうか。私のように経済学で飯を食っている人間でも理解に苦しみます。

## アメリカ経済の失速歴然

八月九日

この数日、アメリカ経済の失速を示す指標が相次いで発表されました。

一つは雇用に関するものです。CNNが人材あっせん会社チャレンジャー・グレイ・アンド・クリスマスの発表(六日)として伝えるところでは、七月の全米の人員削減は前月比六五％増、前年比三倍超で、過去最高でした。削減人数は今年一月〜七月の累計で九八万人、うち一〇万人はハイテク業界で占められています。

もう一つは消費に関するものです。連邦準備制度理事会（FRB）の七日の発表によれば、六月の消費者信用残高は、三年七カ月ぶりにマイナス（年率で一・二％減）に転じました。人々がカードやローンで所得以上の買い物をして、高い消費を維持してきたアメリカ経済ですが、消費者信用残高が減ったことは、このところの雇用情勢の悪化、失業不安の高まりで、消費者が消費よりも債務返済を優先させるようになってきていることを意味します。

さらにFRBは、八日に発表した地区連銀経済報告において、経済活動はどの地域でも低調であり、製造業の不振が他業種へも広がっていると述べています。またそれに関連して、小売業でも、大幅な値引き販売にもかかわらず、売り上げが伸びず、個人消費が鈍化していることを示唆しています。これまでは設備投資の落ち込みが続いている間も、堅調な個人消費に支えられて景気は維持されるという見方が支配的でしたが、ここにきて頼みの個人消費にも陰りが見え始めたとなると、不況感は一挙に強まるでしょう。

ニューヨークの公園ではかぼそい声でセミが鳴き始め、まもなく秋だと告げています。経済の動きは自然より一足早く落ち葉の秋に向かっているようです。

# 四――株主運動と株主提案

## 【オランダ、ボストン、ワシントン】

五月二四日

こちらに来て一カ月が過ぎましたが、旅行続きでまだアメリカ経済の研究も株主運動の調査もほとんどできていません。これまでの旅行は二度。最初は、四月二三日から五月五日までのオランダ、フランス、イタリアの旅行でした。

オランダはハーグに近いワッセナーという小さな美しい町にあるオランダ人文社会科学研究所で「グローバル化する世界におけるコーポレート・ガバナンス」をテーマにした国際学術集会があり、そこで「一九八〇年代以降の日本における企業システムの変化」についてつたない報告を行いました。こういう羽目になったのは、カナダのビクトリア大学政治経済学教授のウイリアム・キャロルさんから、「いま私が来ているワッセナーで国際シンポジウムがあるので、日本について話してほしい」と言われたからでした。報告は原稿の棒読みで文字通り冷や汗ものでしたが、学問的な刺激と収穫は消化しきれないほどにありました。

その後、アムステルダムに三泊し、ヨーロッパを縦断するような形で、姪のいる南フランスのニースに飛びました。そこから姪夫婦(夫はモナコのマリオットホテルの副シェフ)や、夫側の家族の案内で、数日、モナコ、ジェノバ、トリノを見て回り、日本で言えば少し贅沢な連休を楽しんできました。

五月一四日(月)から一八日(金)までは、調査をかねてボストンとワシントンに行ってきました。ニューヨーク・ボストン間とワシントン・ニューヨーク間は鉄道、ボストン・ワシントン間は飛行機という旅行でした。

ボストンではジュリエット・ショアさん(『浪費するアメリカ人』岩波書店の著者)のお宅に二泊しました。最初の夜はショアさんが主任をしているハーバード大学の女性問題研究室のパーティに参加しました。二日目の夜は言語学者で社会評論家として著名なノーム・チョムスキーの「ブッシュ政権の一〇〇日」と題した講演に付き合いました。ショアさんはチョムスキーと親しいようで、彼女の紹介で彼と言葉を交わすことができました。集会は「草の根から社会を変える」をスローガンにしたボストンの市民団体の主催でした(ショアさんは今年秋からボストン大学社会学教授になっています)。

ワシントンではホテルに二泊し、株主オンブズマンを通して知り合ったISS(機関株主サービス会社)のマーク・ゴールドステインさんと、その社会的投資調査部門のスザンナ・ファレンダーさんに会いました。彼女からはアメリカ企業における社会問題(人権、環境、雇用など)での株主提案の動向や、情報収集の方法について、いろいろと教えてもらいました。

スザンナさんへのインタビューのあと、マークさんに、ワシントン郊外、ポトマック河畔のアレクサンドリアのオールド・タウンを案内してもらいました。ここは植民地時代の雰囲気をどこか残した街です。夕食をとったレストランは、ワシントン大統領が誕生パーティに使ったこともあるとか。ローソクの灯りで、昔の服装をしたウエイトレス、ウエイター、それに楽士が一八世紀の雰囲気を醸し出していました。

五月二六日(土)から三〇日(水)まではカナダのケベックです。こちらは大きな学術集会です。ここでも日本の企業統治について恥ずかしながら報告をすることになっています。ただし内容は四月下旬にオランダでした報告とほぼ同一です。

旅行続きで落ち着きません。六月に入れば少しは腰が据わると思います。

## 日本企業のガバナンスに注がれる世界の目

五月二六日

企業監視の市民団体である株主オンブズマンの代表をしている関係で、ニューヨークにいても、大阪の事務所との間でEメールによって連絡を取り合っています。アメリカの株主運動と株主提案について調べることにしているのも、半分は研究目的、半分は運動目的です。

今年、株主オンブズマンは、三井住友銀行への役員報酬開示の株主提案を行いました。昨年は合併前の住友銀行に同じような提案を行い、マスコミからも注目されましたが、今年の三井住友への提案は、昨年の二番煎じでニュース性がないのか、これという事前報道はないようです。

しかし、こちらの株主情報サービス機関は、昨年の住友銀行に対する提案以上に熱心に、三井住友銀行(Sumitomo Mitsui Banking Corporation, SMBC)に対する今年の株主提案に関心を示しています。

私がワシントンでお会いしたＩＳＳ（機関株主サービス）のマーク・ゴールドステインさんに、提案のことをメールしたところ、彼はそれを私が昨年東京でお会いしたＩＳＳ社長のブルース・バブコクさんに転送しました。マークさんによればバブコクさんは日本の年金基金のグループと近く東京で会う際に、株主オンブズマンの活動と提案について話をしたいとのことです。日本の年金基金や信託も議決権行使について一定の基準を持ち始めている折から、日本の機関投資家とＩＳＳとの意見交換の意味は大きいと思います。

マークさんに情報を送った二、三日後、今度はグローバル・アドバイザーで、Global Proxy Watch（プロキシーは代理投票、議決権行使の意味）というニューズレターを機関株主や株主団体に出しているステファン・デービスさんからメールと電話で取材がありました。彼が送ってきた最近号（五月二五日）のＧＰＷニュースは、第一面で、CalPERS（カルフォリニア退職公務員年金基金）の最近の動きをとりあげ、CalPERSが途上国市場での社会的投資政策を重視し、今後の海外投資にあたってはＩＬＯの労働基準やその他の社会的基準の遵守状況の調査に力をいれると伝えています。

ＧＰＷニュースの第二面は、株主オンブズマンの三井住友銀行に対する株主提案のことを詳しく紹介し、論評しています。いささかうがちすぎた見方ではありますが、「小泉新政権の政策担当者は、この論議をよぶ提案の結果を見守って、懸案の商法改正のなかに報酬開示を含めることに市場の圧力が強まりつつあるかどうかを確かめようとしている」と述べています。

昨年の住友銀行への投票結果にも触れて、三・一％の賛成は日本的な基準からは大きな数字だが、海外投資家の存在と公的資金に対する世論の怒りを考えると潜在的可能性を汲み尽くしていない。にもかかわらず提案の圧力は日本における役員報酬の秘密の壁に亀裂を生じさせた、と書いています。経団連が開示を逃れるために、退職金について株主総会の承認を得ずにすむように立法化するよう圧力をかけているという指摘もしています。

昨日は、投資家責任調査センター(Investor Responsibility Research Center, IRRC)のジョン・テーラーさんから、ウェブサイトを見てということわりのもとに、日本語で、つぎのような問い合わせがありました。「取締役、監査役の報酬、退職慰労金などに関する株主提案の資料をいただけないでしょうか。欧米の年金基金などの機関投資家が積極的に三井住友銀行に対する株主提案の内容をできるだけ早く知りたがっております」。

IRRCはアメリカにおける投資家の社会的責任をうたった有名な調査機関です。私もぜひ連絡をとりたいと思っていたところでした。

以上に触れた四人の方々は、七月のICGN(International Corporate Governance Network)東京会議に参加すると言っています。第七回目の今回は東京証券取引所および日本コーポレート・ガバナンス・フォーラムの主催により、二〇〇一年七月一一日から一三日までの三日間にわたって、東京で開催されます。実行委員長は立石信雄氏、開会挨拶を宮内義彦氏がすることになっています。米英の機関投資家がコーポレート・ガバナンスについての国際的な情報交換のためにつくったこの会議で、役員報酬さえ開示できない日本の企業はどのような対応をするのでしょうか。

世界の目はいま日本企業のガバナンスに注がれています。

## アメリカの社会派株主運動と株主提案

七月一一日

環境保護団体の「地球の友」が出しているハンドブックには、社会派株主活動と株主提案についての詳しい説明があります。そのなかでは、株主提案は「株主または株主グループが会社の政策に関して会社およびその取締役会に対して特定の行動をとらせるための要求ないし勧告」だと定義されています。株主は会社の所有者として株主総会に議案を出すことによって、そうした要求ができる権利と能力を持っているわけです。念のためにいうと株主提案は、株主対話(会社との話し合いと交渉)を前提としており、対話が受け入れられなかった場合に、実行に移されるものとされています。

日本では株主提案を行うには個人またはグループで三〇〇単位(市価五〇〇円の株だと五〇〇円×一〇〇〇株×三〇〇単位で、一億五〇〇〇万円)以上の株を六カ月前から保有していなければなりませんが、アメリカでは、市価で二〇〇〇ドル(約二四万円)以上の株式を一年以上前から保有しておれば、だれでも株主提案ができます。また日本では株主提案は議決株数の一〇%以上の賛成を得なければ、再提案はできないことになっていますが、アメリカでは三%以上が再提案のハードルです(再々提案では六%以上、その後は一〇%以上)。もうひとつ、アメリカでは、株主提案は、提案者とは別に、日本でいえば株主オンブズマンのような支援団体のメンバーも、総会に出て提案理由の説明を行うことができます。

こういう制度を含め、アメリカで株主提案が積極的に行われているのはそれなりの歴史的背景があってのことです。さかのぼれば、一九三〇年代初めの大不況は企業経営に透明性がなかったことが原因しているという反省から、SEC（証券取引委員会）が設置され、企業に適正な情報開示が義務づけられました。その後いくつかの制度改正があって、現在では、年金基金から労働組合にいたるまで、受託者として株を運用している機関投資家は、法律によって株主活動を義務づけられています。

株主提案で最も多いのは、機関投資家や一般株主によるコーポレート・ガバナンスに関する提案です。しかし、最近では社会派株主による社会問題での株主提案が増えており、その数は年間二〇〇件ほどにのぼっています。これには一九九七年にSECの規則改正があって、従来は緩やかな「株主勧告」としてしか提案できなかった環境、雇用などの社会問題も、総会の正式な議題にすることができるようになったことも影響しているようです。

社会派の株主提案に関連して、最近では「社会的投資」、「倫理的投資」、「環境責任投資」などの言葉も使われています。私の本（『日本経済の選択』桜井書店、二〇〇〇年）にも書きましたが、CERES（環境責任経済連合）という株主と環境団体の同盟もあり、有力な環境団体、消費者団体、機関投資家、労働組合が入っています。その一員である社会的投資フォーラムによると、株主の権利擁護で活動的な役割を果たしている投資家によって運用されている資本は、一九九七年で、約七五〇〇億ドル、約九〇兆円にものぼるそうです。

これによってもアメリカにおける社会派株主活動の層の厚さの違いがわかります。冒頭に記した「地球の友」のハンドブックの最後には、社会派株主活動の関連団体のリンク一覧があり、そのなかには社会派株主活動団体の一つとして、企業改革学生同盟（STARC）という学生団体も出てきます。そのホームページでは、企業のアカンウンタビリティ（説明責任）の欠如を問題にして、企業の利益が正義に優先する時代を終わらせるために企業改革に挑戦することを表明しています。具体的には遺伝子組み換え問題や酸性雨問題などについてキャンペーンをしているようです。

二年前に株主オンブズマンがロサンジェルスに調査に行ったときに、ラルフ・ネーダー氏によって始められたPIRG（公共利益調査グループ）のメンバーと会いました。この団体は、全米三五の支部に一〇〇万人？からの会員を擁し、七五の大学に学生支部があると聞きました。そのとき私たちが傍聴したARCO（現在はBPAmoco）の株主総会の会場前で株主提案に関する宣伝ビラを配っていたのはPIRGの学生メンバーでした。

## 投資家責任調査センター、IRRC

八月二〇日

八月一四日から一六日まで、首都のワシントンDCに行ってきました。

前回（五月）に行ったときは、ISS（機関株主サービス会社）を訪ねましたが、今回は、機関投資家、企業、法律事務所、監査法人、大学等に、コーポレート・ガバナンス（とくに議決権行使）に関する情報を提供している投資家責任調査センター（Investor Responsibility Research Center, IRRC）を訪ねました。本部の事務所は、ホワイトハウスに近いコネチカット通りのビルの七階にあります。いくつもの部屋に別れた本格的な構えのオフィスだという印象を受けました。

IRRCの設立は、機関投資家としての大学が深く関わっています。ベトナム戦争が続いていた一九六〇年代末から七〇年代初めにかけて、アメリカでは、学生の反戦運動が高まるなかで、大学のあり方がいろいろと問題になっていました。そういうなかで、いくつかの大学で、大学の基金が保有する株式の議決権をどのように行使するか、投資家としての責任をどう果たすかを検討する委員会が組織され、結論として、議決権行使に必要な情報を収集、分析する専門調査機関を設置すべきだということになりました。

こうして一九七二年にハーバード大学の学長の呼びかけで、スタンフォード、コーネル、プリンストン等の大学と、フォード、カーネギー、ロックフェラー等の財団が賛同し、IRRCが、NPOとしてワシントンに設立されました。IRRCが株主利益だけでなく、投資家責任＝株主責任の見地から、議決権行使に必要な情報を提供しているのはそういう歴史的背景があってのことです。それにしても、大学が株主であることが原点になっているのはいかにもアメリカらしいですね。

設立時は四名であったスタッフは、今では八〇名を擁するまでになっています。組織としては長らくNPOとして活動してきましたが、サービスが拡大した結果、今年から営利法人となったそうです。

ISSは、企業の議決権行使に際して、議案ごとに機関投資家に賛成・反対の判断を「勧告」のかたちで伝えています。しかし、IRRCは、株主と企業の両方から独立した中立的視点から分析した企業情報を顧客に提供しています。したがって、ISSのように賛否の助言をしているのではありません。顧客は、IRRCから提供される客観的な情報から、企業活動が引き起こす様々な問題に株主としてどう対応すべきか、株主提案を含む各議題にどのように議決権を行使すべきかを判断するわけです。

IRRCが調査している問題は、実に多岐にわたっています。IRRCのホームページには環境、原子力、雇用、タバコ、人権問題、労使関係、取締役会の人種多様性、アルコール飲料製造、武器製造、動物実験、避妊具製造、北アイルランド問題、ビルマ問題、メキシコでの操業、国防総省との契約、ピストルなどの小火器の製造、ギャンブルなどが例示されています。

こういう個別問題とは別に、IRRCの重要な業務の一つに、議決権行使のガイドラインの作成に関するサービス提供があります。日本の機関投資家(生保、信託など)はここ二、三年、そうしたガイドラインを作りつつあると報じられていますが、それにもIRRCが協力していると聞きました。「日本の機関投資家は、議決権行使について理屈の上ではよくわかっているのに、実行するとなると消極的である」という話も聞きました。

議決行使はその結果の詳細が明らかにされない限り、意味がありませんが、IRRCはアメリカ企業の株主総会における株主提案および経営側議案の投票結果(会社名、議案の種類、得票率、可否の結果)について詳細情報を提供しています。株主総会の日程等についても情報をオンラインで流しています。

環境情報の提供も最重要のサービス業務の一つです。IRRCが提供する環境データには、

一――スーパーファンド法に基づき浄化義務を負っている施設数

二――政府に報告されている有害物質の排出量

三――環境にダメージを与える有害物質の漏洩量

四――環境諸法に違反して課せられた罰金の額

などが含まれています。これには政府の情報公開が日本とは比較にならないほど広範囲になされていることが大きく影響しています。

『日本経済新聞』(二〇〇一年八月一七日)が伝えるところでは、ニッセイ基礎研究所とNTTグループが上場企業約一〇〇〇社の「環境格付け」に参入するようです。具体的には温暖化ガスの二酸化炭素($CO_2$)や廃棄物、窒素酸化物(NOx)など環境に影響する五つの物質を負荷物質に選び、企業の売上高、営業損益、経常損益などの財務指標ごとに指数を算出するそうですが、これはIRRCなどがアメリカでやっていることの後追いです。アメリカと違って機関投資家の「投資家責任」や「受託者責任」が明確でなく、株主活動がほとんどなされていない日本で、「環境格付け」がどれほどの意味をもつのか疑問を感じます。

前回の通信でCalPERS(カルフォルニア公務員退職年金基金)が、途上国投資に関して、ILO基準や労働条件の調査を重視するようになったと書きました。これらとよく似た調査として、IRRCのホームページでは、「ハーバード大学やミシガン大学等からの依頼で、大学名の入った衣類(トレーナーや帽子等)が、主に開発途上国において製造される際の労働環境を調査するプロジェクトを行いました」と出ています。

これらも結局は、機関投資家の議決権行使のための情報提供、および議決権行使方針(ガイドライン)の分析の一環です。機関投資家だけでなく一般の企業も、今日ではこれらの情報を無視できないので、IRRCのクライアントになっているようです。

今回のIRRC訪問では、迎えてくださった二人が日本担当者であったことから、株主オンブズマンの活動についての説明にかなりの時間を割きました。われわれが少ないメンバーであるにもかかわらず、多くの成果を上げていることに関心をもったようです。今後の活動にとっても、有益な情報交換ができた三時間でした。

# 企業責任宗派連合センター、ICCR

九月五日

これまでの通信でも書きましたように、アメリカでは、企業の社会的責任を追及する株主運動がとても盛んです。大小さまざまなグループが企業責任運動に参加し、企業が関わる環境や労働などの社会問題に関して、企業といろいろ交渉をもつとともに活発に株主提案を行っています。そのなかでも最大のグループは、今日紹介する企業責任宗派連合センター(Interfaith Center on Corporate Responsibility, ICCR)です。

ICCRにはメールと電話でインタビューの申し入れをしました。けれど担当者の長期出張と重なったため、面会はあきらめ、昨日、本部を訪れいくつかの資料をもらってきました。場所は、コロンビア大学から近い、ハドソン河畔の有名なリバーサイド・チャーチの側にあります。「宗派連合」という名から察せられるように教会団体の組織で、事務所も二〇階建ての「教会連合センター」の五階の一角にありました。広いオフィスからも大規模な組織であることがわかります。

ICCRは、プロテスタント、カトリック、ユダヤ教にまたがる宗派、教団、年金基金、医療法人、財団を含む、教会系の機関投資家の連合体です。三〇年の歴史をもつということですから、一九七一年に設立されたことになります。ウェブサイトには参加団体の運用資産総額は約一一〇〇億ドル(一三兆二〇〇〇億円)にのぼると出ています。

ICCRは、投資に際して、リターンを求めるだけでなく、投資を通じて企業に平和や、経済的公正や、環境のために社会的責任を果たさせることを目的にしています。企業が不正行為をしたり、有害な政策を採用したりする場合は、それをやめさせ、あるいは改革を促す。その手段として、株主提案を行い、また投書キャンペーンや、投資の引き揚げや、消費者ボイコットなどの運動を支援するとしています。活動において現在重視されている項目には以下のようなものがあります。

- 過酷な職場および企業における人権侵害の除去
- 地球温暖化の原状回復
- 安全が証明されるまで遺伝子組み換え食品の増殖中止
- 万人のための雇用機会均等の保証
- 人種攻撃的イメージをロゴおよび広告に使用することの中止
- 製薬および医療を安全なものし、万人に利用可能で支払い可能にすること
- タバコ製造の中止
- 外国への軍事物資販売の中止
- 宇宙の軍事利用の防止
- 世界の最貧国のために国際的に債務免除を行い、機会平等原則に立って資本をすべて国々に利用可能にすること
- アファーマティブアクション(差別撤廃措置)政策の推進

これらの目的を追求する活動でもっとも重要な位置を占めるのが株主提案です。昨日もらってきた"The Corporate Examiner"(企業調査官)という月報の八月二〇日号の中には、二〇〇一年の社会問題での株主提案の一覧表——企業名、提案内容、スポンサー、投票結果のリスト——が出ています。そこには、約二三〇の提案(同一企業への複数提案や、同一事項の複数企業への提案を含む)があがっていますが、その約七割はＩＣＣＲが単独か他の団体とともに、提案したものです。提案の内容はほとんどが右に列挙した

項目を具体化したものと言ってよいでしょう。

月報には、今年、すでに結果が出た一一〇の「社会責任議案」(株主提案)のうち、一〇%以上の賛成を得た議案は二七件(二五%)にのぼると出ています。この比率はこれまでと比べてかなり高いようです。投票で一〇%の賛成をかちとることは、長期の継続提案のためにも、会社に政策変更を迫るためにも、「重要なベンチマーク」であるとされています。

コーポレート・ガバナンスでの提案と違って、社会問題での提案では過半数の賛成を得ることはまずありえません。しかし、株主提案に一割を超すような賛成があると企業はなんらかの形で、企業政策にそれを反映させざるをえなくなります。今年の場合でいうと、最高の賛成率は、グローバルな事業活動にＩＬＯ労働基準の履行をもとめたユノカル(Unocal、エネルギー資源開発の大手企業)に対する提案で、二三%でした。

そこでユノカルのウェブサイトを開いてみますと、企業責任(コーポレート・リスポンシビリティ)のページがあり、そこには「ユノカルの企業責任」とともに「人権とユノカル」とか「わたしたちの環境原則」などいった文書が含まれています。これが株主提案とどう関係しているかはともかく、株主から労働条件と環境政策を問われていることが背景にあることは歴然としています。

これはすでに六月二四日のメール(本書八四〜八六ページ)に書いたことですが、エマーソン・エレクトリックというオートメ・エアコン関係の大企業(従業員一二万三〇〇〇人)に対して、ゲイ・プライド基金がDominiという教会グループとともに、性的指向を理由に差別をしないことを会社の文書に盛り込ませる株主提案をしました。その提案は今年の株主総会で、投票総株数の一二・八%の支持を得ました。これは賛成率の高さからみてＩＣＣＲが支持に回ったと考えられます。それというのも、ＩＣＣＲは「人種、肌の色、宗教、性別、性的指向、年齢、民族、婚姻状態、障害の有無にかかわらず、すべての求職者および従業員に雇用機会の平等を求める」と表明しているからです。

教会の社会的役割が日本とはまったく違うので、一概には比較できませんが、多くの市民団体が株主運動に関与して、企業の不正や反社会的行為の是正と監視を行っていることは参考になります。

## 機関株主サービス会社、ＩＳＳ

帰国して

帰国して「ニューヨーク通信」を整理してみますと、ＩＳＳについてまとまった説明をしていないことがわかりました。おそらく、以前からマーク・ゴールドスタインさんと情報交換をしていたので知っている気になっていたからでしょう。

株主オンブズマンが発行していた『シャワッチ』の第四号「会社をはかる」は、ＩＳＳの活動を詳しく紹介しています。そこにも書いてありますが、株主オンブズマンは、一九九八年六月二四日、マークさんに、日本のコーポレート・ガバナンスに関する同社の情報サービスについて、お聞きする機会を得ました。その模様の一部は、同日の「ワールドビジネスサテライト」の株主総会特集でも放映されました。

マークさんによれば、ＩＳＳの顧客であるアメリカなど海外の機関投資家（機関株主）のうち、二五〇機関ほどは日本企業の株を持っており、それらが保有している日本企業の銘柄数（企業数）は約一八〇〇社にのぼり、したがって、ISSはだいたい一八〇〇社の日本企業をカバーしているとのことです。ISSの主なサービスは、株主総会に関する情報を分析して、個々の企業の各議案について、追加データや参考意見を添えて、賛成(for)、反対(against)の「勧告」(recommendation)をすることにあると聞きました。顧客の機関投資家は、その勧告を重要な参考として、議決権を行使するわけです。議決権を行使するのは、ISSではなく、顧客の機関投資家なのですが、だいたいはISSの勧告に従うところが多いようです。

具体的にいうなら、日本の現状では、同じ会社や系列の会社にいた人でも、いったん辞めて五年経てば、社外監査役として認められていますが、ISSは、元社員の監査役は社外監査役とは認めないという見解をとっています。

山一證券の破綻のケースでは、ISSは株主オンブズマンが提案した真相解明と責任追及のための調査委員会設置の議案については、賛成勧告を出しています。また、昨年の住友銀行や、今年の三井住友銀行の株主総会に際しては、株主オンブズマンが提案した、役員の報酬と退職慰労金の詳細開示の議案についても、賛成勧告を出しています。いずれも、株主の利益が明確な場合の株主提案には賛成するということです。

ごく最近、元三井信託銀行国際金融部長の藤田利之氏が『外国人株主の議決権行使』(商事法務研究会、二〇〇一年九月)という本を出しました。そこにはISSの紹介もありますので、ご参照ください。

# 五——九月一一日のテロ事件とその後

## 惨劇は帰り支度を始めた矢先に起きた

九月一一日

二〇〇一年九月一一日、ニューヨークのワールド・トレード・センター（WTC）とワシントンのペンタゴン（米国防総省ビル）にテロリストのハイジャック機によるアタックがあり、数千人の命が一瞬に奪われて、世界に衝撃が走りました。

留学先のニュースクール大学はマンハッタンの五番街の、北にエンパイア・ステート・ビルが見え、南にWTCのツインタワーが見えていた位置にあります。あのツインタワーには何度か足を運びました。八月半ばに子どもたちが来たときと、九月初めに知人が来たときは、南棟（二回目に攻撃を受け最初に崩れ落ちた第二ビル）の一〇七階にある「トップ・オブ・ザ・ワールド展望台」にも登りました。そこから見下ろすニューヨークの夜景はいかにも平和に思われました。しかし、あの日からすべては一変しました。

事件は遅い朝食をとって、CNNテレビを観ているときに始まりました。午前八時五〇分頃だったたか、画面が急にWTC北側の第一ビルの上部壁面から煙が出ているシーンを映し出しました。九時過ぎには南側の第二ビルに飛行機とわかる黒い影がぶつかって爆発し、ツインタワーが二つとも炎上し始めました。その後、ペンタゴン（米国防総省ビル）も攻撃を受けたというニュースが流れ、パニックのような状況になりました。ツインタワーはニューヨークのランドマークであり、アメリカ資本主義の象徴でもありましたが、その一方の南棟が午前九時五九分に、また北棟が午前一〇時二八分に、もろくも崩れ落ちて二つとも瓦礫と化しました。

日本でも詳しく報道されたのでご存知でしょうが、テレビの画面に映るWTCの現場とその周辺の光景はまるで大地震か大空襲のあとのようでした。悲鳴と泣き声が始終聞こえ、救急車が行き交い、黒煙が立ちこめる。レポーターは人々が逃げまどう姿を実況しながら、「これは映画のシーンではありません。これは現実です」と叫んでいました。「これは戦争です。私たちの仕事を超えています」と語っていたレスキューの人もいました。九死に一生を得て生還した人々や、街を歩いていて倒壊の爆風と粉塵に巻き込まれた人々は、灰まみれ、傷だらけで、まるで戦場の惨状のようでした。死傷者の数は、午後一〇時現在も、数千人の命が失われたと言われるだけで正確なことはまだわかりません。

今日のCNNニュースは「攻撃下のアメリカ」というタイトルのもとに、特別報道態勢をしいています。アメリカがこのように攻撃されたことはかつてなかったことです。ブッシュ大統領は、これを「戦争」といい、「われわれに誤りはない。犯人や協力者には必ず報復する」と言っていることからも、強硬路線に出るでしょう。テロは絶対に許されませんが、報復は新しい危険を招く恐れがあります。

マンハッタンは現在、戒厳令に近い統制下におかれています。今日は空港、橋、トンネルが閉鎖され、地下鉄もストップして、証券市場の取引も無期限停止になっています。朝、第一回目のアタックがあったときまでは、CNNに出るダウの予想は上昇を伝えていましたが、アタックのあとは、急に大幅な下落となり、実際に市場が始まる時間には閉鎖になりました。最近の経済指標や株価の動きは、景気が悪化し不況に突入する兆候を示していましたが、このテロで不況が強まることは必至です。観光や消費がダメージを受けるだけでなく、製造業から金融、サービスにいたるまで経済活動全般が深刻な影響をこうむるでしょう。状況は違いますが、一九九五年に日本で起きたオーム事件と阪神大震災が日本の不況悪化の心理的なシグナルとなったことを思い出します。

〈追記〉ニューヨーク市当局の二〇〇一年一二月一〇日の発表によれば、WTCのテロ事件の死者・行方不明者は当初発表より大幅に減って三〇四五人になりました。

## ニューヨークで聞く戦争反対の声

九月一二日

九月一一日のテロ事件の翌日、こちらでお世話になっているポール・マティック(Jr)先生に会う約束があってマンハッタンに出ました。地下鉄が間引き運転で、いつもならマンハッタンの南端やブルックリンまで行く線も、途中駅が仮の終点になっていました。そこで、タクシーを拾い、まずはリンカーンセンター近くのレコード屋に行き、子どもたちから頼まれていたボブ・ディランの新曲CD(Love And Theft)などを買いました。そのあと、またタクシーを拾い、大学に向かいました。運転手は黒人の女性で、話はおのずとWTCとペンタゴンの攻撃のことになりました。

彼女が真っ先に言ったのは「敵はアメリカにいる」ということでした。私が「テロリスト・グループの中にはカナダから入った者もいると聞いた」と言っても、「それは知っている。しかし彼らはアメリカにいた」ことを強調していました。私がこわごわ「大勢罪のない人々が殺されたが、アメリカ軍も外国で同じようなことをしている」と言うと、彼女は「私もそう思う。ベトナムでも、イラクでも、パレスチナでも罪のない人たちがアメリカ軍によって殺されてきた」、「アメリカは自分で自分の敵を作っている」、というのです。アパートを出る前にメディアの調査で、九割の人が報復戦争を支持すると答えたというCNNのニュースを見てきたあとだっただけに、彼女の歯に衣を着せぬ物言いに驚きました。

一四丁目のユニオン・スクエアから南は車の立ち入りが禁止されていたので、一二丁目で降りて、ニュースクール大学にまで歩きました。五番街の大学の前からは、北にはエンパイア・ステート・ビル、南にはWTCのツインタワーが見えていましたが、ツインタワーのあった空間はぽっかり穴が開いて、ただ煙りだけが空を覆うように立ちのぼっていました。待ち合わせの時間まで少し間があるので、大学の辺りをぶらぶらしていると、日本語の会話が聞こえてきました。二人はどうやらこの大学の日本人学生のようです。一人の男子学生は次のように話していました。

---

ツインタワーから四ブロックの距離に住んでいて、昨日はいつものように眺めている目の前でアタックが始まりました。二機目のジェット機が激突するところも、炎上するところも、高い階の窓から人々が次々に飛び降りるのも見ました。倒壊してあとは窓を閉めて部屋に閉じこもったので見ていません。今日は立ち退きを命じられて友だちのところにいます。通りは自衛隊(アメリカの軍隊)に固められています。海にも自衛隊が来ています。キャナルストリート(チャイナタウンのある地区)から南には入れません。ここ(大学のあるところ)も通行が規制されていますが、みんな住民のような顔をして勝手に通っているようです。

五時半に約束のマティック先生と会って、いっしょにアメリカ式のパブのようなところに行きました。彼は私と同世代で、独占資本や恐慌についての本のある同名の父親は一九三〇年代にドイツからアメリカに来たそうです。彼とは今回のテロアタックと、今後の政治経済について話しました。アメリカは過去には一八一二年〜一四年の米英戦争でのイギリス軍からの攻撃と、一九四一年のパールハーバーへの日本軍からの攻撃以外には直接攻撃を受けたことはなかった。パールハーバーは本土ではないので、本土が攻撃されたのは米英戦争以来だ。それも信じがたいほど周到な準備と高度の技術で合衆国の心臓を突いた。その心理的衝撃は計り知れない。不況に入り始めていた経済はいっそう悪くなるだろう。軍事的強行路線が強まるだろう。それに反対する動きもあるが、いずれにしてもこれで歴史は変わった、というのが彼の見解です。

夕刻、ユニオン・スクエアに戻ると、大学でビラをもらったテロの犠牲者を悼むキャンドルライトの集いが開かれ、三〇〇人ほどの人々が手に手にローソクをもって集まっていました。

集会が始まるまでの間、集まった人々は、めいめい地面に広げられた大きな長い紙に、哀悼のことばや平和を祈ることばを書いていました。ある男性は私の目の前で、「われわれはバグダードで何をしたか」という意味のことを書き込みました。すると、そばでそれを見ていたもう一人の男性が「バグダードは関係ない。アメリカ人がアメリカで殺されたのだ。お前はアメリカ人か」と食ってかかり、突然、「こんなことを書きやがって」という感じで地面の紙を破り捨てました。

どんな人々が組織した集会かまだよく呑み込めていなかった私は、これはたいへんなことになる、バグダード云々と書いた人は袋叩きに会うのでは、と不安になりました。しかし、それは取り越し苦労でした。「お前はアメリカ人か」と罵られた男性は黙ったままでしたが、他の人々が彼を庇うような動きにでました。一人の女性は「今日は黙祷して、平和を祈るために集まったのに」と言って突然泣き出しました。そういう雰囲気の中で、紙を破り捨てた男性のほうが、多勢に無勢と思ったのか、その場から立ち去りました。そして、どこからか静かな歌声(Amazing Grace)が広がり、騒ぎは収まりました。

ユニオン・スクエアのあちこちには、Unite For World Peace Now! というスローガンに混じって、No

Retaliation No War. Email: President@whitehouse.gov. というボードが貼られていました。これはいうまでもなく、報復をやめろ、戦争をやめろと書いて大統領にメールをしようという呼びかけです。ニューヨークは報復論一辺倒かと思っていましたが、小さいながらもこういう動きもあることを知りました。テレビカメラも来ており、深夜のテレビでもあちこちで同じような集まりがあった様子を映していました。

〈追記〉帰国後に聞いたことですが、報復戦争反対の声では、オノ・ヨーコさんが『ニューヨークタイムズ』に「イマジン」の全面広告(九月二五日)を出して注目されました。また、下院議員のバーバラ・リーさんが、アメリカ議会でのテロ報復の武力行使決議にただ一人反対(九月一四日)したのはよく知られています。その後、彼女の地元のバークレー市議会は彼女の行動を讃えるとともに、アフガン空爆非難決議(一〇月一六日)を行いました。

## ブロードウェイのミュージカル

帰国して　一〇月四日

九・一一から一週間、ニューヨーク市だけでなく、アメリカ全体が、灯が消えたようになりました。テロ現場に近い証券取引所は、九月一一日の事件発生直後に閉鎖され、取引が再開されたのは翌週月曜の一七日でした。CNNテレビは一一日の朝から一七日の朝まで、コマーシャルなしにテロ事件の報道をしていました。他の主だった全国ネットのテレビ局もこの間はコマーシャルなしで放送していました。大リーグの試合もこの間は中止され、ニューヨークでメッツが試合を再開したのは、私が帰路にカナダのビクトリアに立ち寄っていた九月二一日のことでした。

これらに比べれば、ブロードウェイのミュージカルの公演休止期間は短く、テロの二日後には早くも再開されたそうです。しかし、そのことはテロ事件の影響が小さかったことを意味するものではありません。一〇月三日のCNNのウェブサイト記事では、事件後チケットの売り上げは八割減、観客数の急減のために二四ある劇場中五つは未だに閉鎖され、新作ミュージカル七本も公演中止の危機にあると言われています。

同じ記事によれば、ブロードウェイの組合は、公演を続けるために、七つのショーの出演者・スタッフの給料を二五%カットすることに合意したそうです。ショーを観に行こうというジュリアーニ市長の呼びかけや、ブロードウェイ出演者たちの来てくださいという訴えもあって、観客は少しずつ回復しているようですが、テロと戦争の不安で海外からの旅行者が激減しているなかでは、もとの賑わいを取りもどすことはしばらく望めそうにありません。

六カ月のニューヨーク滞在中、四つの公演を観ました。最初に観たのは、ライザ・ミネリ主演の同名の映画で知られる「キャバレー」です。劇場に入るとそこはキャバレー「キット・カット・クラブ」のなかという設定になっていて、開幕までの待ち時間には案内係がワインなどの注文を取りに来て、観客はテーブルを囲んで酒を飲みながら観劇できるのがまず感激でした。

舞台は一九二〇年代末から三〇年代にかけてのベルリン。アイオワからやってきた駆け出しの売れないアメリカ人作家のクリフは、キャバレーの歌姫、サリー・ボウルズに一目惚れをし、愛し合うようになる。クリフが泊まる下宿屋の女主人シュナイダーと同宿するユダヤ人のシュルツは、いっしょに生きていこうと考えている。しかし、この二組の（一方は若い、もう一方は中年を過ぎた）カップルは、ナチスが席巻するにようになるなかで、仲を引き裂かれ、愛を捨てるしかなくなる。

サリー・ボウルズ役は、昨年までNBCテレビのコメディー・ドラマ番組「ハロー！ スーザン」（原題Suddenly Suzan）の主役だった三六歳のブルック・シールズ。彼女の歌は観客の拍手が鳴りやまないほど受けていました。ゲイのMC（狂言回し）役のマット・マグラスの印象は強烈でした。役中の彼は、セクシーで、エロティックで、コミカルで芸達者。ゲイであるがゆえに強制収容所に入れられる結末には胸を打つものがありました。

その後、「オペラ座の怪人」、「レミゼラブル」、「シカゴ」を観ました。それぞれに完璧で見応えがありましたが、印象の強さでは最初に観た「キャバレー」が最高でした。

## ニューヨークからの最後のメール

九月一四日

九月一一日から一四日の間は、事情の急変に振り回されました。

一三日に別送品の発送をすませ、レンタル家具のピックアップに来てもらう予定で手はずを整えていたところ、一二日の午後、国際宅急便のヤマト運輸から留守電があり、「交通がストップしているので明日は別送品の受け取り引き取りに行けません」、という連絡が入る。レンタル家具会社からも同様の連絡がある。ところが一三日朝になって、両社から前後して「交通に支障がなくなったのでこれから取りに行きます」という電話がかかる。別送品は購入した本などが六箱。レンタル家具はベッド、机、テーブル、本立て、食器、電気器具などが小型トラック一台分。受け渡しがいっときに重なったので大慌てをする。それでもなんとか終えて、部屋を空っぽにし掃除をして、明け渡す。

一三日の夕刻、マンハッタンのホテルに移る。客は一一日のテロによる空港閉鎖で足止めをくっている人がほとんど。日本人旅行者も多い。この日の朝、空港がオープンしたと一瞬喜んでいると、テロリストの嫌疑のある数人がＪＦＫ空港とラガーディア空港で逮捕されて、再びただちに閉鎖になってがっくり。これだと予定のカナダ行きをあきらめて、しばらくニューヨークにいるしかないな、と腹をくくる。

一四日は、最後に残っていたアパートのデポジット（敷金）の返金交渉に行く。形式上一年の契約であったので、半年では返してもらえないかもしれないと思っていたところ、「後の入居者が決まったので」という理由で返ってくることになって一安心。タクシーの中で空港がオープンしたというニュースを聞いて、リコンファームのために午後三時過ぎに、グランドセントラル駅近くにある航空会社の共同オフィスに行く。

どの航空会社の窓口もリコンファームやフライトの変更のために駆けつけた客で長蛇の列。ＮＷ社の窓口で私がもらった順番はＤ六三。そのとき実際に呼ばれていたのは六番。これでは夜までかかると思っていたら、日本人の学生（男女）が「英語が聞き取れないのにどうしよう」と不安そうに話している。見ると彼らは私より四〇番も早い順になっている。そこで一計を案じ、私が手伝いましょうか、というと大喜び。私の下手な英語でも難なく通じて、二人の学生は問題なくリコンファーム完了。そこで私も、同じグループですという顔をして、私たち夫婦のチケットを示すとこれまたすんなりＯＫ。後の人には申し訳ないが、時間の節約では大成功。急場では人間は悪者になることもあると、自分に言い訳する。

一四日の街は国民追悼の日でひっそりしていました。ホテルの窓から下に見える消防署には、ワールド・トレード・センターの救出活動で犠牲になった消防士のためにたくさんの花束(献花)がおかれていました。近くのセント・パトリック・チャーチでは、正午から追悼式が行われ、大勢の人が参列していました。

手に葉書大やハンカチ大の小さな星条旗をもって、参列している人もいました。タクシー、商用車、マイカーにも、小さい星条旗をつけて走っているのが目にとまりました。アラブ系やアジア系の新移民が「私もアメリカ人として、みんなと心を一つにしています」ということを示すために星条旗を付けているという話も聞きました。みんなが買うので星条旗は売り切れになったとか。航空会社の共同オフィスでは、観光客が買うような星条旗と自由の女神をプリントしたポスターを、一般の人々に無料で配っていました。

夜、あちこちのホテルの前では、たくさんのローソクが灯され、人々も手に手にキャンドルをもって、何処へか向かっていました。そういう静かな静かなニューヨークでした。

明日は荷物チェックの厳しさを考慮して、朝五時にホテルを出てタクシーで空港まで行く予定。行ったらまた閉鎖されたなどということがないように祈っています。何事もなければ、一五日から二一日までカナダのビクトリアにいて、当初の旅程通り二三日に帰国します。

## 予定通りニューヨークを出る

九月一五日

空港が閉鎖されしばらくニューヨークにとどまるのもやむをえないとあきらめていたところが、九月一四日の午後になって空港が再開し、予定通り、一五日朝のノースウェスト便に乗り込むことができました。そして、ミネアポリス、バンクーバーを経て、当初より帰りに立ち寄ることにしていたビクトリアにたどりつくことができました。

空港はものものしい警戒で、私たち夫婦は幸運にもまぬがれたものの、多数の乗客がラッゲージの中身を子細に調べられ、いろいろと質問を受けていました。私たちは健康上の理由でビジネスクラスだったので、短時間でチェックインをすますことができましたが、エコノミークラスは長蛇の列でした。しかし、飛行機の中は、操縦室のドアが空き、離陸直前まで客席からコクピットの中が覗けるなど、ちぐはぐなところもありました。

ニューヨークの上空から見えたマンハッタンはまだ煙っていました。乗客の中には昨日まで足止めをくらって、チケットの変更をしてようやく帰れるようになった日本人も多数いました。飛行機が無事にミネアポリスに着陸すると、乗客から期せずして(いっになく大きな)拍手がありました。私だけでなくみんな無事脱出でき、長い緊張から解放されてほっとしたというのが偽らざる心境だったのでしょう。

昨日のニューヨークの新聞には、Retaliation(報復)とPatriotism(愛国心)という言葉が踊っていました。CNNは「アメリカの新しい戦争」というタイトルのもとに、議会が報復のための武力行使を承認したことなどを伝えています。こういう流れからも、アメリカが報復戦争に走ることは必定です。

経済に関連しては、昨日までの「IT不況」にかえて「テロ不況」という言葉が使われています。この月曜日から証券市場は再開することになっていますが、証券市場にとどまらず経済全般がクラッシュする可能性が大です。アメリカはかつてこれほどのマグニチュードのアタックは経験したことがなく、直接の物的、人的損失が甚大であるにととまらず、その心理的衝撃が今後の消費や投資に与える影響ははかりしれません。報復戦争に入れば、軍需は拡大するでしょうが、新たなテロにそなえた警戒と統制の強化、さらにはそれがもたらす国際的な交通と物流の障害は、やはり経済の縮小に結果するでしょう。

四月にこちらに来て半年、危険と言われてきたニューヨークが安全な街であることに新鮮な驚きを覚えていましたが、この事件によって、世界の政治経済のあらゆる問題に利害関係をもち、あらゆる地域の紛争に軍事介入をしてきた覇権国家の中枢都市はけっして安全ではありえないことを思い知りました。

## ビクトリアでも平和集会

九月二〇日

日本への帰りにカナダのビクトリアに立ち寄りました。花のきれいなこの街にもアメリカの暗雲が影を落とし、海岸の上空にはファイターが旋回し、新聞には「われわれは戦いの準備をしなければならない」という見出しが踊っていました。しかし、その一方で、戦争反対の声も高まっていて、九月一九日には市役所広場で平和集会が開かれ、報復戦争反対の市中デモが行われました。私はビクトリア大学を訪れて、集会とデモのことを知りました。四〇〇人余りが参加した集会では、報復戦争に反対し、平和的解決を求めるいろんなスローガンが掲げられていました。

Islam is not the enemy.
War is not the answer.
Work for global peace and justice.
Violence is not the solution. Put life in the centre.
Stop Bush's war before it starts.
Choose justice not revenge.
Militarism must stop.
Don't kill innocent Afghan.
We must live together.

なかでも印象に残ったのは、「暴力は解決ではない。命こそ第一にせよ」(Violence is not the solution. Put life in the centre)と書かれた旗でした。

スピーチでも、国際法にもとづいて、テロ犯罪の容疑者と協力者を裁判にかけ処罰するべきで、戦争はテロに対する答えではないということが強調されていました。憎悪と報復の悪循環を絶つためにも、こうした流れがもっともっと大きくなってほしいものです。

# Ⅳ
# 会社ウォッチング

# Ⅳ

私は一九九六年二月に設立された株主オンブズマンに加わって、企業のあり方について発言する機会が多くなりました。ここにはその活動に関連して、一九九〇年代後半から新聞などに掲載された企業監視と社会批評の短い論説を収録しています。雑誌に寄稿した五〇〇〇字前後の拙稿を含めるとかなりの数に上りますが、長いものは紙幅の制約で割愛せざるをえませんでした。バブル崩壊後の「失われた二〇年」を含むこの時期は、企業不祥事が多発するとともに、企業制度改革や金融制度改革が急展開を遂げました。それだけ時代状況は今とは大きく変わっており、以下の論説で述べたことは今では妥当しなくなっていることもあります。しかし、変化の時代の証言として、もとのまま掲載することをご了解ください。

# 企業経営に今こそ厳正なルールを

朝日新聞「論壇」 一九九六年三月一三日

本年二月に大阪市で弁護士や公認会計士が中心となり、住宅金融専門会社（住専）など企業監視のための市民団体「株主オンブズマン」を設立した。この会が取り組んだ二度の「銀行・住専株主一一〇番」には、二百数十件の相談と激励の電話があった。なかでも日本住宅金融（日住金）の株主約五十人からは、同社の役員の責任追及を求める声が寄せられた。わたしたちの調査では日住金は、一九九四年度の有価証券報告書において、取り立て不能債権が八〇二二億円を超えていながら、取り立て不能見込み額を示す貸し倒れ引当金を七八九億円しか計上せず、明らかに債務超過であるにもかかわらず、融資金を一兆九六三六億円、資産合計を二兆四〇四五億円とし、債務超過でない旨の虚偽記載をして大蔵省に提出した。

日住金の有価証券報告書を見ると、金融機関は九一年度には同社の株の七六％を所有していたが、大蔵省の立ち入り調査と三和銀行の調査があった九二年度にはシェアを六二％に下げ、九四年度にはさらに五二％に下げている。他方、九一年度は九％しか所有していなかった個人株主が九二年度には二五％、九四年度には三五％の株を所有するに至っている。これは、金融機関がインサイダーとして知り得た情報をもとに売り抜けし、紙くずになる運命の株を個人株主に押しつけた疑いがある。

日住金の一株主からは、株主総会の形がい化、会社の毎期の報告資料のずさんさ、庭山慶一郎相談役（元社長）の無責任な言い逃れなどを克明に指摘した長文の訴えを頂戴した。その末尾には「社会正義がなくなった時代」という言葉があるが、後世の歴史家にこの時代が、市場経済で守られるべき信義誠実の原則が忘れられた時代と記録されるのはあまりにも情けない。

わたしたちは、株主の申し出を受けて、近日中に日住金に対し取締役会議の議事録閲覧請求に踏み切る予定である。また取締役に対する損害賠償の株主代表訴訟もありうる。同社の株主名簿を閲覧して一般株主に連絡をとり、株主権を行使して、日住金に対する会計帳簿の閲覧や会社更生の申し立てをする可能性も検討している。

しかし、ここで訴えたいのは、金融機関に限らず企業経営において守られるべきルールのことである。

第一に、法律違反が明確なのに、当事者がだれも責任を負わず、罰せられないということがあってはならない。住専問題でいうなら、二月十六日付本欄で弁護士の筒井信隆氏が述べていたように、関係諸法に基づいて母体行、住専、借り手企業、農協系金融機関の役員に「役員個人の責任」を、大蔵官僚に「公務員個人の責任」を負わせなければならない。朝日新聞の記事によれば、八〇年代に経営が破たんした米国の貯蓄貸付組合を整理した整理信託公社（RTC）は、不正融資や粉飾決算を摘発するとともに、司法省を通じ、経営陣、管理職ら一八五二人を刑事告訴し、うち一五七七人が有罪判決を受けた。

第二に、企業経営の透明性の基準となる会計その他のルールは厳しく守られなければならず、監査役、監査法人、公認会計士はそれぞれの監査義務を厳正、忠実に果たさなければならない。また、企業の社会的な監視と批判にかかわるルールは株主や市民にわかりやすいものに改める必要がある。銀行、住専、借り手企業などで使途不明金として処理されることの多い政治献金が問題になっている。情報開示を促進するため、会計学者の醍醐聰東大教授が昨年三月九日付本欄で提案しているように、企業が税務申告で使途を秘匿した支出がどれだけあったか、税務調査で判明した使途はどのようなものだったかなどを有価証券報告書などに記載させるのも効果的だろう。

最後に、何の政策的裏付けもなく、国民の圧倒的多数の反対を押して不良私企業へ税金を支出することもルール違反と言わねばならない。スポーツ競技において審判が特定の選手に救いの手を差し伸べたり、選手がルールを無視した手段に訴えたりするようでは、フェアプレーは成立しようがない。企業経営においても守られるべきはフェアビジネスの精神である。

## 企業改革は株主総会から

朝日新聞「論壇」 一九九六年七月一二日

日本では六月末の同じ日に大多数の上場会社が株主総会を一斉に開く。こうした日本の会社風景は今年も変わらなかった。しかし、株式会社と株主総会を見つめる市民の目は大きく変わった。今年の株主総会では個人株主の批判がこれまでになく厳しかった。私自身、四時間二十分にわたった住宅金融専門会社(住専)の最大手、日本住宅金融(日住金)の株主総会に出席して、そのことを痛感した。

人々が株主総会に関心をもち始めたのは、企業の不祥事が頻発するなかで、会社のあり方に疑問を感じ、だれが会社を監視するのかと問い始めたからである。言い換えれば、人々は企業犯罪が表面化しても、取締役会などがもつ社内の経営チェック機能がいっこうに働かない日本の会社の非民主的体質を改めるには、「日本型シャンシャン総会」を変えなければならないと気づき始めたのである。

日本では、株式会社という法人がグループ内、系列内で相互に株式を持ち合って、結束した法人株主(安定株主)の白紙委任によって株主総会が開かれ、経営者支配が実現している。奥村宏中央大教授のいうこの法人資本主義の構造こそが、六月末の同じ日に一斉に開かれ、株主の発言のないまま二、三十分で終わる日本型株主総会を生んだのである。私たちが実施した株主総会についてのアンケートでは、多くの会社が総会の同一日集中について「決算日が同じだから」「特殊株主がいるから」という理由を挙げている。しかし、選択肢には含まれていないが、真の理由は「法人支配・個人株主無視」にあると考えるべきであろう。

シャンシャン総会をなくすには、金融機関、事業会社などの法人が六七%、個人が二三%という現在の上場会社の株式所有構成を、株式相互持ち合いの制限や個人株主づくりを通して、もっと個人所有の比率を高める方向に変える必要がある。これが困難であるとしても、総会の同一日集中の弊害をなくすための開催日の分散は、比較的容易に実施できる。なにも平日に限らず、ゲームソフトのスクウェア社のように、日曜日に開いてもよいし、午前でなく午後にもつことも可能である。

株主総会がシャンシャンで終わるということは、会社の最高意思決定機関においてさえ、ディスクロージャー(情報開示)がされず、経営実態が株主に見えないことを意味する。それればかりか、現状では株主総会そのものが非公開で、人々の目から隠されている。私の出た日住金の株主総会では、質疑応答が始まるや総会の様子をマスコミに公開せよという緊急動議が出され、多数の出席株主の支持を得たが、結局、いれられなかった。日住金のような天下注視のケースでなくとも、コマーシャルで日々マスコミに顔をさらしている会社が株主総会をマスコミに公開し、それを通じて世間の評価と監視を受ける意味は大きい。

シャンシャン総会をなくすいま一つの手だては、議決権の代理行使の制限を緩和することである。日本では株主総会への代理人出席は、定款で同一会社内の株主にしか認められていない。会社は顧問弁護士などで武装しているのに、個人は全く無保護な状況に置かれている。一方、欧米では個人株主の利益を保護する立場から弁護士や公認会計士らの専門家が議決権の代理行使をして、総会で利益処分案などについて質問できる。こういう状況を改めるためには、日本でも専門家による議決権の代理行使を認めるべきである。

今回の日住金の株主総会でも専門家の代理出席は認められなかった。しかし、それでも商法や会計の専門家の支援を得ることで、個人株主が株主提案権などの株主権を集団的に行使するという貴重な経験を積むことができた。

日本の株式会社のあり方をめぐっては、法人間の株式相互持ち合いの批判に加えて、バブル崩壊後の株価低迷、個人株主の株式離れ、株主代表訴訟の広がり、外国人投資家の持ち株数の増大といった環境変化のなかで、各方面からさまざまな問題が指摘されてきた。株主と市民から見た企業改革の課題は多いが、株主による企業監視のために最も急がれるのは株主総会の改革である。

## 社員が死んで会社が太る

毎日新聞「コンパス(1)」一九九七年二月一日

命の軽重はときには値段で示される。人が死んだときに支払われる保険金や賠償金がその例である。アメリカの裁判事情に詳しい弁護士の池田直樹氏から聞いたところでは、一九八九年にアトランタ郊外で一人の若者が、運転中のGMトラックに構造的欠陥があって、焼死するという事件が起きた。この裁判では、二人の技術者から、問題の車種の燃料タンクが横からの衝撃に弱いことを示す実験データをGMが隠したという爆弾証言があった。それが評決に影響して、陪審員は被告のGMに対して一億ドル(約一二〇億円)もの賠償金を命じた。

制裁金の意味を持つにせよ、この金額がアメリカにおける命の重さを示していることは疑いない。では日本はどうか。学生が交通事故死の被害者となった場合の賠償金はせいぜい五五〇〇万円程度である。日本における命の軽さをもっと露骨に示しているのは、社員が在職死した場合の弔慰金などを目的に契約して、出た金は会社が受け取る団体定期保険である。

昨年一一月一六日に過労死弁護団が中心になって行った「団体定期保険一一〇番」には、全国で二七一件、大阪で八五件の電話相談があった。しかし、この数字は氷山の一角にすぎない。北海学園大学の本間照光教授の研究では、自分の知らない間にこの保険の被保険者にされているサラリーマンは少なくない。また、被保険者で死亡した人の大半が、遺族に支給されるべき保険金をまったく渡されていないか、一部しか渡されていない。

昨年六月に提訴された大阪のある事件では、会社は保険会社九社から約一億二〇〇〇万円の保険金を受け取り、被保険者の遺族には退職金および弔慰金としてその一割弱しか払っていなかった。

社員に知らせず、社員の命に保険を掛ける。医療機関の死亡診断書も遺族の承諾なしに発行される。保険料は一年更新の掛け捨てで非常に安い。しかも、遺族保障を建前としているために全額損金として計上でき、節税にさえなる。保険金は会社に入る。結局、社員が死んだら会社が太る。

この仕組みは最近売り出された新型保険でもさして解消されていない。保険で会社が太る仕組みがあるかぎり、会社は社員の過労死や在職死を進んで防ごうとはしないだろう。

## 株主の疑問に答えよ

毎日新聞「コンパス(2)」 一九九七年三月一日

企業に関する情報がマスコミにあふれている。それでいて株主や市民が本当に知りたい情報は容易には入手できない。

企業不祥事が後を絶たない。しかし、経営の失敗や社員の不正から巨額の損失を出した会社であっても、経営実態をさらけ出し、経営者の責任を明らかにしたという例は皆無に近い。それもあって、これまでは株価の変動にしか関心を示さなかった個人株主の間にも、情報開示の徹底を求める声が高まっている。

具体例をあげよう。昨年、不祥事が発覚した会社の一つに住友商事がある。同社はロンドン金属取引所(LME)を舞台とする銅不正取引で二六億ドルもの損失を出した。同社の個人株主は、この事件をどう受けとめているか。それを知るために私の所属する株主オンブズマンが、最近、株主名博から無作為に抽出した五〇〇〇名の個人株主を対象にアンケート調査を実施した。

この種の個人株主の意識調査は、日本の会社史上で初めてのものである。はたして回答があるやらないやら不安があった。結果は発送数の二二%にあたる株主から回答があった。この数字は経済同友会の昨年の「企業白書」のアンケート回答率(一六%)より高い。このことは、個人株主が住友商事のような問題会社の経営にかなり高い関心をもっていることを示している。

それより注目されるのは回答の内容である。銅不正取引事件の発覚については、回答者の八五%が「見抜けなかったではすまされない」と答えている。事件の経営責任については七四%が「経営責任は免れない」、七七%が「経営陣の責任は重大である」と考えている。責任追及の仕方についても、厳しい意見をもつ株主が多く、六九%が「経営者に会社が受けた損害の賠償を請求すべきである」と考え、六六%は「株主代表訴訟を起こすしかない」という認識をもっている。

こうした株主の声を知ってか知らずか、会社は不正取引を特定の個人の犯罪にして、経営陣としての責任を認めていない(会長は二月二六日に辞任したが)。「定年まで一生懸命働いてきた」という元社員の株主は、記述回答欄に、「上層部のことは私には全くわかりませんが、一〇年ほども経営者が知らなかったということは納得できません。ただ驚いているばかりです」と書いている。

いま求められているのは株主のこうした疑問に答える情報開示である。

## 「時間無制限」が総会屋根絶

毎日新聞「コンパス(3)」 一九九七年四月五日

有名企業の総会屋への利益供与が後を絶たない。

一九九二年から九三年にかけてはイトーヨーカ堂、キリンビール、NTNと続いた。昨年は高島屋の暴力団がらみの事件が露見し、株主代表訴訟が提起された。そして、今年の三月には野村證券と味の素でも黒い供与が発覚した。

総会屋は、株を持ち、株主総会で会社側議事に異議を唱えるなどして、会社から金品をゆすることを稼業とする者である。総会には出ず会社から交際費、広告料、会費、購読料などの名目で金をせしめている総会屋もいる。総会屋とその関係者に取引上の便宜を供与している会社もある。八一年の商法改正では、会社が特定の株主に金品を与えると罰せられるという規定が設けられた。その後、総会屋の人数は大きく減ったが、根絶にはほど遠い。

経済同友会の昨年の「企業白書」は、日本の経営の人治主義から法治主義への転換の必要性を示唆している。これに引き寄せて言えば、日本の会社が総会屋に脅される土壌は、トップに累を及ぼさないように不祥事を隠す。総会屋にかぎつけられると、裏取引で内聞に願おうとする体質にある。

法治主義の経営は、取締役会や監査役会が監視機能をルール通りに果たし、不祥事が生じた時は、機を失せず適切な法的措置を取ることから始まる。情報開示によってゆすりのもととなる隠し事をなくすことも法治主義の重要な要素である。

会社が総会屋を排除できない直接の理由は、密室の儀式と化した株主総会にある。儀式は手順通りに運んでこそ意味がある。途中で筋書きからはずれたり雑音があったりしてはならない。だから、総会の前には社員株主を集めて周到なリハーサルを行う。当日は彼らを議場の前方に陣取らせて、会社の不祥事を株主にわびる場面でも、「了解」「議事進行」と言わせる。議長(社長)はひたすらシナリオと想定問答集を読む。

この儀式化した日本型シャンシャン総会は、総会屋対策から生まれたといわれる。しかし、今では儀式はシャンシャンと進むほどよいとする思想自体が、儀式をつかさどる会社総務が総会屋と付き合う余地をつくり出している。

問題の解決はたやすい。質問がある限り二時間でも、三時間でも総会をやる。それを毎年続けるだけで総会屋は干上がるであろう。

## 伝統産業護れぬ土木づけ

毎日新聞「コンパス(4)」 一九九七年五月一〇日

春休みに家族で奄美大島に行った。

きっかけは画家の田中一村である。彼は五〇歳から奄美に住みつき、南の島の自然を精密な筆致と大胆な構図で描いた。その彼をビデオで知って、彼が見た自然をこの眼で見たいと思うようになった。知り合いの津田浩克弁護士にそのことを話した。彼は奄美出身で、すぐに高校時代の友人二人に連絡してくれた。おかげでその二人に現地の案内をしてもらうという幸運にも恵まれた。

一村の画譜で見たアダンの茂る海岸に行った。彼が描いた魚たちの海で釣りをした。金作原の原生林では巨大シダのヒカゲヘゴを見た。そこで一村も耳にしただろうアカヒゲのさえずりやオーストンオオアカゲラのドラミングを聴いた。

一村が働いたことのある大島紬《つむぎ》の工場に関心があって、紬の生産工程を公開している観光施設にも案内してもらった。

日本最古の染色織物の伝統をもつ大島紬の生産は、図案制作に始まり、絣《かすり》をつくるための絹糸のくくり作業、車輪梅の木片を煎じた液による数十回の染め、泥田での数回の染め、糸の染め残した箇所に色を乗せる摺り込み、糸ズレを針で直しながら図案通りの模様を出す手織り工程と、気の遠くなるような職人芸の手作業が続く。これは伝統産業というより、後世に引き継ぐべき生活の芸術である。

前引藤氏の奄美論（『滅びの　鹿児島』司万有之）によれば、大島紬の生産額は最近では十数年前の五分の一に減っている。

近年減ったのは紬の生産だけではない。奄美群島の水田面積は、米の生産調整が始まって今日までに七〇分の一に激減。かわりにサトウキビ畑が一時は農産物の全作付け面積の七割近くを占めるまでに増えたが、それも最近では大きく減り始めた。

大島紬も製糖業も衰退し過疎化が進んでいる奄美のなかで、ひとり栄えているのが自立した産業とはいえない土木事業である。その証拠に単年度平均で八〇〇億円に達する近年の「奄美群島振興開発事業費」のうち、三七％は道路と港湾の整備費であった。

他方、大島紬振興に充てられたのは〇・一％である。これではどうやって伝統産業を護るのだろう。

奄美の自然は私の行った日本のどこより美しかった。しかし、奄美の経済は日本のどこにもある土木づけの経済であった。

# 個人株主よ、発言しよう

毎日新聞「コンパス(5)」　一九九七年六月七日

六月二七日の株主総会集中日を前に、『シャワッチ』という企業監視のオピニオンブック(株主オンブズマン編集、民事法研究会発売、現在は休刊)が発刊される。

来週末には店頭に並ぶその第一号は「よい総会、悪い総会」を特集している。悪い総会は、株主が出席しにくい日に開かれ、総会屋がおり、社員株主が横暴で、一般株主から質問がなく、情報開示もなされない閉ざされた総会である。

総会をよくするには、総会開催日の分散、総会屋との絶縁、社員株主の横暴自粛、情報開示の徹底、総会のマスコミ公開などが必要である。これらの課題は企業の側にやる意志と勇気さえあれば、いつでも実行できるように思われる。

しかし、実際には、株主に迫られなければ、企業は自らできることさえやろうとはしないだろう。また、仮にこれらのことが実行されたとしても、それだけでは日本型株主総会は容易には変わらないだろう。日本の上場企業の株主総会の八割は、株主の事前の書面質問も当日の会場発言もなく、三〇分以内で終わる。「シャンシャン総会」といわれるこの日本型株主総会を改めるには、会場で発言(質問)する株主がいない状態をなくす必要がある。株主の発言がなければ、たとえ会社側に総会を何時間でもやる構えがあったとしても総会はシャンシャンになるしかない。

総会に出席する。そして総会屋や社員株主の威圧におくせずに発言する。また事前に書面質問を行う。

総会に出席できない場合も、議決権行使書を会社に返送して議案への賛否を表明する。これらのことは経営参与権をもつ株主としての責任である。

最近は企業不祥事が続発している。これは取締役会が機能不全をきたしていることと無関係ではない。こういうなかで、株主総会までもが経営のチェック機能を果たせないでいることは株式会社の死を意味する。

いまこそ、株主、とくに個人株主は総会に出て、企業改革の声をあげるときである。法人株主には法人間の株式相互持ち合いによって経営者支配がもたらされている現状では、企業監視の役割を担うことはできない。会社の意を受けて総会に出席する社員株主にも、本来の株主の役割を期待することはできない。

たとえ持ち株数は少なくても、会社から独立した株主として個人株主が果たすべき役割は大きい。

〈追記〉三月決算・六月開催企業の株主総会の集中日開催比率は一九九〇年代は九割を超えていたが、最近では五割以下になっている。また、株主総会の平均所要時間は九〇年代は三〇分を下回っていたが、最近では五〇分台になっている。

# 長時間労働が危険を招く

毎日新聞「コンパス(6)」　一九九七年七月五日

東京都内のサラリーマンを対象に「ビジネスマンの『時間』意識」を調査した。先に発表されたその結果によると、「一日に一時間増えたら何をするか」という問いに対して「睡眠」と答えた人が断トツの四一％を占めた。

通勤電車で居眠りをする人が多いのは今に始まったことではないが、NHKの「国民生活時間調査」によれば、日本人の睡眠時間はなおも減り続けている。睡眠不足は男女とも労働者に著しく、一九七五年から九五年の間に平日の睡眠時間は男性では七時間五八分から七時間一八分へ四〇分も減った。

近年の睡眠時間の減少は大都市圏の長い通勤時間、コンビニ的な二四時間型経済活動の拡大、夜間のマスメディア接触時間の増大などの結果とも考えられる。しかし、これらにましても睡眠時間を圧迫しているのは長い労働時間である。

先のNHK調査では、九五年の男性の労働時間は、七五年と比較すると一日で三六分長くなった。これは同じ期間に睡眠時間が四〇分減ったことにほぼ対応している。

長時間の残業のために、先進国で労働時間が最も長いのは日本の男性である。だからといって、日本の男性は先進国で睡眠時間が最も短いというわけではない。男(夫)が家事万端を女(妻)に押しつけているこの国では、女は外で働く場合にも長時間の家事から逃れることはできない。

その結果、実は、先進国で総労働時間(雇用労働＋家事労働)が最も長く、睡眠時間が最も短いのは、日本の女性だということになる。

働く女性で目につくのは、七五年に男性より二七分も短かった睡眠時間がその後さらに二九分減り、九五年には七時間二分になったことである。この傾向が続けば、働く女性の睡眠時間は遠からず、高校生並みの六時間台に突入するだろう。

睡眠不足は人間の二四時間リズムを損ない、深刻な健康障害を引き起こす。多発する交通事故や過労死も睡眠不足と関係が深い。大人は働きすぎ、子どもは勉強しすぎで、睡眠不足に陥っている。そのため大人もイライラ、子どももイライラ。人間関係は荒れるしかない。

『睡眠泥棒』という原題をもつカナダの心理学者のS・コレンの本の邦題にいうように、『睡眠不足は危険がいっぱい』(文藝春秋、一九九六年)である。

〈追記〉年齢別では睡眠時間は四〇代が最も短く、二〇一〇年のNHK調査によれば、男性は六時間四三分、女性は六時間二八分である。有職者にかぎれば男女ともこれよりさらに短くなる。また、四〇代男性の労働時間は平日九時間二三分、土日を含めれば週五四時間四三分である。

## 株主の経営監視の芽を摘むな

朝日新聞「論壇」一九九七年九月二四日

株主代表訴訟の制度を骨抜きにしようとする動きが強まっている。

自民党法務部会・商法小委員会は今月八日、規制緩和の一環として経団連から見直しが求められていた株主代表訴訟制度と監査体制について「商法等改正試案骨子」を発表した。その二日後、経団連コーポレート・ガバナンス特別委員会が、自民小委案に基本的にゴーサインを与える「緊急提言」を発表した。事態は来年の通常国会での議員立法に向けて動き出したとみてよい。

商法によれば、取締役が会社に損害を生じさせた場合、監査役が会社を代表して取締役の責任を追及しないなら、株主は会社に代わって取締役の責任を追及できる。この株主代表訴訟を封じるために経団連が当初思いついたのは、単位株を保有している者に認められている現行の代表訴訟提起権を、株主総会への議案提案権と同じく、発行済株式総数の一％または三百単位(通常三十万株)以上をもつ者でなければ認めないように制限することであった。

こうした制限は、今回の経団連提言では「今後の検討課題」として先送りされた。かわりに浮かび上がってきたのは、監査役会に免責提案権を与え、株主総会の特別決議によって取締役の損害賠償責任を減免しようという考えである。

実態をいえば、株主総会は株式を相互に持ち合った法人株主(安定株主)の白紙委任によってシャンシャンで終わる。監査とは名ばかりで、監査役も会計監査人も不正摘発をしない。にもかかわらず、会社の意のままになる総会で取締役の責任を減免するのは御都合主義もはなはだしい。

関連して経団連は、現行では六カ月前から株主であれば有する提訴資格を、取締役の違法行為時の株主に限定するよう求めている。しかし、違法行為が発覚して広く知られるのは、行為から何年も後になることが多い。違法行為による損害の発生も同様である。違法行為時から発覚までの間にも株式は売買されており、この間に株式を取得した者に提訴資格を認めないのは道理に合わない。

いまひとつ奇妙なことに、経団連の提言では、社外監査役の増員を含む監査体制の強化案が株主代表訴訟の抑制案と抱き合わせに出されている。もし、監査役会が経営の監視・けん制機能を厳正に果たすなら、不祥事は少なくなり、また、起きたとしても、その真相究明や責任追及を監査役会がするはずなので、株主代表訴訟はあえて制限をせずとも、おのずと減るものと見込まれる。

しかし、そう考えるのは早計である。実際の案を読めば、監査役会が全会一致で認めれば会社は被告取締役を支援でき、全会一致で申し立てれば裁判所は訴訟を却下できることになっている。この点で、経団連のいう監査役会の権限強化案は、取締役を見張る権限を強めるというより、むしろ擁護する権限を強めるものだといわねばならない。

株主代表訴訟は一九九三年の商法改正で訴訟手数料が一律八二〇〇円に引き下げられて増えてきた。この間には訴訟の原因となる企業不祥事も増えてきた。とはいえ、実際に取締役が訴えられた企業は、不祥事を起こした企業の一部でしかない。また、経団連が問題にする株式公開企業のケースは、実際に提起された代表訴訟のこれまた一部にすぎない。

この問題では、積極的に事業を展開して失敗した場合の責任を問う訴訟が経営者を委縮させていると言う人々もいる。しかし、投資判断の誤りに対するいたずらな訴えには、私怨《しえん》を晴らすための訴えや、十分な根拠をもたない訴えと同様に、裁判所から担保提供命令が出ている。乱訴防止は現行制度でも基本的にクリアされているといえる。

経団連の提言は「昨今の企業不祥事を真剣に受けとめて」出されたことになっている。しかし、その内容は、情報開示が不十分で、会社が株主総会で説明責任をつくさず、取締役会も監査役会も機能不全をきたしている日本の企業統治の積弊に何ら踏み込んでいない。経団連としてできる悪質な不祥事企業の権利停止処分もせずに、代表訴訟に関する株主の権利を制限して、株主による経営監視の芽を摘み取るようでは、企業は総会屋との腐れ縁すら断ち切ることはできないだろう。

## 企業は障害者雇用の責任果たせ

朝日新聞「論壇」 一九九九年七月二〇日

民間企業における障害者の法定雇用率が昨年七月、一・六%から一・八%に改定されてから、すでに一年が経過した。

企業活動を監視する市民団体「株主オンブズマン」は昨年末から今春にかけて、上場企業における障害者雇用の実態を把握するため、三九九社に対しアンケートを実施し、二四七社(回収率六二%)から回答を得た。その結果、上場企業の障害者雇用率は一・五六%にとどまり、七〇%の企業は改定された法定雇用率を達成できていないことが明らかになった。

法定雇用率を達成していない常用労働者三百人以上の事業主は、不足人数一人につき月額五万円の障害者雇用納付金を納めなければならない。法定雇用率が一・六%だった九七年度は、計一二三社で総額約七億円の納付金が支払われた。この納付金は日本障害者雇用促進協会に収められ、法定雇用率を達成している事業主への調整金や、障害者を多数雇用している中小事業主への奨励金などに充当される。だからといって法的義務を履行せず、会社資産から長期にわたって漫然と納付金を出し続けることが許されるはずがない。

株主からみれば、会社が法律を順守し、社会的責任を果たしているかどうかは重大な関心事である。働く意欲と能力をもつ障害者に対して、職場環境の改善と求人活動の強化を通じて積極的に雇用の場を創出している企業は、株主ひいては市民から高い評価を受けるであろう。しかし現状では、個々の企業が障害者に優しいか冷たいかを知るための情報は、企業からに与えられていない。

株主や市民による企業評価を可能にするためにも、上場企業は障害者法定雇用率の達成状況や、未達成時の納付金および達成時の調整金の額を、株主総会および有価証券報告書に開示することが望まれる。

私は先日、今回の調査対象ではなかった日本航空の株主総会に出席して、障害者の雇用率と納付金の金額について質問した。その結果、同社の障害者雇用率は一・二九％、昨年度の納付金の総額は四千六百万円だったことが分かった。会社が進んで開示しなければ、株主が質問してみるのも一法である。

労働省は、障害者雇用に著しく消極的な事業主に対して、雇い入れ計画の作成命令を出すことになっている。しかし実際には、命令を出す基準が実雇用率〇・八％未満で、かつ不足人数六人以上の企業に限定されているうえ、経営状態なども考慮されてきた。そのために、上場企業を対象にした今回のわれわれの調査では、雇い入れ計画の作成命令を受けた企業は一社もなかった。

障害者雇用に著しく消極的な事業主の公表制度にいたっては、導入から二〇年以上たつが、実際に適用された例は過去にわずか数件しかないと言われている。

これでは十分な指導、監督ができるはずがない。行政側から障害者雇用を促す早道は、雇い入れ計画の作成命令や公表制度を積極的に活用し、企業に対して法定雇用率の達成を迫ることである。同時に政府・労働省には、公共職業安定所を通じた紹介・斡旋《あっせん》の改善や、障害者の通勤その他の社会環境の条件整備に努め、障害者を雇用しようとする企業が必要な雇用数を確保できるように支援することが求められている。

不況とリストラの嵐の下で、雇用情勢はかつてなく厳しい。しかし、そのことをもって障害者雇用の努力を怠る理由とすることはできない。公共職業安定所の全国集計によると、九七年度中に約七万七千人の障害者が新規に職を求めたが、就職できたのはそのうち約二万八千人(三六%)であった。大阪府においては、九八年度、職業安定所に求職登録した障害者七八三八人のうち、就職できたのは二〇二四人(二六%)にすぎない。こうした数字に、障害者が一般の労働者以上に厳しい雇用環境に置かれている状況が示されている。

障害者の雇用を促進し、少なくとも法定雇用率を達成することは、経済情勢の如何によらず企業として当然果たすべき社会的責任であることをかみしめてほしい。

〈追記〉障害者法定雇用率は二〇一三年四月一日から民間企業二・〇%、国、地方公共団体等二・三%に引き上げられた。

## 【企業献金 抜け道残す改革はもう限界】

朝日新聞「私の視点」 二〇〇三年八月一九日

政治献金の非公開枠の拡大を柱とする政治資金規正法改正案は、継続審議となった。この法案は、一つの企業・団体から一つの政党支部への献金に年間一五〇万円の上限を新たに設ける一方、献金の公開基準を年間五万円超から二四万円超に引き上げるものである。

ゼネコンが知事選を巡り自民党長崎県連に違法な寄附をした事件で、私たち株主オンブズマンは、ゼネコン役員に損害賠償を求める株主代表訴訟を起こしている。この事件で必要が指摘された公共事業受注企業からの献金制限は改正案には盛り込まれていなかった。

不況続きで(政党支部に)年間一五〇万円を超す献金をする企業はほとんどないと言われている。献金不透明化の狙いだけが際立つ、政治改革の流れに逆行する法案であり、廃案にして出直すべきである。

「政治とカネ」をめぐる逆行はこれだけではない。経団連は九三年、リクルート事件やゼネコン汚職の反省から企業献金のあっせんを中止した。それから一〇年たって今、日本経団連は「政経行動委員会」を設置して各党の政策などを点検し、各企業の献金額の目安を定め、献金を促すという。財界はカネによる政治支配に乗り出そうとしている。

日本経団連の奥田碩会長は、五日付の本紙で「企業が自主的に金を出す際のガイドラインで、あっせんとは違う」旨を述べている。しかし、ガイドラインを示されて拒否する企業がどれだけあるだろうか。従来のあっせんと大きく異なるものではない。それに加え、政党を評価してカネを出すというのだから、それだけ政党との癒着が生まれ、一層深刻な政治腐敗をもたらす恐れがある。

一方、司法は最近、政治腐敗に相次いで厳しい判断を下し、政財界の逆行とくっきりしたコントラストを描いている。ゼネコン汚職事件の中村喜四郎元建設相が今年一月、最高裁に上告を棄却され懲役一年六月の刑が確定し、失職、収監された。ＫＳＤ事件の村上正邦元労相は五月、東京地裁で懲役二年二月の実刑判決を受けた。

注目すべきは二月、福井地裁が(株主オンブズマンの提起した)株主代表訴訟の判決で、経営難の熊谷組の政治献金を違法と認定し、次のように警告したことである。

「企業による政治資金の寄附が政党に及ぼす影響力は、企業の有する経済力のゆえに、個々の国民による政治資金の寄附に比して遥かに大きい。したがって、企業による政治資金の寄附は、その規模の如何によっては、国民の参政権を実質的に侵害する恐れがある。また企業献金が特定の政党に集中するときは、国の政策にも決定的な影響力を及ぼすこととなって、過去に幾度となく繰り返された政界と産業界との不正常な癒着を招く温床ともなりかねない。」

この警告は、企業献金を評価した七〇年の最高裁判決の見直しまでには踏み込んでいないが、政治の現状を踏まえた重たいものだ。政治家も企業家もよく噛み締めてほしい。

政治献金は企業・団体献金を禁止し、個人献金に一本化するのがいい。それが実現するまでにできることはある。企業・団体献金の透明性を極力高めることだ。大企業のホームページには企業の社会貢献活動が詳しく出ているが、政治献金の支出先や金額も開示してはどうか。

抜け道を探しながらの小手先の改革はいい加減にしてほしい。

# 日本人にもバカンス必要

読売新聞「論点」 二〇〇三年七月二五日

夏だ、バカンスだ、といえないのが悲しい。ヨーロッパでは、年間約一か月の休暇のうち、夏は二、三週間、たいてい家族連れで一か所に滞在する。

だが、日本では長い休みがあるのは学校の生徒や学生だけで、一般の社会人には長期休暇はほとんどない。

自由時間デザイン協会が昨年実施した「休暇に関する国民の意識・ニーズに関する調査」によれば、有職者のうち、一年間に二週間以上の連続休暇を取得した者はわずか三・五％にすぎない。全体の七割の者は、四日以上～一週間未満しか取れなかったか(四割)、四日以上の連続休暇は一度もなかった(三割)。

休暇の貧しさを端的に示すのは、年次有給休暇(年休)の取得状況である。一九八〇年と二〇〇二年を比較すると、一人平均の年休付与日数は一四・四日から一八・一日に増えたが、実際の取得日数は両年とも八・八日で変わっていない。その結果、取得率は六割超から五割以下に落ちた。失われる年休の総日数は年間四億日にも達する。

夏期休暇のために年休を何日取っているかを厚生労働省に問い合わせたところ、そういう調査はしていないとのことであった。しかし、データがないわけではない。

旧労働省の一九八一年の調査によると、同年の夏期連続休暇は四・四日。その内訳は、各事業所が指定する休日などが三・七日、振替休日〇・三日、年休〇・四日であった。一人平均わずか一日の年休さえ取得していないことになる。この貧しい休暇実態は、年休取得率の低下からみて、その後改善されたとは考えられない。

休暇目的の年休取得を妨げている要因としては、病欠は年休で取る、忌引以外の個人的所用のための休みがない、代替要員がいない、企業側が九五％あるいは一〇〇％という異常に高い出勤率を推奨している、年休を取ると賞与や昇進に不利になる、会社が決めた時期以外には休みにくい、一日や一時間の細切れ取得が認められている等々の事情を指摘できる。

三〇年以上前に発効したＩＬＯ（国際労働機関）一三二号条約では、病欠は年休に含めてはならない。また、休暇は最低三週以上、うち最低二週は連続休暇でなければならない。

日本で今求められているのは、国内法を整備して、この条約を批准し、せめて二週間程度の連続休暇を労使双方に義務づけることである。

総務省の「労働力調査」によれば、三〇代男性の四人に一人は、週六〇時間以上働いている。これは一日四時間、週二〇時間、月八〇時間以上の残業を意味する。働き過ぎは男性だけでなく、女性も家事労働を含めれば、先進国でもっとも長時間働いている。

昨年度、過労死の労災認定件数は、前年度の五八件から一六〇件に急増した。労災の認定基準が緩和されたことも一因だが、背景には不況下の職場環境の悪化がある。

ジル・フレイザーの『窒息するオフィス』（岩波書店）を監訳して知ったことだが、状況はアメリカでも悪化している。人員削減が続き、仕事量が増えるなかで、長期の休暇旅行は減って、短い週末旅行が主流になり、最近では近くのホテルやスパ（温泉）に泊まる日本型の一泊旅行が増えているという。こうした日米の働き過ぎ競争を考えると、休暇の拡大はけっして容易ではない。

とはいえ、人々はリストラ下の過重労働と仕事のストレスで今や極限まで消耗している。休暇の拡大は消費を拡大し経済を活性化する、といわれる。そういう面ももちろんあるが、今何より必要なのは、疲れた身体を回復させるためのまとまった自由時間であり、そのための連続休暇の拡大である。

## 内部告発を育てる制度を

毎日新聞「発言席」 二〇〇三年一月二六日

内閣府の国民生活審議会・消費者政策部会は、昨年一二月二四日、消費者保護基本法の見直し作業の「中間報告」として、「二一世紀型の消費者政策の在り方について」という文章を発表した。拙稿ではその柱の一つとして提起されている「公益通報者保護制度」のあり方について発言をしたい。

公益通報というのは、公益を脅かす恐れのある隠された不正や悪事や危険を社会に知らせる内部告発のことである。

公益通報者の保護制度の導入がにわかに日程に上ってきたのは、このところ、公益通報により企業の違法・不正が相次いで発覚し、公益通報の役割と通報者の保護があらためて注目され始めたからだ。そこで、政府も重たい腰を上げ始めた。

しかし、内閣府で検討中の制度案には次の二点で大きな問題が含まれている。第一は制度の対象を事業者と消費者利益に限定し、保護の対象者を従業者に限定していることだ。

第二は、事業者への事前通報を保護の条件にし、外部通報先を主務大臣等に限定していることだ。

制度の対象を事業者と消費者利益に限れば、行政機関がかかわる汚職などは問題にならない。また、事業者の違法・不正であっても、総会屋利益供与や談合や粉飾決算などは範囲外となる。環境への危害も、消費者利益とは無関係として対象から外される恐れがある。

昨年十月末に発足した弁護士グループによる「公益通報支援センター」には、これまでに八〇件以上の通報が寄せられた。最も多いのは、過去の通報で解雇などの不利益を受けた人からの相談である。それを除く大半は、補助金の不正受給、裏金づくり、談合、脱税、税金のムダ使い、粉飾決算、違法残業など、検討中の保護制度の対象とはならない違法・不正である。

中間報告では通報者は従業者とされている。しかし、現役社員は通報の「犯人」捜しがされた時の犠牲があまりに大きい。そのためか、最近の事件での通報者は、取引業者、子会社関係者、元アルバイト、元派遣社員などがほとんどである。それを考えると、保護の対象を従業者に限定することは、通報者の大半を保護しないことに等しい。

以上の制約は、この制度が消費者政策の一環として検討され、まず実行可能な対象に絞ったため、という理由で納得することもできなくはない。

しかし、事業者に対して内部通報がなされていることを保護の条件とする「前置主義」に立ち、外部通報先を「主務大臣等」に限定しようとしている点は見過ごせない。

企業が法令遵守の体制を構築し、社員などから内部の違法・不正について通報を受ける仕組みを整備することは、違法・不正の未然防止と早期発見のために不可欠である。しかし、そうした体制や仕組みが多くの企業でまだ整っていないもとで、まず会社に言えというのは、企業に揉消しの機会を与えることを意味する。

従来の内部告発の受け皿のひとつはマスコミであった。マスコミ報道を受けて、企業が事件を発表した例も少なくない。最近は「公益通報支援センター」も公益通報の相談と助言に一役買っている。にもかかわらず、外部通報先を「事業者に対する処分等の権限を有する主務大臣等」に限定するような制度では、公益開示を狭い範囲に封じ込めることになりかねない。

日本経団連は内部告発の意義を認めつつも、保護制度の導入に反対している。政府部内にも消極論があるものと推察される。そうした反対論や消極論に押し流されることなく、公益開示の原点に立った制度設計を望みたい。


〈追記〉二〇〇四年に成立（〇六年施行）した公益通報者保護法については、消費者庁「公益通報者保護制度ウェブサイト」およびＰＩＳＡホームページ「公益通報者保護法の成立にあたっての意見」を参照。保護を受ける通報対象がわかりにくく、外部通報が制限されているなど残された課題は多いが、ここに述べた問題点のいくつかは解消されている。

## 東電の原発損傷隠し事件を「厳重注意」で幕引きしてはならない

株主オンブズマン・ホームページ　二〇〇二年一〇月八日

東京電力など原子力発電所の一連の損傷隠し問題で、経済産業省の原子力安全・保安院による調査の中間報告が一〇月一日に出た。それと同時に経済産業省は、東電に対して、特別保安検査や定期検査の厳格な実施を求める行政措置を発表した。しかし、検査データの改ざんや虚偽記載などの不正に対する刑事告発や行政処分は見送り、「厳重注意」をするにとどまった。

原発の安全・保安については東北電力、中国電力についても、損傷隠しと虚偽報告の疑惑がある。とはいえ、東電の場合は、他と似たり寄ったりだということではすまされない重大な問題を抱えている。

これまでの報道や今回の報告によれば、原発の検査を請負った会社の元社員から通産省(当時)に東電の損傷隠しの内部告発があったのは二〇〇〇年七月であった。当時の資源エネルギー庁は、同年末に証拠書類を添えて東電に質問状を出したとされている。その間に五カ月の空白があったわけだが、それ以上に大きな問題は、東電によって原発損傷隠しの一部が公表されたのは、内部告発からなんと二年後であったということである。

しかも、驚くべきことに、保安院は、二〇〇〇年末に内部告発者の氏名などの個人情報を東電に提供し、同人が「危険人物」とする文書まで渡していた。今回の内部告発は、一九九九年九月の茨城県東海村の臨界事故を契機に原子炉等規制法に内部告発の保護規定が盛り込まれたのを受けてなされたと言われるが、保安院の所作が保護の趣旨にまったく反するものであることは論をまたない。

東電の側にも大きな問題がある。同社の南直哉社長(辞職前)は「社長として知っているべき事実を把握していなかった」と語ったと伝えられている。日本ハムの食肉偽装事件でも社長が知らなかったとされたことが取締役会の不在状態を物語るものとして大きな問題になったが、東電の場合も、取締役会は肝心の安全問題で機能していなかったことになる。

今回の事件で相談役を辞めて東電から身を引いた平岩外四氏(八八歳)は、かつて経団連会長として「企業行動憲章」(企業倫理に関するガイドライン)の作成にあたった人である。その時期は問題の損傷隠しが続けられていた期間と重なっている。また、東電会長から顧問に退いた荒木浩氏(七一歳)は、先日まで日本経団連副会長の地位にあって、財界組織の企業倫理問題の責任者として、日本ハム事件などを受けて企業行動憲章の見直しにあたっていた。しかし、当の東電自身は他企業に企業倫理の範を垂れるどころか、「行動憲章」を社員に周知させることもなく、社内監査もそこそこに、多年にわたって組織的に損傷隠しを行っていたのである。

コンプライアンスの見地から無視できないことに、東電のような独占会社で、しかも経済生活にとって不可欠で消費を容易に減らせない必需財を供給している会社は、今回のような不正事件を起こし消費者の不信を買っても、それによって直ちに売上げが減り、損失が生ずるわけではない。普通の財であれば、不祥事を起こした企業は、消費者の不買や代替品の購入によって売上げが減ることによって、市場の制裁を受ける可能性があるが、そういう制裁が働かないのが電力やガスのような必需財を供給する独占会社である。

原子炉等規制法は、大きな損傷などが生じた場合には、発電所設置許可の取り消しや一年以内の運転停止の行政処分を命じることができると定めているが、今回はそういう行政処分は問題にならなかった。ということは、東電は原子力という最も安全が重視されるべき事業において、その安全にヒビを入れる事件を起こしながら、市場からも行政からも実質的には何の制裁も受けずにいることを意味する。

経営者が違法・不正や重大な義務違反を犯して会社に損害を与えておきながら、会社(通常は監査役会)が経営者の責任を追及しない場合は、会社に代わって会社のために株主が経営者の責任を問う株主代表訴訟を起こすことができる。しかし、今回の東電の損傷隠しでは、経済的な損害が認定できないために、株主代表訴訟を起こすことはきわめて難しい。この場合、経営者は株主からも責任を問われることはないのである。いわゆる引責辞任は、会長や社長には「顧問」のポストが用意されたということを別にしても、責任をとったことを意味しない。こう考えれば、経済産業省が東電に対して、刑事告発や行政処分を見送ったことは将来に大きな禍根を残すものといわなければならない。

私たちは、原発の安全確保を重視する株主の立場から、東電と関係省庁の双方に対し、今回の損傷隠しの全容の第三者機関による調査究明を行い、経営トップの責任を含む関係者の責任を明らかにすることを要求する。それとともに、国会および政府機関に対し、原子炉等規正法や電気事業法などの見直しを含め、原発安全規制の抜本的強化を図ることを要求する。東電には、株主と消費者に対して今回の事件についての説明責任を果たすとともに、再発防止のために、取締役会から各種委員会にいたるまで議論を尽くして企業体質を改革し、外部から安全監視の専門家を社外取締役に迎えるなど、目に見えるかたちでコンプライアンスと企業倫理を確立することがいま強く求められている。

〈追記〉この事件に関連して原子力安全・保安院が東電に厳格な検査の実施を通達したのは二〇〇二年一〇月二八日、東電が原発の停止計画を提出したのは同年一二月一二日、東電の全原発一七基が稼働停止したのは二〇〇三年四月一五日であった。

## 「人の時計」を「森の時計」に

北海道新聞夕刊　二〇〇五年一〇月二五日

### ▼便利さの陰に「働きすぎ」　サービス残業根絶が急務

ここ数年、日本と世界の労働時間について考えてきた。それをまとめて去る八月に『働きすぎの時代』という新書を岩波書店から出した。厚生労働省の『毎月勤労統計調査』によれば、二〇〇四年の日本の一人平均年間労働時間は一八一六時間であった。振り返れば、バブル経済のなかで日本人の働きすぎと過労死が大きな問題になった一九八八年に、政府は経済運営の政策目標として「年間一八〇〇労働時間の実現」を掲げた。この計画は一九八七年の二一一一時間を一九九二年度中に一八〇〇時間にするというものであった。

額面通りにとれば、計画の目標年次から一〇年以上遅れてではあるが、政府の労働時間短縮計画は達成された、ということになる。とすれば、なぜ、いま働きすぎなのかという疑問が出てくる。

ここには二つのからくりがある。第一に、この数字は、総務省の『労働力調査』によれば一人当たり年間三五〇時間に及ぶと推計される「サービス残業」(賃金不払残業)を含んでいない。第二に、この間の統計上の労働時間の短縮は、パート・アルバイトなどの短時間労働者の増大がもたらした平均のマジックにすぎない。

三〇代の男性のフルタイム労働者をとれば、いまでも四人に一人は週六〇時間以上(年間三〇〇〇時間以上)働いている。平均でも三〇代男性の労働時間は週五〇時間にのぼる。近年では採用抑制やリストラによって人員が減らされながら仕事の量が増え、過重労働やストレスによる健康障害が深刻化し、過労死や過労自殺やうつ病が広がってさえいる。

今日では働きすぎは日本だけの問題ではない。アメリカでもイギリスでも、一〇年ほど前までは日本の風土病のように言われた過労死が起きている。時短先進国として知られる独仏や北欧でも、労働時間の逆流が生じている。拙著では、世界に広がるこうした働きすぎの背景を、「グローバル資本主義」「情報資本主義」「消費資本主義」「フリーター資本主義」をキーワードに考察した。

一例を引こう。ペリカン便の日通が請け負うアマゾンの巨大な物流センターでは、時給九〇〇円か八五〇円で雇われた大勢のアルバイトが注文された本を「一分に三冊」のノルマでひたすら探し回るという話を聞いた。

このことを確かめようと、横田増生『アマゾン・ドット・コムの光と影』(情報センター出版局)を日曜日の未明にインターネットで注文すると、翌月曜日の午前中にはわが家に届いた。送り元の千葉県市川市から配達先の大阪府高槻市まで六〇〇キロを宅配便はひたすら走り続けたにちがいない。

こうしたネットショッピングは、消費者からみれば、まことに迅速で便利なシステムである。しかし、それを支えているのは年間二〇〇〇時間働いても二〇〇万円にもならないフリーターの労働であり、平均でも年間三〇〇〇時間に近いと推定される道路貨物運送労働者の長時間過密労働である。

束の間にせよ仕事に追われる日常から脱出しようと、この九月上旬、札幌への学会出張の機会を利用して、旭川と富良野に足を伸ばした。帰りの機内で読んだ倉本聰の『優しい時間』(理論社)のなかに、「森の時計はゆっくり時を刻む」「人の時計はどんどん速くなる」という台詞が出てきた。

デジタル化し、加速化した「人の時計」を「森の時計」にもどすことは難しいかもしれない。それでも、人に優しい時間を取り戻すには、時間の加速化と働きすぎにどこかでブレーキをかけなければならない。拙著ではそれを意識して、働きすぎ・働かせすぎの原因を示すだけでなく、ライフスタイルの転換の必要性とともに、残業の制限やサービス残業の根絶など「働きすぎ防止の指針と対策」を示すことに努めた。

## ワーキングプアと国家の責任

東京新聞夕刊「文化」欄　二〇〇七年四月二日

### 乗り越えねばならない市場個人主義の思想

先日、本紙の書評欄にデイヴィッド・K・シプラー著『ワーキング・プア』（森岡・川人・肥田訳、岩波書店）が取り上げられた。この原書がアメリカで出たのは三年前であったが、当時、日本では「ワーキングプア」という言葉はまだ使われていなかった。しかし、今では、この言葉はほかならぬ日本の現実を表す外来語として広く知られるようになっている。

昨年七月に発表されたＯＥＣＤ（経済協力開発機構）の「対日経済審査報告」は、一八歳から六五歳の生産年齢人口についての二〇〇〇年のデータから、先進一七か国中、日本はアメリカに次いで「相対的貧困率」が高いことを明らかにし、貧困論議に一石を投じた。この報告は、高齢化が格差拡大の一因となっていることに触れながら、「主な要因は労働市場における二極化の拡大にある」と指摘している。正社員が減らされて若年者を中心にフリーターが大幅に増えたことや、パートの時給がフルタイムの四割にすぎないことこそが問題だというのである。

格差問題の議論では、総務省が五年ごとに実施している「就業構造基本調査」がよく引き合いに出される。その二〇〇二年調査によれば、日本の全労働者（会社などの役員を除く全雇用者）のうち、四人に一人は税込みで年収一五〇万円未満、また、二人に一人は三〇〇万円未満である。世帯単位でみれば、一人世帯を含む全世帯の三二%、労働者世帯の一八%は三〇〇万円に満たない。ここに示されているのは近年の日本における労働所得格差の拡大とワーキングプアの増大である。

それにしてもここ一、二年の間に、格差問題が国会論戦の最大の問題になるほどに議論を呼ぶようになったのはなぜだろう。私は、ここにきて細切れ雇用と働きすぎの両面で労働環境の悪化が沸点に達し、国民の多くが自分と家族の「働き方」に無関心ではおられなくなったからだと考える。それを象徴するのが、労働時間の規制を大幅に外すことを意図した「ホワイトカラー・エグゼンプション」法案にノーを突きつけた国民世論である。

正社員も非正規雇用者も、雇用の規制緩和とリストラのなかで、株主配当と役員報酬が増えて、賃金が押さえ込まれてきたことに不満の声を上げはじめた。しかし、多年にわたる規制緩和政策の根底にある思想に対してはまだ十分な注意が向けられていない。

規制緩和を唱える人びとは、「経済のことは市場に任せろ」「市場のことは個人に任せろ」と主張する。この考えに立てば、どんなに労働時間が長くても、賃金が低くても、それは労働者個々人が、労働市場において自由に選択した結果であって、国家は介入するべきではない。労働時間の規制や最低賃金の引き上げをせずとも、放っておけば評判の悪い企業からは人が去り、評判の良い企業に人が集まるので、事態はおのずと改善されるだろう、というわけである。

「市場個人主義」と呼ぶべきこの思想に立てば、企業の外の者が企業に口を出すことも差し障りがある。『ワーキング・プア』によれば、貧困問題に熱心に取り組んでいる福祉の専門家であっても、働く貧困者が抱える問題を解決するために雇用主に働きかける人はほとんどいない。しかし、雇用主に要請することによって、例えば子育てに支障をきたす昼夜交替夜勤に従事してきたシングルマザーが同じ賃金のまま昼勤に替わることができれば、ずいぶん親子の助けになるだろう。

こう考えてくると、市場個人主義の思想は、企業のレベルでも国家のレベルでも乗り越えられなければならない。シプラーの言うように、個人に対しても、企業に対しても、国家はただ自由を守るためだけにではなく、弱い者を強くし、力のない者に力を与えるためにも存在しているはずである。

## 役員報酬の個別開示から見えてきたもの

朝日新聞「法と経済のジャーナル」二〇一〇年八月二日

### 一億円以上の役員報酬の個別開示が話題に

本年三月三一日に「企業内容等の開示」に関する改正内閣府令が施行された。それを受けて、六月の株主総会とその直後に提出された「有価証券報告書」で、一億円以上の報酬を得た役員の氏名とその額が発表されて話題を呼んでいる。七月三一日の朝日新聞の「オピニオン」欄に堀江貴文氏（元ライブドア社長）、橘木俊詔氏（同志社大学教授）、ザビエ・ガベックス氏（ニューヨーク大学教授）の談話が載っている。これも話題の焦点は開示された報酬の評価である。

報酬の額については私の意見は三人のなかでは橘木氏に近いが、彼を含め三人とも、今回義務化された個別開示の意義については触れていない。というより、インタビューした記者の関心も報酬額の評価にあって、開示の意義にはない。

## 報酬開示元年はコーポレート・ガバナンス元年

金融庁の説明にあるように、今回の個別報酬開示は、上場会社のコーポレート・ガバナンス(企業統治)に関する開示内容の充実の一環である。一億円以上の上位クラスに限られているとはいえ、これまで秘密にされてきた役員の個別報酬が明らかにされたことで、株主総会は役員報酬の決め方や額の大きさについて初めてチェックすることができるようになった。これによって株主は総会の最大の使命である役員の選任も、報酬の多寡をふまえて判断することが可能になった。

日本において企業と株主の関係のあり方がコーポレート・ガバナンスという外来語で語られ始めたのは一九九〇年代半ばである。しかし、これまではその核心に関わる肝心の情報は秘密にされてきた。とすれば、経営トップの報酬が実名で開示された今年は、報酬開示元年であるだけでなく、コーポレート・ガバナンス元年でもあるといえる。これが今回見えてきたことの一つである。

## 義務化されなければ拒み続ける

日本において役員報酬の個別開示キャンペーンに最初に乗り出したのは、筆者が代表を務める株主オンブズマンである。同会は、二〇〇〇年六月の旧住友銀行株主総会に、同行の七一名、四〇万八〇〇〇株の株主の委任状を集め、役員報酬の個別開示を求める株主提案を行った。同行の取締役会は、現行の報酬の決め方は適法として、株主提案に反対するよう株主に求めた。投票結果は三・一%の賛成にとどまったが、議長(頭取)は、役員報酬について、最高額は四五〇〇万円、平均額は三〇〇〇万円、退職慰労金は取締役四人で約八億円、監査役三名で一億八〇〇〇万円であることを明らかにした。住友銀行とさくら銀行が合併して三井住友銀行となった二〇〇一年には、個別開示の株主提案に対する賛成は、前年の二倍以上の七・二%(株主数では二二・一%)にのぼった。

株主オンブズマンは二〇〇二年から二〇〇八年まで七年間にわたって、ソニーの株主総会に際して役員報酬の個別開示を求める株主提案を行ってきた。投票結果における賛成株数の比率は、

二〇〇二年　二七・二%
二〇〇三年　三〇・二%
二〇〇四年　三一・二%
二〇〇五年　三八・八%
二〇〇六年　四一・九%
二〇〇七年　四四・三%

と高まってきた。二〇〇八年は三九・七%に下がったが、これには会社側が二〇〇八年の総会前に機関

投資家などに役員報酬の計算方法を説明して、株主提案への反対工作をしたことが影響している疑いがある(四月二三日『東京新聞』)。

このように株主のあいだで役員報酬の個別開示を求める声が大きく広がってきたにもかかわらず、ソニーは「外国人株主の声であって、日本の株主の声とは言えない」(二〇〇五年、真崎晃郎副社長)、「報酬を個別開示しないことは日本の企業文化であって尊重したい」(二〇〇八年、ハワード・ストリンガー会長)という理由で、個別開示を拒みつづけてきた。

これまでも、ソニーに限らず、上場企業はやる意思さえあれば、役員報酬の個別開示を行えたはずである。しかし、二〇〇九年までにそれを実行したのは数社にとどまる。今回の改正内閣府令の趣旨から言えば、個別報酬開示は、一億円以上の取得者に限らず、取締役、監査役、執行役を含む全役員(ただし社外取締役および社外監査役は除く)についてなされるのが望ましい。にもかかわらず、いまのところそれを実行した企業はない。役員報酬のディスクロージャーが世界の流れになっていても、法令によって義務化されなければ拒み続ける。これはソニーだけの姿勢ではなく、日本の財界における役員報酬についての秘密主義と横並び体質を象徴するものである。これも今回見えてきたことの一つである。

## 原発事故で問われる東電と経団連の企業倫理

朝日新聞「法と経済のジャーナル」 二〇一一年四月一〇日

いま、世界の耳目は、東京電力の福島第一原子力発電所に集まっている。人々は、原子炉のメルトダウンによる放射性物質の漏洩・放出と、東電と政府の事故対応を見守るとともに、同社の安全軽視・利益優先の企業体質に対して、あらためて疑惑の目を向け始めた。

日本企業において消費者や住民の安全・安心と深く関わるコンプライアンス（企業倫理と法令遵守）が声高に言われ始めたのは二〇〇二年であった。「内部告発」が流行語大賞のトップテンに入ったこの年には、食品偽装事件をはじめとして企業不祥事が相次いで発覚した。東電の原発における点検データ改ざん・ひび割れ隠し事件もその一つである。

二〇〇〇年七月、福島第一原発の点検作業に当たっていたGEの元社員から、通商産業省（二〇〇一年に経済産業省に改組）に、東電のデータ改ざん・ひび割れ隠しについて内部告発があった。それから二年後の二〇〇二年八月二九日、経産省で、原子力安全・保安院の記者会見が開かれ、その一時間後に東電本店でも記者会見があった。いずれの発表でも、一三基の原子炉、計二九件において、一九八〇年代後半から九〇年代にかけて実施した原発の点検作業において、ひび割れなどを見つけながら、不正な記載が行われたと疑われるケースがあったことが明らかになった。

この事件では、東電の相談役を含む歴代トップ五人が辞任に追い込まれ、同社の原発一七基すべてが一時稼働を停止するに至った。これを契機に社内に「企業倫理委員会」が設けられ、さまざまな再発防止の取り組みが実施された。にもかかわらず、東電は、二〇〇六年一一月にも、原子力安全・保安院から、発電設備のデータ改ざん等の問題がないか点検を行うよう求められ、二〇〇七年四月に、水力、火力、原子力を合わせて、二五発電所、四三件（うち原発は三発電所、二〇件）のデータ改ざんがあったと発表した。

東電の社内調査委員会によれば、同社における発電設備のデータ改ざんは、一九八六年に、福島第一原発二号機の検査から始まった。このときの原子炉圧力容器内の「炉心シュラウド」と呼ばれる円形構造物のひび割れ隠しが、現在のメルトダウンにともなう放射性物質の漏洩・放出に直結しているというわけではない。とはいえ、上述の事件の顚末は、同社の原発設備の欠陥だけでなく、社内監査の欠陥を示していて、見過ごすことができない。

四月一日の朝日新聞の「インタビュー」欄に、三菱総研理事長・前東大総長の小宮山宏氏の談話が出ている。同氏は二〇〇九年六月から東電監査役に就任し、控え目に見ても、一〇〇〇万円前後の報酬を得ているものと推定される。当然にもというか、残念ながらというか、朝日の紙面にみる限りでは、小宮山氏は、外部から大津波による電源喪失と炉心溶融の危険について警告を受けながら対策を怠ってきた東電の監査体制の不備については、何も語っていない。

ほとんど姿を見せない時の人、東電の清水正孝社長は、企業トップとしてのガバナンスもコンプライアンスも責任を全うできていないのに、日本経団連の副会長の任にある。東電は、二〇〇二年の原発データ改ざん・ひび割れ隠しの発覚時に、当時の荒木浩会長が同社の会長を引責辞任したことにともない、経団連副会長からも身を引いた経緯がある。しかし、二〇〇四年五月からは、早くも現東電会長の勝俣恒久氏(当時社長)が経団連副会長として財界活動を再開し、二〇〇八年五月からはいまの清水社長にリレーされた。報道では、今回の原発事故の対応にあたるために、清水氏は五月末の経団連総会で退任するという。

しかし、経団連として、それですませていいのかという疑問が残る。経団連副会長は十数人いるとはいえ、日本の企業事件史の中でも最大級の事件である今回の原発事故の責任を問わずに、すんなり退任を認めるだけでよいのだろうか。

毎日新聞のインタビュー記事(四月八日付朝刊「福島第一原発事故　経団連会長、東電へ支援求める『損賠、国が主導を』」)によれば、経団連の米倉弘昌会長(住友化学会長)は四月七日、「東日本大震災が関東大震災の数十倍の規模に上ることも考慮すれば、東電だけに責任を負わせるべきではなく、国が(主導して)損害賠償に対応すべきだ」「原賠法の目的は被災者救済と原子力発電事業の発展だ。東電は(大型の地震と津波による)被災者の側面もあり、政府が東電を加害者扱いばかりするのはいかがか」と述べた。

さて、二〇〇二年に発覚した原発データ改ざん・ひび割れ隠し事件で、東電相談役から身を引いた平岩外四氏(当時八八歳、二〇〇七年没)は、かつて経団連会長として「企業行動憲章」の作成にあたった人である。二〇一〇年九月には米倉現会長が、同憲章の五度目の改定を受けて「企業倫理徹底のお願い」を発表している。そのなかの「事業活動全般の総点検」には、「①品質管理、②取引・契約内容、③消費者・顧客対応と情報管理、④従業員の安全確保・衛生管理、⑤環境保全、地域社会への配慮」の五項目がある。今回の原発事故については、厳格に点検すればどの項目も適切だったとはとうてい言えないはずである。そのことは、同じく課題として挙がっている「企業倫理の取り組み体制の強化」や、「不祥事が起きた場合の適切な対応」についても言いうる。

経団連が、東電のデータ改ざんが発覚した二〇〇二年一〇月に策定した「企業不祥事防止への取り組み強化について」という文書には、企業行動憲章に反する事態が生じた場合の措置として、「これまでは厳重注意、役職の退任、会員企業としての活動自粛を実施してきた。今後は、これらに加えて、会員資格の停止、退会の勧告、除名も行なう」とある。しかし、二〇〇二年の事件では、東電からの副会長辞任の申し出を承認しただけで、何の処分も行わなかった。経産省は、東電に対して、特別保安検査や定期検査の厳格な実施を求める行政措置を発表したが、データ改ざんなどの不正に対する刑事告発や行政処分は見送り、「厳重注意」をするにとどまった。それで安堵したのか、経団連は東電に対して「退会」や「除名」はおろか、会員資格の停止すらしなかった。

今回もまた「お構いなし」で終わるのだろうか。東電と経団連の企業倫理がいまほど問われているときはない。

## 過重労働対策に過労死防止基本法の制定を

朝日新聞「私の視点」 二〇一二年七月一四日

厚生労働省は六月、二〇一一年度の「脳・心臓疾患と精神障害の労災補償状況」を発表した。過労死にかかわる脳・心臓疾患などの労災請求は、前年度の八〇二件から八九八件に増えた。過労自殺にかかわる精神障害の請求は、一〇年度の一一八一件から一二七二件に増え、三年連続で過去最高を更新した。

過労自殺は若年化する傾向がある。〇八年度と一一年度の請求件数(死亡以外の事案を含む)を比較すると、一九歳以下は四件から一三件、二〇〜二九歳は二二四件から二四七件にいずれも増加している。

背景には、採用抑制と厳選採用のもとで就職した新規学卒者が、十分な指導や援助のないまま「即戦力」として働かされる状況がある。IT関連の職種では、過重な業務に起因する極度の精神的ストレスからうつ病になり、自殺にいたるケースも少なくない。

労災認定された事案でみると、過労死では八割、過労自殺では七割が月平均八〇時間以上の時間外労働をしている。時間外が一六〇時間を超えるケースもそれぞれ数件ある。過労死が社会問題化して四半世紀経つのに、過労自殺を合わせると、犠牲者が増え続けている理由は「超長時間労働」にあるのは明らかだ。

過重労働と過労死については、二〇〇〇年三月二四日の最高裁判決が、「長時間にわたり業務に従事する状況が継続するなどして、疲労や心理的負荷などが過度に蓄積すると、労働者の心身の健康を損なう危険のあることは、周知のところである」との判断をくだしている。

労働基準法では一週四〇時間・一日八時間が上限とされているが、労使で協定を結べばいくらでも残業させられるという抜け道がある。働く者の命と健康を守るには、「過労死防止基本法」を制定し、過労死をなくすことを国が宣言し、過重労働対策における国・自治体・事業者の責務を明確にしなければならない。

これを議員立法で制定する動きはすでに始まっている。昨年一一月には「全国過労死を考える家族の会」と「過労死弁護団全国連絡会議」が呼びかけて、「過労死防止基本法制定実行委員会」がスタートした。六月六日に衆議院第一議員会館であった院内集会には大会議室を埋め尽くす参加者があった。与野党の国会議員や代理の秘書合わせて五四名も来場した。街頭や職場での署名はすでに二四万人を超えている。

日本には、男女共同参画社会基本法など四〇本の基本法があるが、労働分野の基本法は一本もない。過労死防止基本法の早期の制定が強く求められている。

## 「まともな仕事」労働時間をまず適正化

読売新聞「論点」 二〇一三年六月一四日

二〇〇八年のリーマンショックをきっかけに、大学生の就職難が深刻化し、「就活自殺」の増加が取り沙汰されるまでになった。この二、三年は若者の間で「過労自殺」も急増している。

一日十数時間も働かせてまともに残業代を払わない、あるいは大量に採用して乱暴に使い捨てる会社も増えてきた。学生たちは、そういう悪質な会社を、できれば入りたくない会社という意味を込めて、「ブラック企業」と呼んでいる。

なぜ、こんなひどいことになったのだろうか。

長期的にみれば、若者の間でパート、アルバイト、派遣、契約社員などの非正規労働者が大幅に増えたことが背景にある。

総務省の「労働力調査」で一九八八年二月から二〇一三年一〜三月までの変化を見ると、在学中を含む一五歳から二四歳の若年層では、正規労働者は五一二万人から二二一万人に減少し、非正規労働者は一〇六万人から二二四万人に増加している。

この期間、非正規労働者の比率は、全年齢で一八%から三六%へと倍増している。だが、若年層では、一七%が何と三倍の五〇%に高まっている。平たくいえば、若者の間で非正社員があまりに増え、正社員の数が大幅に減ったのだ。

それだけでなく、正社員の身分が不安定になり、新卒の新入社員がひどい条件で働かされるようになったのである。仕事がきつくて入社二、三年で半数近くが辞めていく会社も少なくない。にもかかわらず、代わりの労働者を簡単に雇用できるために、ひどい働かせ方に歯止めがかからないという状況もある。

ところで国際労働機関（ILO）は、働き方に関して、加盟国に「ディーセントワーク」の実現を呼びかけている。

ILOによるとディーセントワークとは、「権利が保護され、十分な収入を生み出し、適切な社会的保護が与えられる生産的な仕事」のことである。

政府は、「働きがいのある人間らしい仕事」と訳しているが、つまりは「まともな仕事」という意味であり、筆者はそう訳すべきだと考えている。

若者たちを守るためには、ひどい働かせ方を排除し、政労使が一緒になってまともな仕事にしていくことが必要だ。

まともな仕事には、「雇用」「賃金」「労働時間」の三要素がある。日本ではこのうち、雇用の創出のためにも、まともな「労働時間」の実現が最も急がれるだろう。

たとえば、時短を望んでいるのに過労死しそうなほど長時間働く者がいる一方で、もっと長く働きたくても、仕事がないか、あるいは短時間しか働けないパート労働者がいる。さらには、規則正しく働きたいのに不規則な労働時間を強いられている者もいる。労働時間のあり方を見直すことにより、こうした矛盾を解消するのである。

国連社会権規約委員会はこのほど、日本政府に対して、過労死防止について法的措置を講じるよう勧告した。若者を働きすぎと貧困から守ることを、雇用主任せにしてはならない。

# V
# ブックレビュー

# V

二〇〇六年一一月からほぼ三か月に一度の割合で、『週刊エコノミスト』誌（毎日新聞社）に一〇〇〇字余りの短い書評を寄稿してきました。この間に取り上げた本は三〇冊を数えます。原則として掲載時から過去三カ月以内に出版された経済書を対象とすることになっています。雇用・労働分野を扱った本が多いのは、評者の主要な関心が働き方の問題であるうえに、それが時代の問題であるからにほかなりません。なお、各書評の冒頭にある小見出しは拙稿の要点を一言で表すために編集部がつけたものです。

## 『労働ダンピング——雇用の多様化の果てに』

中野麻美 著

『週刊エコノミスト』二〇〇六年一一月二一日号

### ▼商品化され、買い叩かれる労働の現実を告発

労働の買い叩きと投げ売りが凄まじい勢いで働き手を襲っている。「無料お試しキャンペーン実施中！一週間無料、一カ月三五％オフ、三カ月一三％オフ」。派遣の売り込みにこうした宣伝が登場するまでになった現状を「労働ダンピング」として告発しているのが本書である。

著者は、NPO「派遣労働ネットワーク」の代表として、パート、派遣、請負、委託などの雇用形態の多様化の果てに、ダンピング攻勢にさらされ、液状化してきた雇用の現場を見てきた。取り上げている実態や訴えの多くは、各種の労働相談のホットラインに寄せられた生の声から拾われている。それだけにインパクトが強く、重みがある。

労働の商品化とダンピングは、一九八六年に労働者派遣法が施行され、職業安定法で禁止されてきた労働者供給事業が一六業務に限って合法化された時から広がり始めた。今では製造現場への派遣を含め、ほとんど全面的に解禁されるに至っている。その結果、労働者の賃金や労働条件は、派遣先と派遣元の「商取引」に委ねられるようになった。当初は「やりたい仕事ができる」「残業がない」と言われた派遣も、今では、残業をしなければ仕事はない、残業をしても残業代を請求できない職場が増えている。契約期間は最初は一年だったが、半年、三カ月、果ては一カ月に変更され、突然打ち切りという例もある。正社員と同じ仕事をしていて賃金は三分の一、それさえ年々引き下げられているという訴えもある。

パート・派遣などの非正規による常用代替が進むなかで、正社員の側でも「値崩れ」が始まっている。労働相談には、「あなたの賃金の半分で働いてもらえる派遣がある」と言われて、正社員が退職や移籍を促されたといった苦情も寄せられる。

自治体でも国でも、正職員や臨時職員を派遣や委託に切り替える動きが強まっている。最も安価な料金を提示した業者と契約する競争入札制度が適用されることで、派遣料金や委託料金は急激な値崩れをきたし、最低賃金法や労働基準法さえ順守できない事態が生じている。

労働ダンピングのなかで広がる正規と非正規の処遇格差の拡大は、女性においてより深刻である。それゆえに著者は言う。家族的責任を女性に負担させ、男性は過労死するほど働くという労働スタイルを変えないかぎり、女性の低賃金と男性の長時間労働はなくならない、と。

労働の商品化を食い止め、人間らしい労働と生活を実現するためにぜひ一読を薦めたい。

『週刊エコノミスト』二〇〇七年三月二七日号

## 『ユニオン力で勝つ』

設楽清嗣・高井晃 著／旬報社

### ▼景気回復下の労働者の受難と反撃

ここ二、三年、景気回復がいわれてきた。にもかかわらず、多年にわたる規制緩和とリストラによって、働きすぎと細切れ雇用が広がり、国民の多くが自分と家族の「働き方」に無関心ではおられなくなっている。

労働環境の悪化はいかにして生じたのか。雇用と労働の現場では何が起きているのか。労働者はどのように反撃してきたのか。本書はこれらについて、東京管理職ユニオンの設楽《したら》氏と派遣労働ネットワーク・東京ユニオンの高井氏が縦横に語っていて、現状を憂えて変えたいと願う者の胸に突き刺さる。

正社員は長時間労働の増大と成果主義賃金の拡大に直面している。三六協定で時間外労働の上限を月二〇時間と決めていても、その後はサービス残業で働かせる。まるでホワイトカラー・エグゼンプションを先取りしたかのように、大半の職場にはタイムカードすらない。

成果主義賃金は相対評価であるために、何割かの人は賃金がダウンする。しかも、だれがダウンしたか分からないために、社員同士が疑心暗鬼に陥る。個人別の管理によって仕事が個別化されて成果を競わされる。そのプレッシャーから、精神を病む人が増えている。

今や労働者の三人に一人、女性では二人に一人は非正規雇用である。使い捨ての直接雇用であるパートに加えて、使い捨ての間接雇用である派遣や請負が増えてきた。果ては相次ぐM&Aのなかで、会社自身も使い捨てられていく。

最近では、使用者責任を逃れるために労働者を個人事業主として働かせる偽装雇用や、実態は派遣として指揮命令をしていながら、派遣受入可能期間終了後の直接雇用への移行義務を免れる偽装請負も少なくない。その結果、「労働者」や「使用者」の概念も曖昧になっている。

圧巻は「ユニオン力で突破する」と題された最終章である。そこでは解雇、賃下げ、就業規則改悪、雇い止めなどに関する一二の具体的ケースが紹介されている。話は千件以上の争議を解決してきた東京管理職ユニオンと派遣・パートなどの非正規労働者の闘いを組織してきた東京ユニオンの経験に基づいているだけに説得力がある。

労働環境は組合がある企業でも悪化してきた。組合に相談を持ち込んでも「個別の問題はやらない」という理由で対応してくれないことが多い。

そういうなかで、本書が語る小さなユニオンの多様な闘いは示唆に富んでいる。「なめるんじゃない。小さな流れも、いずれは大河となる」ことを教えられる一書である。


『週刊エコノミスト』二〇〇七年六月二六日号

## 『現代の貧困――ワーキングプア／ホームレス／生活保護』

岩田正美 著／ちくま新書

### ▼さまざまな姿を考察し　格差論から貧困論へ踏み込む

格差は「ある」ということが示されても、しばしば程度の問題ですまされる。それに対して、貧困は「あってはならない」存在として人びとが考えることによって「発見」され、その解決を社会と政治に迫らずにはおかない。本書を読んで第一に教えられたのはこのことである。

金融・流通・情報・サービス関連産業だけでなく、製造業においても非正規雇用が増えた結果、働いても働いても貧しいワーキングプアと呼ばれる人びとに注目が集まっている。こうした人びとに限らず、ホームレスや生活保護の受給者についても、どのような状態をもって貧困というかによって、貧困の増減や対策についての認識は異なってくる。だからこそ著者は「貧困の境界」問題とそれをめぐる貧困の理論史にこだわっているのである。

読者は本書を読み進むうちに、イギリスをはじめとする欧米における貧困に関する代表的な調査と研究を簡単に学ぶことができる。そこでは「社会的剝奪」や「社会的排除」といった重要な概念も要領よく解説されている。

議論の焦点は現在の日本における貧困の再発見にある。著者は、生活保護基準をもとにした駒村康平氏の推計を援用して、二〇〇五年現在、日本では約三九〇万世帯が貧困だと言う。これは同年の国勢調査の世帯人員に直せば約一〇〇〇万人(総人口の約八%)にのぼる。経済協力開発機構(OECD)が昨年発表した勤労者層の相対的貧困率の国際比較では、日本は先進一七カ国中第二位(一三・五%)で、トップのアメリカ(一三・七%)とほとんど並んでいる。

しかし、貧困は単一の基準では捉えられない。貧困を統計で捉えることにも困難がともなう。ホームレスは普通の調査からは落ちてしまう。転変する生活においては住居がある状態とない状態の区別も簡単ではない。派遣や請負などのなかには飯場のような労働宿舎を転々としている若者が少なくない。

貧困は低学歴、低賃金、失業、離婚、債務、無貯蓄、高家賃、病気、家族の崩壊など多様な要因から生まれる。低学歴の未婚男性、高齢単身女性、シングルマザーなどは、ささいなことで貧困に陥りやすい「不利な人々」である確率が高い。

最後は「どうしたらよいか」対策を考える章で結ばれている。文庫の解説では最後の筋書きは読者には明かさない慣わしがある。ここでもそれを尊重して、貧困対策を考えるためにも格差論から貧困論に踏み込んだ本書を薦めたい。

## 『格差社会ニッポンで働くということ』

熊沢 誠 著／岩波書店

### ▼労働世界をパノラマで展望し、組合の責任も鋭く指摘

『週刊エコノミスト』二〇〇七年一〇月二日号

ここ二年余り、格差社会の進行とホワイトカラー・エグゼンプションの導入をめぐる政治状況が重なって、ワーキングプアと過労死を焦点に、働き方をめぐる議論が空前の規模で巻き起こってきた。経済誌はもちろん、新聞やテレビも、正社員と非正規労働者の二極分化と、両者の労働環境の悪化について競うように報道してきた。またこの間にはフリーターや派遣その他の雇用・労働問題を扱った単行本がかつてなく多数出版され、ブームの観さえ呈してきた。

本書は数ある類書に単に新たな一冊を付け加えたものではない。従来の類書の多くは雇用と労働の現場に取材し、あるいは賃金や労働時間の統計に語らせ、格差や働きすぎの実態を抉っている点で有益であるが、それらはジグソーパズルの嵌め絵の断片を描いていて、全体像が見えない恨みがあった。

しかし、本書は格差社会の構造をいくつもの断片に切り分けて分析しているだけでなく、それぞれの断片をしかるべき位置に置いて、今日の労働世界の全容を「パノラマ」として浮かび上がらせることに成功している。これは多年にわたって日本の社会政策論と労使関係論の第一線で活躍してきた著者にしてなしえたことである。

本書は労働所得格差の諸相を、女性および若年者において著しい正規雇用と非正規雇用の間の賃金格差にとどまらず、支払い能力格差を背景にした大企業と中小企業の間の賃金格差、また能力主義管理や

成果主義賃金によって拡大された個人別賃金格差にも立ち入って考察している。その分析を貫くのは、「恵まれた仕事」と単純労働の間の階層形成を踏まえ、雇用形態別、性別、職業別、所得階級別に格差の全体構造を捉える視点である。

その際、新自由主義に立つ小泉構造改革の影響という短期の視点と、一九七〇代半ば以降の人事・労務管理の変容と雇用形態の多様化の影響という長期の視点をうまく接合しているのも、本書の特色である。類書に欠け、本書が重視する論点の一つは、労働組合の責任である。格差の拡大には労使関係が深くかかわっているが、八〇年代以降、日本の労働組合は無力化してきた。その結果、ワーキングプアや過労死をめぐる新聞の投書をみても労働組合の存在そのものが視界から消えてしまっている。格差の是正を進めることで期待されているのは、政治の役割とともに労働組合の役割である。それを考えるためにも一読を薦めたい。

『週刊エコノミスト』
二〇〇八年一月一五日号

## 『エンドレス・ワーカーズ』

小倉一哉 著/日本経済新聞出版社

### ▼過労死寸前!? 「限界」を超える日本人の労働時間

著者は、労働政策研究・研修機構の主任研究員で、日本の労働時間について緻密で膨大な調査研究を重ねてきた。その成果を一般向けの平明な書物として公刊したのが本書である。

日本人はどれほど働いているか。本書から数字を拾えば、男女計の月平均は約二〇〇(男性二〇六、女性一八四)時間ある。男性の五人に一人強は月二四〇〜三〇〇時間にも及ぶ。四〇時間×四週を基準にすれば月八〇〜一四〇時間の残業をしていることを意味する。

これは厚生労働省が過労死の発症との関連性が強いと認める残業時間の危険域にある。人間として生命を維持する「限界」を超えている点で、日本人の労働時間は、まさに表題にいうように「エンドレス」である。

なぜ残業をするのか。理由は多様と思われるかもしれない。しかし、調査では複数回答の六割が「所定労働時間内では片づかない仕事量だから」、四割が「自分の仕事をきちんと仕上げたいから」と答えている。「残業手当や休日手当を増やしたいから」は五%もない。

ストレスと労働時間の関係についての調査でも、多様な選択肢のなかで明確な関連が見られたのは、「働く時間が長い」と「仕事量が多い」の二つであった。

「ホワイトカラー・エグゼンプション」制度(WE)があるアメリカでは、ホワイトカラーの四割、全労働者の二割が残業手当の支払いから除外されている。著者の推計では日本でも、管理監督者(「名ばかり管理職」を含む)と裁量労働制の適用労働者を合わせれば、労働時間管理を受けないか、時間管理が緩やかな労働者が最大二割弱いる可能性がある。とすれば、日本はWEの導入を待たずして事実上エグゼンプション状態にあるといえよう。

正社員だけでなく、パート、アルバイト、派遣、契約社員などの非正規労働者の間でも長時間働く人が増えている。日本の常用パートの労働時間は、正社員に比べれば短いが、ヨーロッパの基準で見れば、限りなく正社員に近い。しかも、近年では、パートの残業をした人の割合も、残業時間も目立って増えている。本書で紹介されているＵＩゼンセン同盟の調査によれば、女性独身パートの一割強が頻繁にサービス残業をしており、月平均サービス残業時間は一〇時間を超える。労働時間をきちんと管理し、労働基準法の実効性を確保するためにも、エンドレスに働いている人々にぜひ読んでいただきたい力作である。

## 『不安な経済／漂流する個人――新しい資本主義の労働・消費文化』

リチャード・セネット著／森田典正訳／大月書店

『週刊エコノミスト』二〇〇八年四月一日号

### ▼新資本主義の不安の正体〝文化〟から暴く

著者は小説も書く社会学者として知られる。日本では本書を含め六冊の著書が翻訳出版されている。前に出た『それでも新資本主義についていくか』（斎藤秀正訳、ダイヤモンド社、一九九九年）は、効率とフレキシビリティーを志向する新資本主義は労働者を先の見えない不安に陥れ、人間性を腐食すると説いて、広く読まれた。その不安の正体を新資本主義の文化から論じたのが本書である。

考察は企業の組織文化を特徴づけてきた「官僚制度」から始まる。マックス・ウェーバーが分析したように、官僚制のピラミッドは、規則によって職務を各担当者に配分するようなかたちで「合理化」されていた。軍隊や行政のみならず企業に取り入れられた官僚制は「鉄の檻」であったが、官僚制を取り込んだ従前の「社会資本主義」は、包摂と安定を志向していた。

しかし、新資本主義は檻を解体した代わりに、包摂と安定を葬り去った。同一組織に生涯を捧げる習慣が衰微し、終身雇用が消滅した。社会福祉や政府によるセーフティーネットも、より短期的・暫定的になった。以前は、人生の「物語」を紡ぐこともできたが、今では人々は物語を持てない孤立した宙づり状態で漂流させられる。

大企業の権力は、巨大余剰資本が地球規模の投資に回り始めて、経営者から株主に移った。新たに権力を得た株主は配当より株価を基準に短期的利益を追う。フレキシブルな組織は、業務の外部委託、雇用の非正規化、細切れ化を促して、労働者の間に強いストレスと不安を生みだす。労働者は「不要とされる不安」につきまとわれる。

その結果、組織へのロイヤルティーの低下、労働者間の相互信頼の消滅、組織についての知識の減少という三つの社会的損失が生ずる。

では活路はどこにあるか。セネットは最後に物語性、有用性、職人性という三つの「文化的な錨」を対置する。物語性とは人々が長期的展望を持って生きていくこと、有用性とは労働において自己が社会にとって有用と感じられること、職人性とは、それ自体を目的として何事かを行い、経験を積み上げていくことである。

セネットは、これらの錨を社会に打ち込む手掛かりについても論じているが、議論は文化や価値に重きが置かれ、総じて具体性に乏しいという不満が残る。とはいえ、表題さながらに不安な経済のなかで個人が漂流させられている日本でこそ、本書は読まれなければならない。

## 『反貧困――「すべり台社会」からの脱出』

湯浅 誠 著／岩波新書

『週刊エコノミスト』二〇〇八年七月八日号

### ▼「五重の排除」を受ける貧困の現実と向き合うために

本書を読んで、小渕内閣の「日本経済再生への戦略」を思い出した。それは従来の日本を「行きすぎた平等社会」ととらえ、「個々人の自己責任と自助努力」をベースとしたアメリカ型の「競争社会」に転換することを求めていた。小泉内閣もこの路線を突進し、今では日本は転んだら最後どん底の貧困に落ちる「すべり台社会」になってしまった。

第一部「貧困問題の現場から」は、まじめに働き続けながら、貧困から抜け出せずに、ネットカフェ暮らしも経験したある夫婦の過去を語り、「貧困は自己責任なのか？」と問いかけるところから始まる。

今の日本は、まともならあるはずの、①雇用、②社会保険、③公的扶助という三層のセーフティーネットにほころびが生じ、大きな穴が開いている。

非正規雇用者が急増し、年収二〇〇万円以下が一〇〇〇万人もいる。企業の雇用保険や健康保険がなく、国民健康保険料も払えない人が増えている。

よく生活保護の不正受給が問題にされるが、その件数は二〇〇六年度で一万四六六九件であった。他方、受給資格があって漏れている人は、なんと六〇〇万～八五〇万人を数える。

著者によれば、すべり台から落ちた人々は五重の排除――①教育課程、②企業福祉、③家族福祉、④公的福祉、⑤自分自身からの何らかの排除――を被っている。自分自身からの排除は、「生きていても、いいことは一つもない」という心理状態から、しばしば自殺にゆきつく。

貧困とは労働と生活に襲いかかる困難を和らげる〝溜め〟がない状態をも意味する。当座のお金がない。頼れる家族・親族・友人がいない。身元引受人や連帯保証人を引き受けてくれる人がいない。結局、〝溜め〟がなければ立ち直ることも難しい。

第二部『反貧困』の現場から」では、「自立生活サポートセンター・もやい」と「反貧困ネットワーク」の活動が紹介され、視野を労働組合にまで広げ、セーフティーネットを修繕して、すべり台に歯止めを設け、〝溜め〟を増やす取り組みが語られる。

これは政治の責任であるが、一人一人に寄り添って、貧困からの自立を支援する活動なしには、政治的解決を迫ることもできない。行間からはそういうメッセージが聞こえてくる。

本書の視点は徹底して現場にあるが、「貧困ビジネス」という概念をはじめ、貧困研究の蓄積を踏まえた理論的問題提起も少なくない。その点も含め、実に触発的な労作である。

『週刊エコノミスト』
二〇〇八年一〇月一四日号

## 『名ばかり管理職』

NHK取材班 著／NHK出版生活人新書

### ▼月平均二〇四時間、残業代なし……あまりに過酷な「管理職」の実態

NHKの番組「クローズアップ現代」は昨年一一月、過酷な長時間労働を強いられながら残業代も支給

されない「名ばかり管理職」を取り上げた。それが反響を呼び、「NHKスペシャル」が取材を重ねて今年三月の放送でさらにその実態に迫った。その放送にいくつかの情報を加えて編まれたのが本書である。

第一章は若い正社員の悲惨な働き方を見詰める。そこに登場する松元洋人さんはあるファミリーレストランにアルバイトとして採用され、半年後に正社員、それから二年足らずで店長になる。その翌年に過労で倒れ、今も意識不明である。彼の発症前六カ月の残業は月平均二〇四時間。しかし、残業代は付かず、倒れた日に銀行に振り込まれた金額は一八万七〇〇〇円だった。

第二章は日本マクドナルドの現役店長、高野廣志さんの裁判の闘いを追っている。東京地裁で今年一月に出た判決は、原告の主張通り、店長は労働時間や残業代に関して、労働基準法の規制を受けない管理職の三条件(①経営者と一体的な立場にあり、②出退勤が自由で、③地位にふさわしい報酬を得ている)を満たしていないと認めた。

第三章は取材班の独自調査によるデータが興味深い。管理職に対する調査では、自分が「名ばかり管理職」に該当すると思うかと尋ねた。その結果、「そう思う」が二三・四%、「ややそう思う」が三三・六%で、合わせると五七%の人が、自分を「名ばかり管理職」と認識していることが明らかになった。

企業に対する調査では、自社に管理職の三条件に当てはまらない管理職がいると答えた企業が六三%にのぼった。

残る第四章と第五章は、コスト削減と規模拡大のために「名ばかり管理職」に依存してきた企業の責任と、問題の拡大に手をこまねいてきた行政の責任を問い質している。

本書が映し出す働き方はあまりに過酷である。若い労働者は、正社員として倒れるまで働かされ、使い捨てられたくなければ、低賃金の非正規雇用から抜け出せずワーキングプアに落ちるしかない。迫られているのは「過労死か、さもなくば貧困か」(本の帯)の選択である。

しかし、希望はある。マクドナルドにおける高野さんの闘いは、妻に励まされて声を上げ、労働組合に入るところから始まった。今では後に続く動きが広がり、企業や行政をも突き動かすまでになった。読者は、本書から、問題を解決するにはあきらめずに声を上げることが重要だと学ぶに違いない。

## 『失墜するアメリカ経済——ネオリベラル政策とその代替策』

ロバート・ポーリン著/佐藤良一・芳賀健一訳/日本経済評論社

『週刊エコノミスト』二〇〇九年一月一三日

### ▼アメリカの金融と消費はなぜ劇的に暗転したのか

アメリカで金融大手のリーマン・ブラザーズが破綻して三カ月が経過した。今では金融危機が実体経済に波及し、失業者が急増。個人消費も冷え込み、GMでさえ政府支援なしには存続できない事態に追い込まれている。世界経済を牽引してきたアメリカの金融と消費は、なぜこうも劇的に暗転したのだろうか。

この疑問に答えてくれるのが本書である。本書を読めば、アメリカ経済はここにきて急に悪化したのではないことがわかる。それは共和党のブッシュ政権の経済失政の結果でもない。今日の金融破綻は、そのもとになった金融の規制緩和と株式バブルおよび住宅バブルの推移を見れば明らかなように、民主党のクリントン政権の八年間に準備された。

クリントン政権による金融の規制緩和を象徴しているのは、一九三〇年代の大恐慌期に成立した銀行規制の撤廃である。これによって銀行業務と証券業務の垣根がなくなり、州を超えた商業銀行の営業規制が事実上廃止された。

米連邦準備制度理事会(FRB)議長であったグリーンスパンは、九〇年代後半にバブルが形成されつつあることに気づきながら、また、株式取引に一定の「委託保証金」を賦課すればバブルを沈静化させうることを知りながら、金融規制には手をこまねいていた。彼は二〇〇八年一〇月の下院公聴会で、金融の舵取りについて過ちを認めたが、それは理由のないことではなかった。

九〇年代には、年収のますます多くの割合が消費に向けられ、ローンによって所得を上回る消費さえ行われるようになった。この空前の消費ブームを担保したのは、バブルで膨らんだ株式と住宅の資産価値であった。当然ながら、「資産効果」が大きいほど、バブルが崩壊したときの消費の落ち込みも大きい。その後に続くのは設備投資と生産の急激な減退である。

本書は、金融や貿易はもちろん、雇用や労働もグローバルな視野から考察している。

リビング・ウェイジ(生活保障賃金)の権威でもある著者によれば、労働者の実質賃金は、失業率が下がり、労働力の需給関係からは賃金が上がっても当然であった繁栄の九〇年代にも、最後の二、三年を除けば、下がり続けた。その謎を著者は、グローバル化で拡大された産業予備軍効果から巧みに説明する。

こうした経済の謎解きの妙も本書の真価のひとつである。

## 『新自由主義の破局と決着』

二宮厚美 著／新日本出版社

『週刊エコノミスト』
二〇〇九年四月七日号

### ドラマ思わせるストーリー展開で恐慌招いた新自由主義を論じる

著者は一〇年前に同じ出版社から『現代資本主義と新自由主義の暴走』を出している。ほかにも多数の関連著作がある。

それにしても何という早技だろう。一〇〇年に一度の危機が二一世紀恐慌の様相を呈してまだ半年というのに、この事態を即座に正面から考察するとは。

また何という荒技だろう。新自由主義の政策イデオロギーの諸相を、アメリカと日本をむすび、格差社会論と福祉国家論をつないで、経済から政治にいたるまで縦横に論じ切るとは。

本書にはドラマを思わせるがっしりしたストーリーがある。

第一幕は新自由主義が恐慌という名の魔神を呼び出すまでの場面である。

著者が言うには、市場万能論にたつ新自由主義は一方に富の蓄積と他方に貧困の蓄積を生み出す。その結果、格差社会化が進行し、一方の極の過剰資金が他方の極の低所得層を食い物にする貧困ビジネスが横行する。

サブプライムローンは、低所得層に対する高金利の住宅ローンであった点で、略奪的な貸付であった。この貸付債権は、小口証券化され、多様な金融商品と組み合わされて膨張し、住宅・株式バブルを高進させ、結局はその不良債権化によって破局的な金融危機を招いた。

第二幕は、現下の大不況と世界恐慌の道行きである。日本では新自由主義体制が生んだ格差と貧困の拡大が、アメリカに向かう過剰資金の流れを生み、大企業は、内需の低迷を尻目に外需依存・設備投資主導の資本蓄積に突進してきた。日米間では、アメリカのバブルと個人消費の活況が、日本の商品と資本の輸出を牽引したと言っていい。

ところが、アメリカのバブルが弾けると、輸出の激減でたちまち「生産と消費の矛盾」が明るみに出て、一挙に過剰生産恐慌に突入したのである。

第三幕では、グローバル化のなかでの財政と金融の関係の変化が、需要視点—商品資本循環視点—財政政策軸足のケインズ主義から、コスト視点—貨幣資本循環視点—金融政策軸足の新自由主義への転換ととらえられ、また新自由主義の帝国主義的性格に関連して、「新たな福祉国家か戦争国家か」の選択問題が取り上げられる。

ここで舞台を転換して、四幕ではいま流行の分権国家構想を取り上げ、それがナショナル・ミニマム保障の解体論であることを明らかにされている。

終幕では新手の福祉ガバナンス論を組上に載せて、「ポスト新自由主義」としての「新福祉国家」のあり方が探られる。ここには意外な論争も秘められているが、誰とのどんな議論かは読んでのお楽しみである。

# 『グローバル資本主義と日本経済』

鶴田満彦 著／桜井書店

『週刊エコノミスト』
二〇〇九年七月二一日号

## ▼キー概念を問い直し、グローバル資本主義の歴史像に迫る

二一世紀に入り「グローバル資本主義」を看板に現代資本主義論が新たな高まりを見せてきた。それがなにゆえかを教えてくれるのが本書である。論といえるにはがっしりした理論がなければならないが、本書はその資格を十分に有している。

本書の特徴と面白さは、日本経済に軸足を置いて、「恐慌」、「グローバリゼーション」、「金融資本」、「現代国家」、「国民経済」などのキー概念を一つ一つ理論的に問い直す作業をとおして、グローバル資本主義の歴史像に迫っている点にある。

恐慌については、序論で二〇〇八年世界恐慌の原因と特徴を概観する際に取り上げているだけではない。マルクスが考察した資本主義経済に特有の景気循環の理論問題として、あるいは一九世紀末大不況や一九二九年恐慌など、資本主義の諸時代の画期をなす経済史上の事件として、本論でも一度ならず恐慌を論じている。

本論の中心に据えられているのは「現代の怪物」ともいうべきグローバリゼーションである。著者によれば、現代グローバリゼーションは、①インターネットに代表される情報技術革命、②大量の国際投機資金の形成や多様な金融商品の開発に示される経済の金融化、③アメリカによる情報・金融・会計などのグローバル・スタンダードの強制を推進力としている。

著者は現代グローバリゼーションが、世界的な貧富の格差の拡大、環境破壊、さらには国民経済の解体をもたらすことに関連して、反グローバル運動が世界的に広がっていることも見逃していない。興味深いのは、地球市民といってよい人々が、インターネットを利用して情報を交換することによって、「反グローバル運動自体がグローバル化している」（A・ギデンス）ことである。

グローバル資本主義に対する著者の立場は、突き詰めれば「深刻な地球規模の社会崩壊」を避けるために「資本主義を脱却した生き方を選ぶ」（D・コーテン）ことにある。とはいえ、終章「望ましい経済システムを求めて」で述べている日本経済の近未来像は、これよりずっと控えめで、現実的である。

著者によれば、高度成長期に確立した日本型資本主義は、大きく変容したとはいえまだ崩壊していない。当面は、長時間労働や過労死などの反社会的な側面を払拭して、アメリカ型資本主義モデルに対抗する「公正なルールをもつ資本主義」を実現することが課題である。

補論に収められている七編の書評も、主題に関する討論として一読に値する。

『週刊エコノミスト』
二〇〇九年九月二九日号

## 『大搾取！』
スティーブン・グリーンハウス 著／曽田和子 訳／文藝春秋

### ▼解雇社員にごみ漁りまで勧める米労働現場のひどい現実

アメリカの職場は酷いことになっている。レイオフが繰り返され、締めつけが強まり、恐怖による支配が広がり、まるで一九世紀に戻ったようだ。これが本書を読んでの第一印象である。

著者はニューヨークタイムズの記者として、地を這うような取材を重ねてこの戦慄のドキュメントを書いた。

流通最大手のウォルマートに勤めるマイク・ミシェルは優秀な警備係だった。彼は仕事のうえの思わぬ事故で膝を痛め、上司に申し出ると首になった。

テキサス州の家電量販店のラジオシャック本店では、四〇〇人の労働者にEメールで解雇が通告された。ノースウェスト航空が解雇した社員に送った節約の勧めには「気に入った物があったら勇気を出してごみ箱から拾いましょう」とあった。

福利厚生の悪化も目を覆うものがある。かつては従業員の八割以上が確定給付型の年金制度に入っていたが、今では三人に一人になった。かつては二人に一人が失業保険の給付を受けることができたが、今ではおよそ三人に一人になった。かつては民間労働者の七〇%が企業の提供する医療保険に入っていたが、今では五五%に減っている。

これは企業が従業員の生活を多少とも気遣い、賃金がある程度上昇した時代が終わり、労働組合が力をなくし、「お前の代わりはいくらでもいる」と怒鳴られて、恐怖に怯えながら働く時代がやってきたからである。

この転換をもたらしたのはグローバリゼーションと投資家資本主義のもとでの雇用の破壊である。その結果が派遣や契約社員や個人請負などのジャストインタイム労働者の増大である。

九五年にヒューレットパッカードのある工場に三週間の契約で派遣されたジェニファーは、一〇年後の〇五年にも派遣のままで働いている。

派遣はテンポラリー（臨時的）な労働という意味で「テンプワーク」と呼ばれてきた。それがいまでは言葉の矛盾ではあるが、常用派遣となり、「低賃金、福利厚生なし、保障なし、尊厳なし」の身分のまま正社員の代わりをするまでになったのである。

本書には労働組合の闘いや裁判闘争も描かれ、締めつけによらない企業経営の成功例も示されている。しかし、徹底した低賃金経営で進出先の地元企業の労働条件を悪化させる「ウォルマート効果」に高賃金経営が打ち勝つことは容易ではない。

大部の本ではあるが、よく似た日本の現状を考えるためにも一読を薦めたい。巻末の湯浅誠氏の解説もお薦めである。

## 『大収縮――検証・グローバル危機』
日本経済新聞社 編／日本経済新聞社

『週刊エコノミスト』二〇〇九年一二月二九日・二〇一〇年一月五日迎春合併号

### ▼リーマン破綻の衝撃を五〇人の記者が世界各地で取材

二〇〇八年九月一五日、米投資銀行・証券大手リーマン・ブラザーズは、史上最大規模の負債を抱えて破綻に追い込まれた。本書はその衝撃が津波のように世界に広がった過程を再現した貴重な記録である。

元になったのは、二〇〇九年四月から九月まで毎週日曜日に『日本経済新聞』に連載された特集である。

それにしても五〇人もの記者が米欧日、さらには露中の金融と産業の現場検証を行い、各国の当局者、経営者、専門家にインタビューをして証言を聞き出す取材陣の厚さと、取材網の広さには圧倒される。

米政府・連邦準備制度理事会（FRB）は、リーマン破綻の六カ月前、資金繰りに行き詰まった証券王手ベアー・スターンズを、JPモルガンによる買収を支援するかたちで救済した。また、リーマン破綻直後に、保険大手アメリカン・インタナショナル・グループ（AIG）を公的資金で救済した。にもかかわらず、リーマンはなぜ見放されたのか。本書の検証はその謎解きから始まっている。

種明かしは読者のために遠慮するが、主役はブッシュ政権の財務長官にして、ウール街最強の投資銀行、ゴールドマン・サックスの元CEO、ポールソンであるとだけ言っておこう。

もちろん、リーマンショック当時のFRB議長のバーナンキも、その前任で一八年間も金融の舵取りをしたグリーンスパンも登場する。その彼が米下院公聴会の証言で、今回の金融危機について「一〇〇年に一度の信用の津波」と弁明したことはよく知られている。

本書によれば、リーマン破綻が明らかになるや、そのパニックで「銀行間取引が一〇一年ぶりに機能を停止した」。今は「オバマの会社」になっているGMのワゴナー会長は、リーマン破綻の翌日、同社の創業一〇〇年の講演会で、「過去一〇〇年で世界は大きく変わったが、この一〇〇時間でも一変した」と語った。評者は「一〇〇年に一度」の意味を納得しかねていたが、これらの箇所を読んで妙に得心した。

表題にいう「大収縮」は金融や信用で起きただけではない。信用の大収縮が起きるやいなや、ローンに依存する自動車市場でも、需要が前年比で四割も落ち込む大収縮が生じた。

リーマン破綻から一年以上が経過した。しかし経済崩壊の爪痕は癒えず、危機の新たな火種があちこちに燻っている。今年九月のピッツバーグ・サミットは世界的金融規制の見直しで合意した。その行方を見定めるためにも本書は参考になる。

## 『働きすぎに斃れて――過労死・過労自殺の語る労働史』

熊沢 誠 著／岩波書店

『週刊エコノミスト』二〇一〇年三月三〇日号

### ▼過労死五〇人以上の働かされ方と遺族の闘いを克明に綴る

過重労働と健康障害に取り組む三人の産業医が『過労死』というタイトルの本を著したのは一九八二年であった。六年後には弁護士グループが「過労死一一〇番」全国ネットを開設した。

過労死・過労自殺は、それが問題になってきた時間の長さと命の重さにおいて、現代日本の労働史として語られなければならない。この課題に挑戦し成し遂げたのが本書である。

本書は全一一章をとおして、五〇人以上の過労死被災者の働かされ方と、遺された家族の闘いを克明に綴っている。細部にこだわった執拗な事例研究から浮かび上がるのは、ブルーカラーにもホワイトカラーにも、働くことが命の問題となった日本の職場と家庭の姿である。

本書は冒頭で二六歳の若さで過労死した証券マン亀井修二のケースを取り上げている。彼は入社三年目には会社の「ヤング預かり資産番付表」の「東の横綱」に格付けされ、ノルマ達成を社内報の号外で「亀井君一億円突破!!」と賞賛された。

会社の研修資料でも、彼は実働で一日一四時間以上働いていたが、時間外手当はゼロだった。このサービス残業は、著者がかねてから言う「強制された自発性」の結果にほかならない。

本書には女性の過労死も何例か取り上げられている。過労死の労災申請や裁判では、会社はもちろん、労働組合や同僚の協力はなかなか得られない。しかし、みずほFGの前身の富士銀行で過労死した岩田栄のケースでは、同じ職場で働いていた二人の女性が法廷で証言して、彼女を死に追いやった働き方を裏付けることができた。

職場の精神的ストレスが増大するにともない、二〇代の派遣労働者の過労自殺も起きている。業務請負会社アテストから偽装請負のかたちでニコンの工場に派遣された上段《うえんだん》勇士（当時二三歳）のケースがそれにあたる。

数ある事例のなかで省けないのは、トヨタの班長であった内野健一の過労死認定をめぐる労働基準監督署に対する行政訴訟である。この裁判ではQCを会社の業務と認めさせ、過労死認定を勝ち取ることができた。

著者は証言者としての妻たちに寄り添って、「過労死問題はシングルマザーの生活問題でもある」と語っている。また、著者が言うには、過労死問題は、便利で安価な商品を追い求めるあまり、労働者がどのように働かされて死んだのかに目を塞ぎがちな私たちに警告を発している点で、消費者問題でもある。

それに気づくためにもぜひ本書を手にしていただきたい。

# 『社員切りに負けない!』

鈴木 剛 著/自由国民社

『週刊エコノミスト』二〇一〇年六月二二日号

## ▼不当解雇と闘うための細やかで分かりやすい対処法マニュアル

あなたは勤め先での雇用に不安を感じていますか。あなたは退職勧奨、退職強要、解雇、合意解約の違いが分かりますか。

本書は最初の質問にイエス、第二の質問にノーと答える人のために書かれた。著者は多くの解雇事件を解決してきた東京管理職ユニオンの書記次長である。

〇八年のリーマンショック後、九〇年代初めのバブル崩壊時や、九七~九八年の金融不況時に続き、社員切りの三度目の波が日本の労働者を襲っている。そのために全国のユニオンへの相談件数も急増しているという。

第一章「解雇の具体例」で注目されるのは、外資系企業を中心に、退職勧奨の段階で会社への立ち入りを禁じ、退職を無理矢理受け入れさせる「ロックアウト解雇」が最近目立って増えていることである。アメリカ流の人事考課システムを導入している企業では、成果の達成度に応じて社員を上位二〇%層、中位七〇%層、下位一〇%層などに分け、下位層を強引に退職に追い込む例もある。

第二章「『ロックアウト解雇』を生み出した背景」では、八〇年代以降、労働分野の規制緩和が世界的に進められてきたことが述べられる。著者によれば、正社員を減らし非正規労働者を増やしてきた新自由主義経済は、一人ひとりの生存権と就労権を優先する社会連帯経済に転換されなければならない。

第三章「立ち上がれば解決できる」と、第五章「労働組合の法的根拠と闘い方」は、労働組合入門を兼ねた、解雇事件の相談・解決ガイドになっている。

労働者は管理職でも会社の外の労働組合に加入ができる。会社は従業員が一人で加入している組合からの申し入れでも、団体交渉に応ずる義務がある。だから組合は、解雇を跳ね返したり、有利な退職条件を勝ち取ったりするうえで頼みになる。

不当解雇にたいして労政事務所や労働委員会や労働審判などを利用する場合も、一人で悩み苦しむより、組合の「人と人とのつながり」に頼るほうが、元気も出るし力にもなる。

冒頭の二番目の質問についての答えは、第四章「社員切りに負けない対処法」にある。評者は労働問題についてそれなりに通じていると思っていたが、自宅待機の種類や意味など、本章ではじめて知ったことが多い。

最後の解雇事件当事者による「座談会」や、巻末の「全国相談先一覧」も参考になる。また写真やイラストも入って読みやすい。各種文書の例文もあって、ためになる社員切り対処法マニュアルである。

『週刊エコノミスト』

二〇一〇年九月一四日号

## 『日本の教育格差』

橘木俊詔 著／岩波新書

### ▼親の年収が影響する大学進学　教育費の公費負担の低さも一因

著者は『日本の経済格差』(岩波新書、九八年)で格差と貧困が拡がっていることをいち早く明らかにした。そして『格差社会』(岩波新書、〇六年)を出した後は、学歴社会の研究に挑戦してきた。その著者が満を持してまとめたのが本書である。

著者によれば、学歴格差には①中卒、高卒、大卒などの差、②名門校と非名門校の差、③最終学歴段階で学んだ科目の差があり、それぞれが職業や昇進や賃金に影響を与える。

学歴格差の背景をなす大学進学率は、戦後いくつかの節目を挟んで大きく変化してきた。五五年〜六〇年頃にはまだ一〇%にとどまっていたが、六〇年から七五年までの一五年間に四〇%まで上昇した。その後、九〇年代半ばまで横這いで推移したが、九五年以降、再び増加に転じ、最近では五〇%を超えるに至っている。

その結果、いまでは学歴格差は、大卒と高卒だけでなく、①名門大学卒、②普通の大学卒、③高卒に三極化した(女性の場合は②に短大卒を含む)。

大学進学には親の年収差が大きく影響している。著者が紹介している研究では、大学進学率は年収二〇〇万円未満では二八・二%、一二〇〇万円超では六二・八%である。年収が四〇〇万円以下の層では、進学と就職が三〇%強でほぼ同水準であるが、それより年収が増えるにつれて進学率は上昇し、就職率は下降する。

最近では不況の影響で親の年収が低下して貧困が拡がり、進学をあきらめざるをえない状況が目立ってきている。

この背景には教育費の公費負担が低く、家計負担が高い日本の現実がある。著者が示しているOECD

のデータによれば、日本の対GDP比の教育費支出は三・三％で、二八カ国中下から二番目である。また、政府支出に占める教育費の割合は九・五％で、二七カ国中最下位である。

ＯＥＣＤデータを元にした文科省の推計によると、学生一人あたりの高等教育の公費支出額は、米、英、独、仏とも九〇〇〇ドルを大きく超えているのに対して、日本は四六八九ドルで、四カ国平均の半分にも満たない。

加えて日本では、学費が高いのに、奨学金などの学費援助制度が著しく貧弱である。

これでは教育格差は是正されようがない。著者は格差の是正策について具体的な提案をしている。それを考えるためにも、本書は一読に値する。

本書は、教育の経済学を旨としているが、家庭環境や教育の役割に関しては、随所で教育学、社会学、哲学・倫理思想にも踏み込んでいて参考になる。

『週刊エコノミスト』二〇一〇年一一月九日号

## 『減速して生きる――ダウンシフターズ』

高坂 勝 著／幻冬社

### ▼生活や世界を変える可能性秘める

本書は、年収六〇〇万円の勤めを辞めて、収入を大きく減らしながらも、豊かな日々を送る著者の体験をもとにした減速生活入門である。

今四〇歳の著者は、二九歳のときに会社という時間に縛られたシステムから降りて、日本と世界を巡る一年近くの旅に出た。そして、自分の店をもつ準備のために、友人が営む金沢の小さな飲食店をベースに二年半働き、二〇〇四年に池袋で六坪余りのオーガニックバーをオープンする。

店の名は「たまにはＴＳＵＫＩでも眺めましょ」。通称「たまＴＳＵＫＩ」。これには「そんなに働きすぎなくてもいいんじゃない？」というメッセージが込められている。

この店は、繁盛しないこと、ヒマなことをよしとして、昼間の営業はせず、週休二日で年間休日一二五日。それでも三五〇万円くらいの年収があり、開業以来黒字を続けている。

会社時代に販売の仕事に携わってきた経験から、著者は、溢れるモノを果てしなく消費し続ける「もっと」のライフスタイルに疑問を抱き、「より少なく」という生き方のほうがより自由に、より豊かになれると考える。その証明が小さなバーのスモールメリットを生かしたミニマム主義の経営である。

出会いの場であるこの店では、円《カネ》を儲けるのではなく、縁《ツナガリ》を設けることが重視される。

店主は、オーガニックと半自給の実践者で、田んぼを見つけ自家用米の冬期湛水・不耕起栽培を始める。冬に水を溜め、土を掘り返さない農法は、手間がかからず、美味しくて生態系にやさしい米作りだという。

著者が踏み出した選択は、過労死しそうな働き方から抜け出したいと考えている人にも、リストラや倒産や退職で時間を持て余している人にも、希望を与える生き方である。それだけでなく、時間を取り戻し、環境を考え、平和を考えるこの生き方は、生活を変え、社会を変え、世界を変える可能性を秘めている。

経済と環境の危機と転換の時代に、ダウンシフターズという生き方を説いたお薦めの一書である。

## 『市民社会とは何か――基本概念の系譜』
植村邦彦 著／平凡社新書

### ▼「市民社会」の意味、文献渉猟で明らかに

『週刊エコノミスト』二〇一〇年一二月七日号

本書は「市民社会」という概念の変遷をめぐる雄大な叙事詩である。

序章で著者は、「反貧困ネットワーク」事務局長の湯浅誠氏と、財界団体の経済同友会に語らせて、この国では「市民社会」という言葉が広く用いられながら、その意味内容は大きくすれ違っていると言う。そこで著者は、国と時代が絡まって乱れもつれた麻糸を解くために、文献渉猟の旅に出る。アリストテレス、ホッブス、ロック、ルソー、ファーガスン、スミス、ヘーゲル、マルクスへと向かうこの道行きには、社会思想史の素人常識を覆す大小の発見がいくつも待ち受けている。

スミスは『国富論』で一カ所“civil society”という言葉を用いているが、それは彼の市民社会概念とされる「商業社会」とは意味が異なる。ヘーゲルの市民社会概念にはガルヴェによる『国富論』のドイツ語訳が影響しているが、その訳書では、原書で「社会」となっていた言葉がことごとく「市民社会」と訳されている。マルクスはヘーゲルから「市民社会」という言葉を受け継いだが、『資本論』ではそれを資本主義社会という言葉に置き換えた。

本書の後半では、「市民社会」という日本語の成立事情に重ねて、高島善哉を先駆者として、内田義彦、平田清明らが唱えた「市民社会論」が一九六〇年代に一世を風靡し、やがて終焉を迎えた経緯が解き明かされる。

「市民社会論」が過去のものとなったのは、使用者たちによって誤って「自由・平等な個人の理性的結合によって成るべき社会」(『広辞苑』第二版、六九年)という規範的解釈が「市民社会」の概念に持ち込まれ、揚げ句はそれが社会変革の理念としての意味を失ったからである。

資本主義が爛熟した今日の日本において創り出すべきは、ヨーロッパにあって日本にはないとされた「市民社会」ではない。新自由主義による「個の自立」に対抗して、企業の過度の営利活動を規制できるのは、「市民社会」ではなく、国家である。

では“civil society”とは何か。明快な結論は読んでのお楽しみに。

## 『人権としてのディーセント・ワーク――働きがいのある人間らしい仕事』

西谷 敏 著/旬報社

『週刊エコノミスト』二〇一一年五月三一日号

### ▼「まともな働き方」を四つの視点で探る

本書は労働者の味方の労働法学者による、雇用と労働の現状とあり方に関する平易な概説である。「ディーセント・ワーク」とは「働きがいのある人間らしい仕事」という意味での「まともな働き方」のことである。著者はこの言葉を標題に入れることにずいぶん躊躇したという。それは、この実現が今日のＩＬＯ(国際労働機関)の最大の課題であることは知られてきていても、カタカナ英語としては、セクハラやワーキングプアほどには定着していないからである。

それだけではない。日本の労働者は、雇用でも、賃金でも、労働時間でも、あまりに酷い状況に置かれてきたために、まともな働き方とその権利について語ることは、決定的に重要でありながら、絵空事のような印象を与えかねない。その点に著者がこの言葉を標題に使用するのをためらったいま一つの理由がある。

にもかかわらず、この言葉をあえて主題に据えたことは、規制緩和で壊れた労働法の世界を四次元映像で見る効果を本書に与えている。

第一に、ディーセント・ワークが手の届かない理想ではないことを言うための憲法の視点。本書によれば、ディーセントな働き方とは、労働基準法にいう「人たるに値する」働き方であるが、それは憲法に保障された勤労の権利、個人の尊重、幸福追求権、生存権、法の下の平等、自由権、自己決定権などの人権が要請する働き方にほかならない。

第二に雇用不安の深刻化と非正規労働者の急増に焦点を合わせた現状分析の視点。これによって本書は、労働法の退屈な概説ではなく、労働者の置かれた状況の生き生きとした説明と労働者の権利の知って役立つ基礎知識を与えてくれる。

第三にまともな働き方の国際基準の視点。たとえばEU諸国では、年休は三〇日前後あり、そのほとんどが消化され、二週間以上の連続休暇が一般化していることがわかる。

第四にブラック企業や内定切りも見逃さない最新の視点。これをも含め、評者一押しの一書である。

# 『ルポ 東京電力 原発危機一カ月』

奥山俊宏 著／朝日新聞出版

『週刊エコノミスト』二〇一一年八月二九日号

## ▼東電の危機意識の欠如、浮き彫りに

まず題名がよい。世に言う「原発事故」では、二〇一一年三月一一日とその後の極度に張り詰めた日々を描くことはできない。「原発危機」とすることで、日本現代史に例を見ない重大災害の危険と混乱の数十日が的確に表現される。

著者は、大学で原子力工学を学んだ朝日新聞記者である。今回の「原子力災害」について、著者は東京電力の本店で、三月一二日以降五〇日間、一日も欠かさず取材し続けた。そして、刻々の情報を記事にして、同紙報道局のインターネット新聞「法と経済のジャーナル Asahi Judiciary」に連載した。本書はこれに手を入れた歴史の証言である。

著者は日めくりの一続きの記録を三つに色分けする。第一章「原発暴走の危機」は三月一一日から一六日まで、第二章「放射能汚染の危機」は三月一七日から三一日まで、第三章「企業存続の危機」は四月一日から一三日までを追う。

危機意識に貫かれた本書によって、あぶり出されたのは、当事者の危機意識の欠如である。東電の経営陣や説明担当者は、「事故」という言葉を口にしても、「危機」や「災害」とは言わない。もっぱら語られるのは、「想定を超えた津波」であり、それによって東電が被った「被害」である。

情報開示はあまりに断片的で、三月一四日の記者会見では、記者の一人が福島第一原発の現場で「煙が

出ている」と言うと、東電側がそれは「何号機ですか」と尋ねる一幕もあった。その後、炉心溶融が否定できなくなった時点でも、東電は原子炉の「健全性を保てている」と言い続けた。

三月三〇日の記者会見では、初めて顔を見せた勝俣恒久会長が今回の地震発生当時、マスコミOBと中国旅行に出かけていた件について、記者たちから質問があった。

清水正孝社長(当時)は三月一三日に記者会見に出た後、「体調不良」で入院し、四月一三日に一カ月ぶりに記者会見に登場した。それでも「ベストを尽くしてきた」と繰り返す。

ニュースの現場からの、ジャーナリストの本領発揮の記録に拍手。

『週刊エコノミスト』二〇一一年一一月二九日号

## 『金融が乗っ取る世界経済――二一世紀の憂鬱』

ロナルド・ドーア 著／中公新書

### ▼金融化をキーワードに世界経済の流れを読み解く

一〇〇年に一度の金融危機が世界を震撼させたのは三年前であった。その記憶も覚めやらぬうちに、ギリシャ発の暗雲が金融界を包んでいる。本書はこうした世界経済を見据えて、過去三〇年にわたる経済の流れを「金融化」をキーワードに大胆かつ縦横に論じた労作である。

金融化とは、本書によれば、金融機関が経済に対する支配権を強め、株式会社の実権が経営者から投資家に移行してきたことを言う。これは「グローバル化」と似ていて、米英だけでなく、日本やヨーロッパの企業もその波にのまれてきた。

イギリス人でイタリアに住む著者は、一九五〇年に東京大学に留学して以来、日本の教育や農村事情や工場制度や資本主義の研究をしてきた。「老いて益々盛ん」の喩え通り、ここ数年でも、本書のほかに『働くということ』(中公新書)や『誰のための会社にするか』(岩波新書)を著している。本書の特色も著者のこうした経歴と無関係ではない。

サブプライムローン問題に例を見るような、投機と絡んだ証券化の「洗練された」技法を考察する場合にも、著者の目は労働者に注がれている。金融化の進行につれて、賃金は抑えられ雇用は不安定になり、「国民の大多数の安定した生活も、不安に満ちたものに変わる」。

金融化は、金融的利益の追求を梃子に経済を突き動かしてきただけでなく、政治や人材形成や社会保障までも金融本位に変えてきた。もともと教育に詳しい著者は、金融化の弊害の一つとして、「各世代の最も優秀な人材が金融業界に吸収されすぎたこと」を挙げている。

ハーバード大学やMITなどのビジネス・スクールは、卒業生を主に証券会社や投資ファンドに送り込む機関と化した。そればかりか、アメリカの大学の工学部や理学部の優秀な卒業生までも、しばしば金融機関にスカウトされてしまう。

日本がきわめて短期間のうちに、従業員の福祉にも配慮した「準共同体的企業の国」から「株主主権主義」の国に傾斜してきたのも、アメリカでMBAやPhDを取ってきた「洗脳世代」が政財界の中堅幹部になり、世論形成により多くの影響力を持つようになったからである。

余人の追随を許さない世界的視野から金融化を考察した著者は、最後に中国の動向に注目する。西太平洋の覇権が中国に移ることが必至な今、日本はなおも米国に密着しているのか。米中が不幸な衝突に突き進まないよう立ち回わることができるのか。

これが本書の最後の問いである。

## 『資本の〈謎〉――世界金融恐慌と二一世紀資本主義』

デヴィッド・ハーヴェイ 著/森田成也・大屋定晴・中村好孝・荒井田智幸 訳/作品社

『週刊エコノミスト』二〇一二年四月二四日号

### ▼「資本」の動きから解明した金融危機の真因

二〇〇八年九月のリーマンショックを引き金とする二一世紀グローバル恐慌の勃発から三年半が経過した。本書は、アメリカでも、日本でも、ヨーロッパでも、依然として本格的回復軌道に乗れないでいるこの恐慌が、どのようにして発生したかを考察した歴史に残る秀作である。

著者は本書に先立って、『〈資本論〉入門』(二〇一一年)を著して、世界的にマルクス・ブームを巻き起こした。その前の『新自由主義』(二〇〇七年)では、資本が支配権を奪い返した三〇年を描いて読書人を唸らせた。

本書もまたマルクスが『資本論』で究明した〈資本〉を主題にしているが、その課題は、時間と空間の両面で世界を不断に作り替えながら、複利的蓄積の果てに恐慌に導く〈資本という運動体〉の〈謎めいた秘密〉を解き明かすことにある。

資本主義の時間的発展と空間的編成に関する著者の考察は、精緻を極める。その広がりは得意の経済地理学の領域にとどまらず、技術と組織形態、社会関係、社会制度、労働過程、自然関係、日常生活、そして世界観に及ぶ。それにもかかわらず、〈資本〉を主題に据えた論理は、次のように単純明快である。

今回の金融危機の直接の原因は、サブプライムローン(低所得者向け住宅貸付)の膨張とその証券化にあるが、より根底的な問題は、新自由主義が資本の権力を復活させ強固にした結果、労働に対して資本が力を持ちすぎ、その帰結として賃金の抑制が続いたことである。これが資本蓄積にともない累進的に拡大する生産能力に対する需要の不足を招いた。

アメリカでは過剰生産の表面化は、信用の膨張に煽られた消費主義によって先送りされたが、結局は、企業の過剰供給に対して需要不足を引き起こさずにはおかなかった。

八〇年代以来働く人びとを苦しめてきた諸困難は、持続的資本蓄積が限界に直面していることを示している。世界中で膨大な数の人びとが絶望的貧困のもとにおかれ、環境悪化が急激に進行し、人間の尊厳が至るところで侵害されている。

ではわれわれは何をなすべきか。この過程を終わりにするには〈もう一つの世界〉を志向する反資本主義運動の諸潮流が合流しなければならない。資本はその権力を自ら進んで放棄しはしない。それは奪い取られなければならない。

「世界の経済書ベスト5」(ガーディアン紙)に入るほど広く読まれている本書の真価は、あまりに資本が強く、労働者が弱すぎるこの国で読まれてこそ確かめられる。

## 『国民のためのエネルギー原論』

植田和弘・梶山恵司 編著／日本経済新聞出版社

『週刊エコノミスト』二〇一二年二月七日号

### ▼遅れる日本のエネルギー計画　ドイツとの比較で浮き彫りに

編著者の植田は、環境経済学者として、東日本大震災復興構想会議の専門委員を務めた。梶山は、〇九年一一月より一一年一〇月まで菅首相のもとで政策立案にあたった。

福島原発事故後、菅首相は、梶山に今後のエネルギー政策についての検討を指示した。それをきっかけに植田が中心になって、日本のエネルギーシステムのあり方についての研究会が発足した。そのメンバーを中心に一一人で共同執筆したのが全一一章からなる本書である。

本書ではエネルギーにおける熱利用と電力、地域資源としての自然エネルギー、エネルギー戦略、再生可能エネルギー(再エネ)、エネルギー消費削減、発電コスト、買い取り制度、発送電分離、電力自由化、気候変動政策、エネルギー行政、地域再生などが、日独比較を基軸に考察されている。

読み終えての感想はSUSとBAUとの際だった対照に集約される。

SUSとは再エネを拡大し、持続可能(sustainable)な社会づくりを進めることをいう。

BAU(business as usual)とは、従来通りやり方の意で、経済成長優先・大企業中心・エネルギー多消費の経済運営を続けることという。

本書のどの章を読んでも、ドイツはSUSを志向して、原発廃止と再エネ転換の実績を着実に積み上げていることに驚かされる。日本は、BAUにしがみついて、いまだに脱原発と再エネ転換に踏み切れないでいることに唖然とする。

日本の立ち後れは明日の計画だけではない。ドイツは、過去二〇年間の実績でみても、エネルギー消費を六％削減しているが、日本は逆に六％増加させている。ドイツは一次エネルギーに占める再エネ比率を九・四％まで拡大させているが、日本はわずか一％にとどまっている。

本書から、エネルギーシステムに関しては、政策当局の適正な規制がなければ、自由化もありえないことも教えられた。

日本では、電力会社は発送電一体の地域独占であるために、発電市場を自由化しても、小規模会社の送電網への接続が制限され、再エネを拡大することは難しい。

しかし、ドイツは、九〇年代末から段階を踏んで発送電一体の電力会社から送電を分離した。その結果、地域分散型の発電会社による送電網の利用が可能になったことが、固定価格での電力買い取り制度と相まって、再エネの普及を一挙に加速させた。

ドイツのエネルギー政策から学ぶためにもお薦めの一書である。

## 『私たちは〝99%〟だ――ドキュメント ウォール街を占拠せよ』

オキュパイ！ ガゼット編集部 編／肥田美佐子 訳／岩波書店、二〇一二年

『週刊エコノミスト』二〇一二年七月一〇日号

### ▼〝99%〟の人々は何を訴え、どう行動したのか

あのリーマンショックから三年経った昨年九月、ニューヨーク市のウォール街に近いズコッティ公園でこの運動は始まった。座り込みや集会やデモの先頭に立ったのは、トップ1％の富裕層だけが優遇される金融資本主義の政治と経済に抗議する若者たちである。

本書では、参加者にして観察者である人々が、公共空間の占拠運動とは何なのか、それはどんな希望を表し、どんな困難を抱えているのかを温かくかつ冷静に語っている。

参加者の声を集めたウェッブで、一年前に大学を出たある女性は言う。私は四〇歳まで返済が続く五万ドルの学生ローンを抱え、日々失業におびえている。ローンと車の保険を払ったらガソリン代しか残らない。でも幸いしばらくは親元で暮らせる。私は〝99%〟だ。

運動のウェブの言葉は、どれも「私は〝99%〟」あるいは「私たちは〝99%〟」で結ばれている。自らの窮状を周りに訴えるこの人々がやっているのは、自分たちと周りの人々に「階級意識」をつくりだす言語を使った活動である。

この運動は投票で賛否を問うかわりに、皆が納得するまで意見を交わし、全員の合意によって決定する。合意型の運動の困難もある。オープンスペースの運動のあるところにはドラムサークルが集まってくる。彼らも運動の参加者だが、絶え間ない打楽器の音は、集会の発言者をイラつかせる。集会がこの困

難を切り抜けたのは、「人間マイクロフォン」の手法によってである。

ニューヨーク市警がマイクの使用を禁じたという事情もあって、発言者が「マイクチェック！」と叫ぶと、集会の参加者は、体でリズムを取りながら発言者の言葉を復唱して、いわば聴衆全体がマイクロフォンのような存在になるのである。

占拠という抵抗形態は、労働組合がストライキで行う座り込み戦術にさかのぼる。しかし、労組と運動の間には距離がある。労組は物質的支援を得るうえで頼もしい存在でありながら、運動は労組が嫌いである。しかし、運動は、労組との距離を縮めて、自らを「労働運動」と称してもよいのかもしれない。

本書には、瞬く間に全米主要都市に拡がった占拠の風景を日記風に綴った記録も収録されている。運動の始まりから二カ月後、ニューヨーク市警は公園のテントを強制撤去した。だが、本書の「まえがき」にあるように、終わったのではない。

「花を引き抜くことはできても、春の到来は止められない」。

『週刊エコノミスト』二〇一二年九月一八日号

## 『ヒーローを待っていても世界は変わらない』

湯浅　誠 著／朝日新聞出版

### ▼反貧困の闘士が面倒な民主主義に向き合う理由

著者は、〇八年冬の年越し派遣村で一躍有名になった反貧困の社会活動家である。政権交代後、都合二年ほど国の政策にも関与してきた。現在は、天下争乱の中心都市である大阪に一時拠点を移して、活動と発言を続けている。

なぜいま大阪から民主主義を考えるのか。ことは経済の衰退、格差と貧困の拡大、デフレ、高齢化、財政難などで日本社会が沈没の淵に立っていることにかかわっている。

社会全体に停滞感や閉塞感が広がり、仕事や生活に追われて余裕のない人が増えると、人々の間に「ズルして楽している人間は許せない」という怒りが広がる。そして、その義憤に押され、悪代官捜しが横行し、既得権益への切り込み隊長として、強いリーダーシップを持った水戸黄門的ヒーローへの期待が高まる。

これがいま大阪から国政レベルに拡がろうとしていることである。これも政治不信の表れに違いないが、これまでとは大きく違う点がある。これまでは、議会制民主主義というシステムを前提に、どの政党がいいか問われてきた。

いまでは、自民党にも民主党にも幻滅した人々は、第三、第四の既成政党にも期待できないでいる。このことは、議会制民主主義というシステム自体が不信の対象となったことを意味する。

国の政策への関与を経験した著者の言うには、民主主義は面倒くさく疲れるものである。民主主義とは、誰かに決定してもらうのでなく、自分たちで調整して合意を形成し、決めていくシステムであるからだ。

この面倒さにうんざりして、民主主義を放棄して、ヒーローに任せるという選択肢もありうる。しかし、著者はこの選択を否定し、議会政治と政党政治をあえて擁護する。

著者が『反貧困』でも説いているように、お金や制度や人間関係などの「溜め」が奪われれば、人々は容易に貧困に追いやられる。そういう社会では、いわゆる「勝ち組」からも余裕が失われる。ヒーローの突破力に期待して、生活を支える「溜め」を「切れ、切れ」とはやし立てていると、気がつけば「自分も切られてしまっていた」ということになりかねない。

問題を単純に解決する「魔法の杖」は存在しない。問題を学んだり、議論したりするには、人々からそのための時間と空間を奪っている働き方が改善されねばならない。

紹介できなかった「最善を求めつつ最悪を回避する」運動論についても、お薦めの緊急出版である。

『週刊エコノミスト』二〇一二年一一月二七日号

## 『原発とは結局なんだったのか——いま福島で生きる意味』

清水修二著／東京新聞

### ▼全編が胸に刺さる原発災害地の現実

このところ、原発災害と電力問題を扱った書物が次々と出版されている。評者が読んだなかでは、これほどどきりとさせられる本はない。

著者は、前々から電源三法の交付金制度を研究し、原発に対して批判的姿勢を貫いてきた。二〇〇八年四月から一二年三月までは、福島大学副学長として事故対応に奔走し、二〇一一年三月一一日の「原発いらない！ 福島県民大集会」では、本書に収録されている集会宣言を起草した。

著者が序章で言うように、誰もが安心して住める環境は福島では失われている。しかし、「福島には住めないか」というと、そうではない。なぜなら、大多数の県民は不安を抱えながらも、県内に留まっており、また、避難者の多くはふるさとに帰ることを望んでいるからである。

ある絵本には、被曝の影響で先天異常の子が生まれるという話が書かれている。福島の子どもがこの絵本を読んだらどんな気持ちになるか。絵本作家の善意は疑いないが、善意が人を苦しめることもある。

第一章では、放射能の汚染に晒されて分断される地域社会が描かれている。たとえば、避難する家庭としない家庭があるなかで、子どもに「どうしてうちは逃げないの」と問われて、親はどう言えばいいのか。

第二章では、著者は憲法に謳われている幸福追求権、生存権、教育を受ける権利などに照らして、被災地はいま憲法が保障する「人らしく、生きる権利」そのものが奪われた状態にあると言う。

著者は、チェルノブイリ事故から五年後の九一年に現地調査を行った。三・一一から八カ月後には、福島県チェルノブイリ調査団長として、再び現地を訪ねた。本書の第三章では、二回の調査をもとに、ベラルーシとウクライナの健康被害、住民の移住、地域の放射線対策、自治体の対応などが抑えた筆致で語られている。

第四章は、発電用施設周辺地域整備法、電源開発促進税法、電源開発促進対策特別会計法の電源三法を考察している。同制度にもとづく福島県の交付金実績は〇九年度までの累積で約二七〇〇億円にのぼる。利益誘導を旨とし、理性を利害で買い取るこの政治装置は廃止するしかない。

終章では東電や政府や自治体の責任とともに、国民の責任が問われている。都市の生活を便利にしてきた「豊かさの構造」は、結局、「電気は東京へ、放射能は福島に」という「差別の構造」の上に築かれたものであった。

巻末の掌編原発小説まで、全編が胸に刺さるイチオシの本である。

## 『日本の転機——米中の狭間でどう生き残るか』

ロナルド・ドーア 著／ちくま新書

▼米中逆転、核拡散の時代　日本の進むべき道示す

◆二〇一三年二月一九日号

『週刊エコノミスト』

著者は一九二五年生まれで、八〇歳以降も『働くということ』、『誰のための会社にするか』、『金融が乗っ取る世界経済』など多分野で刺激的な新書を著してきた。

これらに続く本書では、軍事・外交を軸に国際関係と世界平和を論じ、米中の狭間で日本が生き残る道を示すことに挑んで成功している。

使われている文献資料は半端な量でない。本書に比べると日本のメディアで報じられる国際情報の何と貧弱なことか。本書を読むと国際関係は麻のごとく繋がっていると思う。

話は機知に富んでいて、巻頭では、明治末期のアメリカで日本の近隣併合熱を批判した歴史学者の朝河貫一の言を、米国民の「良識」を代弁するものとして引用し、「私のこの本は、逆に米国の『悪識』を鵜呑みにしすぎて、世界をまっすぐ見ることができなくなった日本人をたしなめることを企図している」と言う。

全体は一三章から成る。前半の第Ⅰ部(第一章から六章)は、米中関係の展開とそれに規定された日米関

係と日中関係を論じている。著者によれば、中国のGDPが米国のそれに追いつくのはそう遠くない。二〇〜三〇年後には中国の国力が米国のそれを凌ぐ時代が来るだろう。

ところが日本の政界とメディアは、中国の台頭と米国の衰退を読み違えている。最近では尖閣諸島の領有問題をめぐり「親米憎中」が「一人走り」しているが、現実をもう少し直視すれば、米国への従属的依存は、永遠に有利な選択肢ではないことに気づくであろう。

第Ⅱ部と第Ⅲ部(第七章から第一三章)は、世界の核問題に目を転じ、一九七〇年に発効した核拡散防止条約(NPT)を論じる。この条約は米ロ英仏中以外の核兵器の保有を禁止する条約であるが、著者はイスラエル、インド、パキスタン、北朝鮮、そして次はイランと核保有国が拡がるなかで、今ではNPTはすっかり綻んでしまっていて、平和維持の手段というより、大戦争の火種となりかねないと説く。

そこで著者は、従来の核不拡散体制の代替案として、署名国のなかの被保護国が核兵器によって攻撃されたら、核保有国が核の報復を代行する関係を世界的に取り決め、核を使えない兵器にする新しい核兵器管理体制を提唱する。

被爆国日本にとってこの新体制の構築は、世界平和への貢献であると同時に、米国との軍事同盟をゆるやかに解消する道でもある。

知日家の老社会学者の執筆意欲と博学多識に驚かされる一冊である。

# 『労働組合運動とはなにか——絆のある働き方を求めて』

熊沢 誠 著／岩波書店

『週刊エコノミスト』二〇一三年五月二八日号

## ▼なぜ今、組合が必要か　老大家が語る抵抗の書

この本はやわらかい話し言葉で書かれています。それは連続講座が元になっているうえに、一般の読者に労働組合の役割について語りかける狙いがあるからと思われます。評者も今回は話すように書きます。

本書は、労働組合が語られないなかで、「なぜ今、組合が必要なのか」を問い、働き方を考える社会政策の老大家の抵抗の書です。

第一章は、労働組合の原点を述べています。著者はまず教科書的に、仕事量や賃金額などの具体的な労働条件について労働者の発言や決定参加を保障するのが労働組合だと言います。これに自説を加え、普通の(ノンエリートの)労働者が経営者の言うなりにならずにやっていくための拠り所が労働組合運動だとも言っています。

第二章は著者の多年にわたる研究の原点である欧米の労働組合運動の歩みと成果を語っています。そこでは、歴史上、安定的な労働組合として最初に登場したイギリスの熟練労働者の職種別組合であるクラフトユニオンの話がまず出てきます。

アメリカについては、自動車産業の労働者が編み出したシットダウン(座り込み)ストライキ戦略を手に取るように紹介しています。二〇一一年にニューヨークのウォール街で起きた経済格差に抗議する「占拠運動」に関する本のなかで、占拠という抵抗形態は労働組合がストライキで行う座り込み運動にさかのぼ

るという指摘がありましたが、本書でその深い意味が分かりました。

第三章は日本の戦前と戦後の労働組合運動を述べています。著者の言うには、日本的経営の特徴とされる企業別組合もその枠組みをなす年功制も、戦前に起源をもっています。また、戦前は、工員は日給・時間給、職員は月給制で、両者の間に身分差がありましたが、戦後は「従業員の平等」が労働組合運動の要求となり、工職差別はなくなりました。

戦後は電力、自動車、石炭などの産業で労働組合の歴史に残る大きな闘いと分裂、そして敗北がありました。他方、春闘は高度成長期をとおして、賃上げを勝ち取り、国民全体の生活向上に寄与しました。

第四章はストライキを打てない今の労働組合運動を扱っています。と同時に「もっとも組合を必要とする」非正規労働者が組合に組織されていないことを問題にしています。

第五章は、「ユニオン」と「若者」をキーワードに、明日の労働組合運動の希望を語っています。

本書は早くも増刷されています。労働組合が必要だと思っている人は案外多いのかもしれません。


『週刊エコノミスト』二〇一三年九月三日号

## 『生活保護――知られざる恐怖の現場』
今野晴貴 著／ちくま新書

### ▼違法行政の実態　真の責任の所在を問う

著者は『ブラック企業――日本を食いつぶす妖怪』で一躍有名になった若手研究者である。同時に、若者の労働相談と貧困者の生活支援に取り組むNPO法人POSSEの代表でもある。

ブラック企業で使いつぶされる若者が多い。なかには、過労が重なり身心を壊して退職を余儀なくされて、収入を断たれ、就労も困難になりながら、労災補償も失業給付も当てにできずに、生活保護を申請せざるをえなくなる者もいる。現代日本の労働と生活に敷かれたこのレールは、労働相談を受けてきたPOSSEが生活支援に乗り出したレールでもある。また、ブラック企業の現場を扱った著者が、今度は生活保護の現場に切り込むのも、このレールに導かれてのことである。

いま、この国では生活保護バッシングが吹き荒れている。別世帯の母親が生活保護を受給していた芸能人が扶養義務を果たしていないと非難されたことから、バッシングは生活保護制度全般に拡がった。生活保護受給者がパチンコなどをするのを見つけた市民に、通報を義務づける条例を定めた自治体もある。マスメディアは、わずかな例の「不正受給」を大仰に書き立てることに熱心である。しかし、生活保護行政の現場に迫る報道は少ない。

本書に出ている国際比較の資料では、生活保護の利用率(人口に占める受給者の割合)は、ドイツは九・七%、フランスは五・七%なのに、日本は一・六%にすぎない。補足率はドイツ六四・六%、フランス九一・六%に対して、日本は高く見積もっても一八%にとどまる。このことは漏給率(受給して当然の貧困者に占める受給していない者の割合)が八割にも達することを意味する。

それでも、受給者の責任は問われても、行政の責任はほとんど問われない。本書はこの点に生活保護問題の真の所在を見て、福祉の現場で何が起きているかを、実例にそくしてあぶり出している。

生活保護行政の窓口では、申請を受け付けずに「追い返す」違法行為が平然と行われている。それは貧困者をしばしば自殺や餓死や孤独死に追いやる。生活保護開始後にケースワーカーが受給者を保護から「追い出す」違法行政にも、暴言と脅迫や私生活への介入から、不当な打ち切りや辞退届の強要にいたるまで多様なパターンがある。

貧困に対する福祉が極めて貧困な国で、今何が起きているかを知るためにも、生活保護の改革の方向を考えるためにも、必読の書である。

## 『家事労働ハラスメント——生きづらさの根にあるもの』

竹信三恵子 著／岩波書店

### ▼女性を社会から締め出す〝家事労働〟の実態

『週刊エコノミスト』二〇一三年一一月一九日号

著者は近年大学で教えるようになってからも、ジャーナリストとして、女性の働き方、生き方について、次々と労作を著してきた。家事労働を主題にした本書でも、現場を歩いて当事者に取材し、問題をすくい上げる記者の手法が貫かれている。

家事労働は、掃除、洗濯、食事の支度と片付け、布団の上げ下ろし、草木やペットの世話から、広くは育児、介護、買い物、地域活動などを含む、家族の暮らしに欠かせない無償労働である。

しかし、著者が言うように、日本では家事労働は、共働き社会になったいまも、大部分が女性によって担われている。その一方、男性はだれもが必要とする家事労働から逃れ、通勤を合わせれば、能動的活動時間のほとんどを会社に捧げている。

家事労働の不公正な分配は、女性を働きづらくし、既婚女性の多くをパートタイム労働に追いやってきた。その結果、女性は家事労働を含めれば男性以上に働きすぎでありながら、社会生活の多くの領域から締め出され、シングルマザーに限らず深刻な貧困にさらされている。

著者はこれを「家事労働ハラスメント」と呼ぶ。これは特定の個人や組織が個人や集団に行うパワハラとは異なる。評者が思うに、これは男性たちのサービス残業と同じように、社会制度の歪みが無数の被害者を生み出す点で、ある種の「システムハラスメント」である。

専業主婦への回帰も解決にはならない。彼女らは子どもを保育所に入れて働きたくても、「働いていない」という理由で入所さえ認められない。最近では貧困でありながら専業主婦でいる子育て女性が数十万人にのぼる。夫(父親)たちは、雇用の不安定化、低賃金化の流れのただ中にいる。その結果、貧困リスクの高い「低所得の夫と専業主婦」のカップルが増えてきた。

農家を含む自営業主の妻たちも割に合わない状況に置かれている。法と政治の作為で、彼女らは独立した働き手としては認められず、税制上も社会保障上も、「サラリーマン」の妻たちに比べていろいろと不利な立場に置かれてきた。

本書にも出てくるように、安倍政権は、「三年間抱っこし放題」が可能な「三年育休」を言い出した。女性たちはこれに「戻る職場がなくなる」と反発した。育児や介護などの良質な公共サービスと、男性の家事参加を可能にする労働時間規制がなければ、家事ハラはなくせない。

日本の女性の生きづらさの根を抉った本書を男性にも薦めたい。

# Ⅵ
## 働き方連続エッセイ

# Ⅵ

ここにはNPO「働き方ASU-NET」のホームページのなかの「森岡孝二の連続エッセイ」に掲載してきた拙文を収めました。同会の前身である「働き方ネット大阪」は、ホワイトカラー・エグゼンプション制度の導入を阻止する運動のなかで二〇〇六年九月に設立されました。同ネットは、翌年一月、第一次安倍内閣のもとで関連法案の国会上程が見送りになった後も、派遣労働、パート雇用、ワーキングプア、不況、貧困、生活保護、ブラック企業、原発災害、アベノミクスなどについて集会を重ね、その過程で二〇〇八年五月からはホームページを開設して、NPO移行後の現在まで雇用・労働ニュースを中心に多様な情報を発信してきました。そのホームページへのアクセスは今では一日約七〇〇件、多い日は一〇〇〇件を超え、延べアクセス数は一〇〇万件に近づいています。

連続エッセイはまもなく二五〇回になろうとしています。そのなかから本欄にはアクセス数が多かった回を中心に約三四編を選びました。

# 働き方はライフスタイル

第一回 ◆ 二〇〇八年五月一二日

これから何回になるかわかりませんが、連続講座「働き方を考える」を始めようと思います。第一回目のテーマは「働き方はライフスタイル」としました。

ライフスタイル(lifestyle)を英語辞典で引くと、「個人や集団の生き方や働き方」(the way in which a person or a group of people lives and works)とあります。これを引き合いに出すまでもなく、人びとの生き方はなによりも働き方で決まります。あるいは働き方は生き方にほかならないともいえます。人間の生活は一日二四時間を単位に営まれています。働く人々の二四時間の生活時間は、労働時間、生活必需時間、家事時間、自由時間に分けることができます。

生活必需時間は、睡眠、休息、食事、排泄、入浴、身繕いなどで、生理的時間といわれることもあります。大人の場合、睡眠を平日一日平均七時間とすれば、一日の生活必需時間は一〇時間前後でほぼ一定しています。

日本人のフルタイムの男性労働者は、週休二日とすれば、一日平均約一〇時間余り働いています。昼の休憩が一時間あり、通勤に往復二時間かかる人であれば、一日当たり一三時間余りが仕事関連に費やされることになります。

右の男性の例だと、一三時間の仕事関連時間と一〇時間の生活必需時間を合わせて、二三時間が消え、家事時間と自由時間のためには、わずか一時間しか残りません。家事は妻や母親に押しつけて、自分ではまったくしないとしても、これでは家族と語り合ったり、新聞を読んだり、テレビを見たりする時間はほとんどありません。

自由時間を増やすには、①労働時間を減らす、②家事時間を人に押しつける、③睡眠時間を減らすという選択肢があります。日本人の男性の大半は、①はできないものと諦めて、②と③を選択しているのではないでしょうか。またそのために家事を押しつけられた女性は、正社員には家事をしない男並みの働き方が求められる日本では、正社員としては働きにくい状態におかれているのではないでしょうか。

しかし、さきの例からも明らかなように、生活時間を規定しているのはなによりも労働時間です。質の高い生活を左右する自由時間は労働時間で決まるとも言えます。そう考えれば、基本的には労働時間を減らすしか自由時間を増やす方法はないことがわかります。

## 睡眠不足は危険がいっぱい

第三回　二〇〇八年五月二三日

藤子不二雄原作のテレビアニメ『キテレツ大百科』のオープニングに「すいみん不足」という歌があります。曲の最後の調子のいい「すいみんすいみんすいみん不足」というところを覚えている人が多いでしょう。

現代人、とりわけ日本人は睡眠不足です。NHK「国民生活時間調査」によると、一〇歳以上の平均睡眠時間は一九六〇年には八時間一三分でしたが、二〇〇〇年には七時間二三分になり、四〇年間に五〇分減少しています（二〇一〇年の調査では七時間一四分になっているので、この半世紀の減少は一時間にも達します）。何百万年という人類の歴史のなかのわずか一瞬のあいだにこれほど大きな変化が起きていることは驚くべきことです。

子どもの場合は、塾、習い事、テレビ、ゲーム、ビデオなどの影響もあるでしょう。働く大人の場合は労働時間の増加が最大の要因です。もしこの間に労働時間がまともに短縮されておれば、睡眠時間にこれほどしわ寄せされることはなかったかもしれません。

睡眠不足がとりわけ深刻なのは、週六〇時間以上働き、したがって少なくとも月八〇時間以上の残業をさせられている過労死予備軍の人びとです。いまから二〇年前の大阪で、「過労死一一〇番」がはじめて実施され、相談者約七〇名にアンケートを送り、四四名から回答を得ました。その多くは睡眠の悲惨な実態を訴えています。犠牲者の遺族の回答のなかから二つのケースを紹介します。

「朝が早く、夜も遅い。帰宅後も夜中まで電話、休日も出かけていくやり手の人でした。いつも仕事には夢中でしたが、少し疲れたよと言っていました。大きな原因はストレスと睡眠不足ではないかと思います。」（建設、営業・監督）

「主人は会社の机の上にマットを敷いて睡眠をとり、帰宅する時間や出勤時間を睡眠時間にあてた。仕事の足取りは妻の私には分からない。出社すれば一〇〇％仕事、私は主人の着替えを一週間に二回ぐらいビルに持参し、また、子どもたちのことはその折に相談していた。昼食する時間もない様子だった。」（中小企業役員）

二〇年後のいまは、ビジネスの二四時間化が進み、夜間活動人口が増えてきました。また、情報化が進み、ネット接続時間やメール処理時間があらたに生活時間を浸食するようになってきました。それだけに睡眠をめぐる事態はいっそう悪くなっています。カナダの心理学者、スタンレー・コレンによって著されたSleep Thieves(『睡眠泥棒』)という本があります。邦訳は『睡眠不足は危険がいっぱい』(木村博江訳、文藝春秋、一九九六年)というタイトルになっています。実際、睡眠不足が深刻になれば、人は健康を害し、極まれば死んでしまいます。

医療従事者や交通労働者の働かされすぎによる睡眠不足は、医療事故や交通事故の原因ともなります。また、特定の職業に限らず、働く人びとの睡眠不足は、集中力や注意力を低下させることによって、工場災害や欠陥品が発生する恐れを大きくします。この点でもまさに睡眠不足は危険がいっぱいです。

## 知って行わざるは知らざるに同じ

第一二回　二〇〇八年七月二五日

私が子どもの頃のことです。今は鬼籍に入った母は、私が何か注意をされて「わかってる」と言い訳すると、口癖のように「知って行わざるは知らざるに同じ」(貝原益軒)と言ったものです。今回は母からいかにもそう言われそうな、大切さを知りながら行わざる家事労働の話で恐縮ですが、そこは目くじらを立てずにお読みください。

日本の男性の家事時間は世界の先進国でもっとも短いことで知られています。ここでは他の国の男性とではなく、日本の女性と比較してみましょう。二〇〇六年「社会生活基本調査」によれば、一日の家事時間は、「夫が有業で妻も有業」の共働き世帯の場合、男性三〇分、女性四時間一五分です。「夫が有業で妻が無業」のいわゆる専業主婦世帯の場合、男性三九分、女性六時間五二分です。

ここでは狭義の家事に介護・看護、育児、買い物を含めた時間を家事時間としましたが、狭義の家事（「社会生活基本調査」では、炊事、食事の後片付け、掃除、ゴミ捨て、洗濯、アイロンかけ、つくろいもの、ふとん干し、衣類の整理片付け、家族の身の回りの世話、家計簿の記入、株価のチェック、株式の売買、庭の草とり、銀行・市役所などの用事、車の手入れ、家具の修繕、運動・通学の送迎など）に限れば、男性の家事時間はほとんどの世帯類型で一日一〇分か一一分です。

男性はなぜこれほどまで家事をしないのでしょうか。一つの答えはかなり前の白子のりのCMではありませんが、女性に「残業するほど暇じゃない」一方で、男性は「家事をするほど暇じゃない」からです。

NHKの二〇〇五年「国民生活時間調査」によれば、男性三〇代勤め人の平日の労働時間は九時間三八分です。これに仕事の付き合いと通勤とを加えれば、仕事関連時間は一一時間を超えます。行為者だけの平均をとれば、一二時間近くを仕事関連に費やしています。

これでは家事の時間は残りません。日本では働き盛りの男性は、能動的活動時間のほとんどすべてを会社のための時間に奪われて、炊事・洗濯・掃除、育児、買い物などの家事活動に参加する時間はほとんどない状態に置かれています。その結果、家事労働のほとんどすべての負担が女性に押しつけられているのです。

これはよくいわれる家父長制的な性別分業の名残などではありません。これは家事をほとんどしないで、自由時間もなくなるほど会社に全精力を捧げる男性を正社員のモデルにしてきた日本の、高度に発達した資本主義システムが作り出した性別分業です。

# 毎日放送の過労死ドキュメントがグランプリを受賞

第二六回　二〇〇八年一一月三日

文化の日を前にした一一月二日、関西大学において、第二八回「地方の時代」映像祭二〇〇八の贈賞式が行われました。式当日、すでに発表されていた放送局部門の優秀作品六本のなかからグランプリに選ばれたのは、二〇〇七年一二月九日に放送された「夫はなぜ、死んだのか～過労死認定の厚い壁～」（毎日放送、奥田雅治演出）でした。

この作品は、トヨタ自動車堤工場（愛知県豊田市）で車体品質管理担当の班長であった内野健一さん（当時三〇歳）の過労死を、過重労働による労災と認めなかった豊田労働基準監督署長を相手取って、妻の博子さんが行政訴訟を起こし、大企業の働き方を変えさせるために闘った記録です。二〇〇七年一一月三〇日、この裁判の判決が名古屋地裁であり、争点であったQCサークル活動（労働者の「自主活動」の名のもとに行われる品質管理と能率向上のための職場の小集団活動）について、「使用者の支配下における業務」と認めたことはよく知られています。

毎日放送の取材は原告勝訴の判決が出るよりかなり前から開始され、勝利の日を迎えるまでを丹念に追いかけています。私も判決に先だってコメント取材を受け、それが画面に数十秒出ています。今年の春、このドキュメントのビデオを私の講義で学生たちに見せて感想文の提出を求めたところ、異口同音に、「世界のトヨタで過労死があるとは知らなかった」「労働者を守る労基署が会社の味方をするのはおかしい」と書いていました。

注目すべきことに、この事件についての名古屋地裁の判決は、健一さんが行っていた創意工夫提案や、QCサークル活動について次のように判断しています。

「創意くふう提案及びQCサークル活動は、本来事業主(トヨタ)の事業活動に直接役立つものであり、また、交通安全活動もその運営上の利点があるものとして、いずれも本件事業主が育成・支援するものと推認され、これにかかわる作業は、労災認定の業務起因性を判断する際には、使用者の支配下における業務であると判断するのが相当である。」

また、判決は、死亡直前一か月の残業を四五時間三五分とした労基署の判断をしりぞけ、死亡直前一カ月の残業を一〇六時間四五分とし、健一さんの死を過労死と認定しました。これまで業務とは認められなかった「自主活動」に名を借りたQCサークル活動などの職場の小集団活動を業務と認めたこの判決は、会社の支配下で時間外にQCサークル活動などの業務に携わらせながら、それを賃金または割増賃金の支払われるべき残業と認めないことを厳しく批判したものです。なお、この判決は国側が控訴を断念したので確定しました。

## 「名ばかり管理職」が流行語大賞のトップテン入り

第三〇回　二〇〇八年一二月二日

二〇〇八年の流行語大賞トップテンに、働き方ネットのつどいでも取り上げた「名ばかり管理職」が選ばれました。今年、「蟹工船」と並んで社会問題を表す時事用語が二つも入ったことは、企業の労働者酷使に批判が高まっている世相を反映しています。

「名ばかり管理職」の受賞者は、日本マクドナルド店長の高野広志さんです。店長であるという理由で残業賃金を支払わないのは違法だとして高野さんが起こした裁判で、東京地裁は、今年一月、高野さんの訴えを認め、店長は権限も待遇も労基法第四一条の「管理監督者」には当たらないという判決を言い渡しました。

ここで少し解説すれば、労基法四一条の二にいう「管理監督者」(「監督若しくは管理の地位にある者」)は、企業の職制のなかで一般にいう「管理職」を指すのではありません。労基法における時間規制の適用が除外される管理監督者といえるためには、①人事・労務管理において経営者と一体的な立場にある、②出退勤について自由裁量の権限を有する、③賃金・手当などで高い地位にふさわしい待遇を受けている、という三要件が必要です。マクドの店長であった高野さんの場合は、この三要件には当てはまらないという判断を裁判所が下したのです。

ファーストフード店長の「名ばかり管理職」の違法性を問い、残業ただ働きの実態を明らかにした栄誉が高野さんに属することは明らかです。しかし、「名ばかり管理職」という言葉の発案者は高野さんではありません。

『北海道新聞』は、二年前の二〇〇六年一一月一八日に、高野さんが前年に起こした裁判にも触れて、「残業代なし権限なし休みなし　名ばかり管理職急増　年収三〇〇万円減も」という記事を書いています。しかし、これも初出ではありません。私が調べた限り、この言葉はもっと早く二〇〇一年三月三〇日の『朝日新聞』に出ています。一〇〇〇字近くのその記事は「部下も権限も残業代もないのに遅刻すれば賃金カットはあり――。多くの会社で増えている名ばかり『管理職』の実態が二九日、東京・中央労働基準監督署の調べでわかった」と書き出しています。調べればもっと前の使用例があるかもしれません。

以前から課長級管理職は管理監督者にされてサービス残業をさせられてきましたが、課長職のなかからその不当性について声が上がって、それが社会問題にまでなることはありませんでした。ところが、コンビニや外食チェーンやアパレル・家電などの量販店で新卒一、二年から数年の若い労働者が店長や主任というだけで管理監督者扱いされるようになってきて、当事者が声を上げ始めたことで名ばかり管理職が社会問題化したと考えられます。

この言葉がいっぺんに広まるきっかけとなったのは、昨年一一月一九日に放送され、私もコメントでスタジオ出演したＮＨＫの「クローズアップ現代――悲鳴あげる名ばかり管理職」でした。それが大きな反響を呼んで、今年三月三一日に放送された「ＮＨＫスペシャル」が「名ばかり管理職」の実態をさらに追跡したことも、この言葉を広めることに寄与しました。

## 過労死一一〇番のスタートから二〇年

第三一回　二〇〇八年一二月五日

二〇〇八年六月一一日、東京虎ノ門パストラルホテルで、過労死弁護団全国連絡会議の主催による「過労死一一〇番二〇周年記念シンポジウム」が開催され、筆者は「過労死一一〇番と働きすぎ社会」と題して報告をおこないました。

「過労死一一〇番」は、一九八八年四月、大阪過労死問題連絡会が「過労死シンポジウム」に続いて、労働者や家族から電話相談を受け付けたことから始まりました。同年の六月には東京、大阪、札幌、仙台、京都、神戸、福岡で、「過労死一一〇番全国ネット」の一斉相談がスタートしました。これらの取り組みがマスメディアに大きく報道されて、この年に「過労死」という言葉が時代を映す現代用語として一挙に広まったのです。

世界にいち早くkaroshiを発信したメディアの一つは、アメリカの新聞『シカゴ・トリビューン』です。一九八八年一一月一三日の同紙は、過労死一一〇番をとおして最初に労災認定を勝ち取った椿本精工(現ツバキ・ナカシマ)の作業長・平岡悟さん(死亡時四八歳)の過労死事件を、「日本人は仕事に生き、仕事に死ぬ」("Japanese live… and die… for their work")という見出しで大きく報じました。

一九九〇年には、過労死弁護団全国連絡会議編で国際版の『KAROSHI[過労死]』(窓社)という本が英文付きで出版されています。

二〇〇二年一月、『オックスフォード英語辞典』のオンライン版は、一万語を超す新しい単語の一つとして日本発のkaroshiを加え、「働きすぎあるいは仕事による極度の疲労がもたらす死」("death brought on by overwork or job-related exhaustion")と説明しました。

国際的な反響の一例としては、二〇〇八年六月、ニューヨーク在住の日本人ジャーナリスト、肥田美佐子さんが、一九九九年三月、違法派遣・偽装請負で過労自殺した上段《うえんだん》勇士さん(死亡時二三歳)の事件に取材した「過労死の国」("The Land of Karoshi")という記事で、第一回「ＩＬＯジャーナリスト大賞」を受賞しました。

この二〇年間に、過労死(karoshi)という言葉が内外に広まるとともに、過労死一一〇番、過労死家族の会、職業病対策や労働安全に取り組む労働団体などによる反過労死運動が大きく前進しました。最近では厚生労働省の賃金不払残業の解消に向けての取り組みも強化されてきました。にもかかわらず過労死は若者に広がる過労自殺を含めるといっこうに減る兆しがありません。

## やってきた世紀に一度の世界恐慌

第三二回　二〇〇八年一二月一七日

金融危機や生産過剰によって経済が一挙に危機的状況に陥る現象を恐慌と言います。最近のアメリカや日本の経済は、まさしく危機的状態にあるという点で、不況や不景気というよりは恐慌というほうがぴったりします。

今回のアメリカにおける金融危機の引き金は、昨年来の住宅バブルの崩壊でした。わたしたちは今年九月に起きた証券大手のリーマン・ブラザーズ社の経営破綻とその後の株価の大暴落によって、金融危機の影響がただごとでないことを知らされました。金融大手のシティグループも、五万人を超える人員削減の発表にとどまらず、身売りや一部の事業売却などが取りざたされています。金融機関で唯一黒字を出してきたゴールドマン・サックス社も、一二月一六日に発表された第四四半期決算で上場以来初の赤字に転落しました。

リーマンショックでは銀行間取引が一世紀ぶりに停止しました。トヨタと覇を争ってきたＧＭは創業一〇〇年の年に破滅的な危機に見舞われました。今では金融危機が実体経済に波及し、失業者が急増しています。労働省が一二月五日に発表した一一月の雇用統計によると、失業率は一五年ぶりの高水準となる六・七％（二〇〇九年九・二八％、二〇一〇年九・六三％）に悪化し、雇用者数は三四年ぶりの大幅減となりました。個人消費も冷え込み、商務省が一一月二五日に発表した今年第三・四半期（七月〜九月）の耐久消費財支出はマイナス一五・二％と、一九八七年初め以来の大幅な落ち込みを記録しました。

製造業でとくに深刻なのは、自動車産業です。GM、フォード、クライスラーのビッグスリーは、軒並みかつてなく深刻な販売不振に陥り、GMの一一月の国内販売台数は、前年同月比四七％減の一七万台でした。今では自動車会社は金融機関と同様に、政府支援なしには存続さえできない事態に追い込まれています。

バブル崩壊の震源地である住宅業界は惨憺たる状況です。商務省が一二月一六日発表した一一月の住宅着工数は、統計を開始した一九五九年以来の過去最低を更新しました。マイナスは五カ月連続で、前年同月比では四七％もの減少になっています。住宅市場の悪化は今後もしばらくは続くものと予想されます。

これらの指標はアメリカ経済が過去数十年来の記録的な落ち込みに直面していることを示しています。金融危機は一九三〇年代の大恐慌以来だと言われています。次回は日本の経済危機について考えてみたいと思います。

# 日本経済を襲う〇八恐慌と政治の責任

第三七回　二〇〇八年一二月二一日

アメリカと同様に、現下の日本経済も「二〇〇八年恐慌」と名づけるしかないような危機的状況にあります。

消費不振による販売の落ち込みがとくに深刻なのは自動車産業です。日本自動車販売協会連合会（自販連）の発表によれば、一一月の新車販売台数（軽自動車を除く）は、前年同月比二七・三％減の二一万五七八二台で、一一月としては一九六八年の統計開始以来、最大の下落率となりました。また、台数でも六九年一一月以来、三九年ぶりの低水準に落ち込み、ピークだったバブル期の八九年一一月の約四割にとどまりました（『中日新聞』二〇〇八年一二月二日）。

自動車業界は、販売の大幅な落ち込みのなかで、派遣をはじめとする非正規労働者の削減をすさまじい勢いで進めています。共同通信の集計によれば、日本の自動車・トラック大手一二社は、〇八年度に世界全体で合計一九〇万台規模の減産に踏み切り、国内の工場で働く非正規労働者を一万四〇〇〇人以上削減することになっています（『東京新聞』二〇〇八年一二月一日）。

削減はこの規模にとどまるとは考えられません。日産は、上記の報道では非正規従業員二〇〇〇人のうち四分の三の一五〇〇人を削減するとなっていましたが、一二月一七日には、来年三月末までに非正規全員の契約を打ち切ると発表しました。

人員削減は他の産業にも拡がっています。厚生労働省の調査結果を報じた『毎日新聞』（二〇〇八年一一月二八日夕刊)によると、本年一〇月から来年三月末までに雇い止めになる非正規労働者は三万人を超えるとみられています。日本経済新聞社が一二月四日までに集計した主要製造業三八社の派遣・期間従業員の削減数は二万一〇〇〇人に達しています(『日本経済新聞』二〇〇八年一二月五日)。これはまだ始まりにすぎません。

人員削減の波は、正社員をも襲っています。ソニーは全世界で一万六〇〇〇人ものリストラを行うと発表していますが、削減の半分は正社員とされています。これが強行されれば国内の正社員の大幅な削減も避けられません。深刻な販売不振に見舞われている不動産業界や建設業界をはじめとして、多くの産業で正社員の大規模なリストラが始まっています。中小企業の業況の悪化は大企業以上に深刻です。

今回の生産や雇用の変動がこれまでの景気後退と異なるのは、落ち込みの規模が大きく、速度が急激なことです。その理由は、戦後の日本経済にビルトインされてきた景気変動に対する一連の安定装置が大きく壊されてきたという事情にあります。

第一の壊された安定装置は正規雇用比率です。「労働力調査」などによれば、役員を除く全雇用者中の非正規雇用者の割合は一九八〇年代半ばには一五%でしたが、現在は三五%になっています。このことは企業がかつてに比べて乱暴かつ容易に人員削減ができるようになったことを意味します。

第二の壊された安定装置は労働組合です。組合の組織率は一九八〇年代の前半はまだ三〇%前後ありましたが、現在では一八%まで落ち、雇用を確保したり、賃金を維持あるいは引き上げしたりする力もそれだけ弱くなりました。

第三の壊された安定装置は国民の生活保障のための公的な仕組みです。社会保障が抑制・削減されてきただけでなく、雇用の変容に対応したセーフティネットの整備が放置されてきたために、雇用保険をはじめ各種の社会保険の適用を受けられない非正規労働者が多数います。

これらにかぎらず、戦後の経済に備わってきた各種の激変緩和装置は、この二〇年余りのあいだに、経済活動のグローバル化と、新自由主義政策にもとづく労働の規制緩和によって大きく破壊されてきました。だからといって、仕方がないというのではありません。

グローバリゼーションの波は世界的な流れですが、その対応は国によって一様ではありません。世界の先進国のなかには、政府が防波堤となってグローバリゼーションの猛威から労働者の雇用や福祉を守ろうとしてきた国もあります。ところが、アメリカや日本は、政府が企業の要求を受け入れて、万事市場任せの新自由主義の政策を採用し、雇用の非正規化や社会保障の削減を進めてきたことによって、恐慌への備えを壊してきたといえます。その点で政治の責任は重大です。

## 派遣＝「雇用関係と使用関係の分離」説を疑う

第四三回　二〇〇九年一月三〇日

リーマンショックで大量の派遣切りが問題になっています。今、自動車産業や電機産業で数十万人という規模の派遣切りが行われているのを見ると、派遣先の都合でいつ切られても一切文句を言えない、言わせない点で労働者派遣制度は昔の組頭制度と変わらないと言えます。

派遣という働き方／働かせ方は、雇用関係と使用関係（あるいは指揮・命令関係）が分離している点に特徴があると言われてきました。厚生労働省職業安定局の労働者供給事業に関する文書もそう説明しています。私も従来は同じような言い方をしてきました。

しかし、私はあれこれ考えているうちに、この理解は間違いではないかと思うようになりました。労働者派遣契約は、派遣元と派遣先の間で結ばれます。この契約においては労働者は一般の売買契約における商品と同様に取引の客体であって主体ではありません。言い換えれば労働者はこの契約に直接関与する当事者ではありません。

手元の電子辞書（『大辞泉』）は「労働契約」を「労働者が使用者に労務を提供することを約し、これに対して使用者が報酬を支払うことを約する契約」と定義しています。実は雇用とはこの労働契約を使用者の側から見た概念にほかなりません。そう考えれば、労働者派遣契約は、当然ながら労働契約、したがって雇用ではないということになります。それは労働者を商品として取り扱うという意味で商契約というべきです。

では、派遣契約における一方の当事者である派遣会社と労働者の関係は、雇用と言えるのでしょうか。さきの労働契約の定義によれば、雇用という概念は、労働者が使用者に労務を提供し、使用者が労働者に対して報酬を支払うこと不可欠の契機としています。しかし、派遣労働者は派遣会社に対して労務の提供をしていません。もし、しているというなら、彼あるいは彼女は派遣労働者ではなく派遣会社の社員でなければなりません。派遣会社が労働者から労務の提供を受けないとなれば、派遣会社と労働者の関係は雇用ではありません。また、同じ理由で、派遣会社は派遣労働者に対しては雇用主ではありません。

派遣労働者が派遣会社に派遣されるというかたちの労務提供も考えられないではありません。大企業の多くは、定款で事業目的の一つに労働者派遣事業を挙げており、「社内派遣会社」から自社に労働者派遣を行っています。この場合は雇用が実体をともなっていないというより、むしろ派遣が名目にすぎず実体を欠いていると言うべきでしょう。

それなら派遣労働者が労務を提供する派遣先企業は「使用者」なのでしょうか。あるいは同じことですが、派遣先企業と派遣労働者の関係は「使用関係」なのでしょうか。さきの労働契約の定義では、そういえるためには使用者が労働者の労務の提供に対して報酬を支払う必要がありますが、「使用者」である派遣先企業が支払うのは料金であって、報酬すなわち賃金ではありません。つまり賃金を支払わないという決定的な一点において、派遣先企業は使用者としての資格に欠けることになります。

このように派遣元は「雇用者」ではなく、派遣先は「使用者」ではないとすれば、「使用と雇用の分離」説は根本から崩れることになります。これは「使用関係」を「指揮命令関係」と言い換えることによっても取り繕うことはできません。指揮命令のイロハは労働者に「いつ」「どこで」「なにを」するかを命令することですが、それを命ずるのはまずは派遣元であって派遣先ではありません。そう考えれば、派遣元と派遣労働者との関係は「雇用関係」であると同時に「使用関係」であるということになって、その点でも「使用と雇用の分離」説は崩れてしまいます。

以上にみたように、派遣元と派遣労働者の関係は雇用でも使用でもないとすれば、いったいどういう関係なのでしょうか。それは労働者供給事業における供給元と労働者の関係の説明で使われる「支配従属関係」であるというべきでしょう。このことは労働者派遣事業とは戦後、職業安定法で禁止されてきた労働者供給事業にほかならないということを意味します。

〈追記〉連載の第二四四回(二〇一三年一二月一三日)にはいま問題になっている派遣労働の拡大化と恒久化の動きに触れて、労働者派遣制度の本質的特徴を以下のように整理しています。

- 一体不可分の雇用と使用を無理矢理「分離」して、労働市場仲介業者の中間搾取を合法化
- 労働条件の決定を派遣元と派遣先の商取引に委ね、労働契約から労働者を排除
- 労働者は派遣元と派遣先の派遣契約が成立し継続している場合にのみ労働に従事
- 労働者の生活・健康・安全に対する使用者の配慮義務を空洞化
- 企業の福利厚生の利用と社会保険の適用から労働者を締め出し
- 労働者から団結の場を奪い、組合結成を困難にし、団体交渉等の権利行使を制限
- 企業による労働力の需給調整と使い捨てを容易にするための人為的制度

## 世帯所得は一九九八～二〇〇七年で一〇〇万円も減少

第五六回　二〇〇九年年五月二四日

厚生労働省は五月二一日、二〇〇八年六月に実施した「国民生活基礎調査」を発表しました。それによると、一九九八年に五四四万円であった全世帯の所得の中央値(全世帯の所得を低いものから高いものへと順に並べて二等分した境界値)は、二〇〇七年には四四八万円になって、約一〇〇万円減少しています。二〇

〇七年の平均所得は五五六万円ですが、それも一九九八年と比べると約一〇〇万円落ち込んでいます。一〇年足らずのあいだに世帯所得が中央値でも平均値でも一〇〇万円も減るというのは、かつてなかったことです。

世帯所得に比べると、有業者一人当たりの所得は当然のことながらさらに低くなります。厚労省のホームページの関連データで一人当たりの「平均稼働所得」(雇用者所得、事業所得、農耕・畜産所得、家内労働所得などの勤労所得)を見ると、一九九八年から二〇〇七年の間に三八八万円から二〇〇七年の三一三万円になって、七五万円、約二割減っています。

参考までに国税庁「民間給与実態統計調査」によると、労働者(給与所得者)の平均賃金(給与)は、同じ期間に四一八万円から三六七万円になり約五一万円減っています。

こうした数字には、調査時期の関係で、二〇〇八年恐慌にともなう昨年秋以降の残業手当の激減や、ボーナス・諸手当の大幅な削減、本俸の切り下げなどは反映されていません。したがって、現状がこれらの数字よりさらに悪化していることは火を見るより明らかです。と同時に、所得の未曾有の減少を示すこの戦慄すべき数字から、所得の減少にともなう消費のかつてない大きな落ち込みが今回の恐慌に大きな影を落としていることを知ることができます。

## 自治体の選挙業務に時給七八〇円の日雇い派遣

第六六回　二〇〇九年八月三〇日

今回の総選挙では派遣労働の規制が一つの争点になりました。にもかかわらず、全国各地の自治体では、各種の選挙業務に大量の日雇い派遣が利用されたと伝えられています。NHKニュースの不確かな記憶によれば、大量の派遣切りで経営が悪化した派遣会社が一時間一〇〇〇円を切る低料金で売り込みをかけており、派遣労働者が受け取る時給は最低賃金ぎりぎりの七八〇円まで下がっているそうです。

厚生労働省の労働者派遣事業の二〇〇七年度報告によると、一般労働者派遣事業の八時間当たりの派遣料金は平均一万四〇三二円(対前年度比九・九%減)で、賃金は九五三四円(対前年度比九・八%減)でした。この場合、時給は一二〇〇円近くになりますが、派遣の時給は最近ではますます低下して、日雇い派遣では地域の最低賃金ぎりぎりにまで下がっている例もあると聞きます。それがまさしく選挙事務のための日雇い派遣なのです。

八月五日付の『神戸新聞』は、今回の総選挙では「全九区の開票所で約二七〇〇人が作業する。うち人材派遣会社三社の社員は七一五人と、約四分の一を占め、市の支出は約三二〇万円」と報道しています。これは半端な人数ではありません。いかに経費を減らせるといっても、自治体が自民党も規制すると言っている日雇い派遣を利用するのは問題です。また、本来は正職員で対応すべき選挙業務を日雇い派遣に任せることは、選挙業務の信頼性を損なうものです。

選挙にかかわる日雇い派遣の利用は、自治体の投開票業務にとどまりません。どの党とは言いませんが、選挙運動に日雇い派遣を動員しているという話も聞きます。また選挙の出口調査に派遣スタッフが当たっていると言われています。それだけに問題の根は深いということです。

参考までに派遣求人情報サイトの「派遣ＥＸ」のネット広告を貼り付けておきます。

---

**給与**……時給七八〇円〜
**勤務地**……横浜市営地下鉄新横浜駅徒歩一二分
**休日／勤務日**……三〇日のみのお仕事です
**勤務時間**……六：三〇〜一三：三〇
**お仕事内容**……選挙に係わる受付・記載案内、投票用紙の交付・名簿照合などのお仕事をお願いします。投票日が八月三〇日(日)となります。当日投票業務は区内エリア約三五ヶ所となります。研修に関しては参加必須です。【当日業務】六：三〇〜一三：三〇・一三：三〇〜二〇：三〇(区により時間が前後する可能性が有ります)
**応募資格・条件**……パソコンの基本操作が可能な方(入力やインターネット操作程度)。市民の方への丁寧な対応が可能な方【服装】ビジネスカジュアル【喫煙環境】禁煙【残業】原則なし
**お仕事ＰＲ！**……人気の行政機関でのお仕事です。一日のみの単発のお仕事です!!
〈より多くの求人情報を提供するため仮登録の手続きを致します。〉
**派遣会社**……ヒューマンリソシア株式会社　東日本

## 派遣の「専門二六業務」の過半は単純労働

第八〇回 二〇一〇年一月二七日

労働者派遣法改正案の国会提出が間近に迫っています。改正の焦点の一つは登録型派遣の規制です。これに関連して、二〇〇九年一二月一八日開催の労働政策審議会関連部会に提案された公益委員案骨子は、「常用雇用以外の労働者派遣を禁止する」という趣旨から「登録型派遣の原則禁止」を打ち出しました。

これが額面通りなら評価したいところですが、禁止の例外として、①専門二六業務、②産前産後休業・育児休業・介護休業取得者の代替要員派遣、③高齢者派遣、④紹介予定派遣をあげている点はまったくいただけません。いわゆる専門二六業務を規制の対象としないというのでは、登録型派遣の原則容認ではないかと言いたくなります。

公益委員案は「専門二六業務」という言葉を使っていますが、これがくせもの、というよりくわせものなのです。一九八五年の労働者派遣法(八六年七月一日施行)によって当初、派遣の許可業務として認められたのは、①ソフトウエア開発、②事務用機器操作、③通訳・翻訳・速記、④秘書、⑤ファイリング、⑥調査と整理・分析、⑦財務処理、⑧取引文書作成、⑨デモンストレーション、⑩添乗、⑪建築建物清掃、⑫建築設備運転・点検・整備、⑬受付・案内・駐車場管理の一三業務でした。施行から四カ月後に三業務、一九九六年の改定でさらに一〇業務追加され、「専門業務」であることを理由とした派遣許可業務は合計二六業務となりました。

労働者派遣制度が合法化されたときの口実の一つは、経済のサービス化や情報化のなかで、企業、とりわけ巨大企業は高度に専門的な技術、知識および経験を身につけた人材を多数必要とするようになってきたが、そうした人材を社内で雇用する労働者だけで確保することは難しく、専門的な技術や知識を有する者を社外から派遣してもらうことが不可欠である、というものでした。

そういう理屈で、「専門的な知識、技術又は経験を必要とする業務」にかぎり、特例的に認められたのが当初の「専門一三業務」、のちの「専門二六業務」ですが、この理屈は最初から破綻していました。派遣法の成立に先立ってすでに拡大していた派遣的形態の業務処理請負業はビル管理や事務処理などの単純労働を主要な業務としていました。

労働者派遣法の成立時に、派遣許可業務とされた専門一三業務のうちには、ファイリング、建築建物清掃、受付・案内・駐車場管理など明らかに専門的業務とはいえない単純労働業務が含まれていました。事務用機器操作にしても、通常のパソコン操作であれば、今日ではほとんど特別の熟練や技能を必要としなくなっています。

派遣法の成立に誰よりも深く関与した高梨昌氏(信州大学名誉教授)は、最近のインタビュー「派遣法立法時の原点からの乖離」(『都市問題』第一〇〇巻第三号、二〇〇九年三月)において、当初の派遣対象業務にビルメンテナンスとファイリングという二つの単純労働ないし不熟練労働を入れてしまったことが、専門的な知識や経験をもった業務の派遣を認めるという論理の破綻を招き、「それがのちにポジティブリストからネガティブリストに変わっていく一つの道筋になってしまった」と告白しています。

厚生労働省「平成二〇年派遣労働者実態調査結果の概要」によれば、派遣労働者が従事する全業務(二六業務＋八業務＋その他)のうち、単純労働とみなすことができる業務に従事する労働者の割合は、「専門二六業務」が事務用機器操作(一七・四%)、ファイリング(一〇・〇%)、建築物清掃(一・六%)、案内・受付・駐車場管理等(四・四%)で、合計三三・四%、「二六業務以外の業務」が販売(二・九%)、一般事務(二三・六%)、物の製造(二四・〇%)、倉庫・運搬関連業務(五・九%)、イベント・キャンペーン関連業務(二・一%)で、合計五七・九%となっています。

これは複数回答の結果なので、全業務の従事者の割合の合計は一三五・九%、うち「専門二六業務」は六〇・七%、「二六業務以外の業務」は七五・二%であることを踏まえて単純業務従事者の割合を計算すれば、業務全体では(33.4+57.9)÷135.9で六七・二%、「専門二六業務」では33.4÷60.7で五五・〇%、「二六業務以外の業務」では57.9÷75.2で七七・〇%となります。

つまり、全派遣受入業務の六七%、「専門二六業務」派遣の五五%、「二六業務以外の業務」派遣の七七%は単純労働であるということです。「専門二六業務」も実態は単純派遣が多数を占めているのですから、二六業務を「専門」業務とみなして登録型派遣の禁止から除外する論法は成立しません。

## 賃金の引き上げこそデフレ脱却の決め手

第八一回　二〇一〇年一月二九日

連合と日本経団連の春季労使交渉をめぐるトップ会談が一月二六日に行われました。報道では企業業績が低迷するなかで、労使はベアは困難との見方を共有し、定昇の扱いが焦点になると伝えられています。しかし、この一年余りは賃金がかつてなく大幅に下がっているのですから、労働側はせめて下がった分を回復させる要求を掲げ、その実現のために闘うべきではないでしょうか。昨年八月六日、この連続講座の第一〇回に「このままだと年間給与総額は一〇兆円の減収に」（本書では割愛）と書きました。これは昨年六月に支払われた給与総額が賞与を含め七・一％減少したという厚生労働省「毎月勤労統計調査」の発表をうけて、普通の月は一～三月の結果をもとにマイナス三％、ボーナス月はマイナス七％と仮定し、それに失業者の減収分を加えて推計した数字です。

実は、内閣府の「国民経済計算」によれば、雇用者報酬は二〇〇八年七～九月期から二〇〇九年七～九月期のわずか一年間に二六三兆一八九七億円から二五二兆九九三二億円へ、一〇兆円も下がっています。雇用者報酬は賃金とボーナスに、退職一時金および社会保険の雇用主負担分を加えた額ですから、さきの給与総額とは少し違いますが、一〇兆円のマイナスのほとんどは給与所得（賃金、ボーナス）の減少によって生じたものです。

日本経団連は昨年一二月一八日、大手企業のこの冬のボーナス（賞与・一時金）妥結額の最終集計を発表しました。それによると、平均妥結額は前年比一五・〇一％減の七五万五六二八円となり、一九五九年の統計開始以来最大の落ち込みを記録しました。同じ日本経団連の発表資料で昨年夏のボーナスを見ると、平均妥結額は前年比一七・一五％減の七五万三五〇〇円でした。二つの数字をもとにした大手企業の昨年の従業員一人当たりの給与所得の落ち込みは、ボーナスだけでも二九万円に達します。残業代が激減した製造業の年収の落ち込みはこれよりもっと深刻です。

雇用者報酬がこれほど下がっては個人消費が縮小するのも当然です。振り返れば、もともと個人消費という景気の足腰が弱かったところにもってきて、リーマンショック後の世界恐慌で輸出が落ち込むと、たちまち販売不振と過剰生産が表面化し、それが賃金と消費のいっそうの落ち込みを招いて大恐慌をきたした、というのが二〇〇八年秋以降の日本経済の動きでした。

最近ではしきりにデフレ脱却がいわれていますが、賃金を切り下げて景気を回復させようとしても、個人消費が縮小しデフレが強まるだけで、景気の浮揚は期待できません。デフレ脱却の鍵は賃金の引き上げです。労働界にはこの点をふまえて労使交渉にあたってほしいものです。

## 公約破りにあいた口がふさがらない

第九四回　二〇一〇年五月二九日

とんでもない話に、腹が立つやら、嘆かわしいやら、呆れ返るばかりです。それって沖縄米軍基地についての日米合意のことかって? それももちろん腹が立ちますが、もうひとつ、あいた口がふさがらないのは、民主党が「最低賃金を引き上げる」という昨年九月の総選挙公約をほごにしたことです。

二〇一〇年五月二八日の『日本経済新聞』は、「政府は企業が従業員に支払う義務を負う最低賃金について景気状況に配慮しつつ、二〇二〇年までに全国平均で時給一〇〇〇円を目指すとの目標を策定する方針を固めた」と書いています。記事には「大幅先送り」という見出しがついていますが、遅くとも次期選挙までに実現を目指すというのが選挙公約ですから、下野しているかもしれない一〇年後に先送りするというのは、公約を棚上げ、取り下げ、撤回したも同然です。

「政権交代」を売り看板にした民主党のマニュフェストは、「最低賃金を引き上げる」という公約について次のように書いていました。

**政策目的** ◉まじめに働いている人が生計を立てられるようにし、ワーキングプアからの脱却を支援する。

**具体策** ◉貧困の実態調査を行い、対策を講じる。
◉最低賃金の原則を「労働者とその家族を支える生計費」とする。
◉全ての労働者に適用される「全国最低賃金」を設定（八〇〇円を想定）する。
◉景気状況に配慮しつつ、最低賃金の全国平均一〇〇〇円を目指す。
◉中小企業における円滑な実施を図るための財政上・金融上の措置を実施する。

**所要額** ◉二二〇〇億円程度

ここに示されているように、「全国最低賃金」（八〇〇円）の設定と、最低賃金の全国平均一〇〇〇円への引き上げが民主党の公約でした。現行の地域別最低賃金では、フルタイム並みに年間二一一二時間（一日八時間×二六四日）働いても、年収は、天引き前でも東京（七九一円）で一六七万円、大阪（七六二円）で一六一万円、沖縄（六二九円）で一三三万円、全国平均（七一三円）で一五一万円にしかなりません。これが全国平均で一〇〇〇円に引き上げられたとしても、年収は、税金や社会保険料を差し引けば、一八五万円ほどにしかならず、「労働者とその家族を支える生計費」には遠く及ばず、単身の若者でもワーキングプアから抜け出すことはできません。その意味で、民主党の全国平均一〇〇〇円という公約は高すぎるどころか、きわめて控えめな、というよりむしろ低すぎる引き上げ目標でした。

そもそも、まじめに働いている人がまともに暮らせない社会は間違っています。だからこそ民主党は「まじめに働いている人が生計を立てられる」社会にしていくための政策を公約に掲げたはずです。それさえ反故にするというのですから、呆れてあいた口がふさがりません。

## 民間給与　男性は一二年間で七七万円もダウン

第一〇六回　二〇一〇年一〇月一日

このほど、国税庁の二〇〇九年分「民間給与実態統計調査結果」が発表されました。それによれば、〇九年に民間の事業所に一年を通じて勤務した給与所得者は四五〇六万人、その平均給与（給料・手当＋賞与）は四〇五万九〇〇〇円でした。これをピークだった九七年の四六七万三〇〇〇円と比べると、六一万四〇〇〇円も減少したことになります。なかでも下落が大きい〇九年は、単年で二三万七〇〇〇円ものマイナスになっています。

平均給与の過去の動きを性別にみると、男性の給与の下落が大きいだろうことは容易に察しがつきます。実際にそのとおりで、男性はピークの一九九七年から二〇〇九年の一二年間に、五七七万円から四九九万七〇〇〇円へ、七七万三〇〇〇円ものマイナスになっています。女性は同じ期間に、二七八万九〇〇〇円から二六三万一〇〇〇円へ、一五万八〇〇〇円の下落にとどまっています。〇九年の一年間で見ても、男性は三二万八〇〇〇円の下落であるのに対して、女性は四分の一の七万九〇〇〇円の下落ですんでいます。

二〇〇九年については、これは、男女を問わず給与のうち時間外手当(残業代)と賞与(ボーナス)の減少が特別に大きいことと、男性に比べて女性はパートタイム比率が高く、残業時間が短く、賞与が少なく、賃金水準が低いことが影響しています。

それにしても男性の賃金(給与)が一二年間に七七万円も下がり、そのうちわずか一年間に約三三万円下がったことには驚かされます。男女を合わせた民間給与総額は一年間に二〇一兆三一七七億円から一九二兆四七四二億円に、八兆八四三五億円も減っています。これでは一国の需要の大半を占める個人消費が縮小するのは当然です。また不況が長引き容易に回復しそうにないのも当然です。

ここから賃上げの声が彷彿と拡がってよさそうなものですが、ネット上には、民間の給与がこれほど下がったのだから公務員の賃金をもっと下げるべきだという意見が目につきます。民間の賃金が下がれば公務員の賃金も下がる仕組みがあって、公務員の賃金も近年ではずいぶん下がってきました。それをさらに民間が下がったというので二割、三割下げたら、今度はまた民間の賃金を下げる圧力が強まり、悪循環が続くことになるでしょう。

公務員の平均給与はふつう正規職員について言われますが、さきの民間給与は常用のパート・アルバイト労働者も含んでいます。また公務員の正職員は民間労働者に比べると勤続年数が長く平均年齢が高いので、単純比較はできません。そのあたりを無視しても、国家公務員の年間給与は、減少に転じる前の一九九八年から二〇〇九年までに、本庁勤務の係長で約一二・八%、地方機関(地域手当非支給地)勤務の係長で約一七・五%減少しています。年額では、今年度の人事院勧告が実施されると勧告前に比べて九万四〇〇〇円のマイナスとなり、年間給与は二〇〇二年比で六四万円の減少となります。

最近は、公務員の賃金を下げろ、人数を減らせという圧力が強まるなかで、大阪府下の自治体では非正規労働者が三割を超え、なかには五割を超えるようになっているところもあります。これも個人消費を押し下げ、地域経済を疲弊させるという悪循環をもたらしています。

こうした状況を打開するには、民間労働者と公務労働者が連帯し、また正規労働者と非正規労働者が連帯して、賃金と消費の底上げを求める声を拡げていくしかありません。

## ブラック企業の見分け方、教えます

第一一四回　二〇一〇年一一月二〇日

一一月一七日、エルおおさか（大阪府立労働センター）において、大阪過労死問題連絡会の主催で、「就活におけるブラック企業の見分け方」というシンポジウムがありました。そこでは、日本海庄や（大庄グループ）の新卒過労死事件に関する松丸正弁護士の事例報告と、新卒者の就職活動と働き方に関する私の基調報告のあと、上場企業で過労死した新卒労働者の父親の話や、団体交渉に関する地域労組おおさか青年部、中嶌さんの話や、若者の離職理由の調査結果に関するNPO法人POSSE事務局長、川村遼平さんの話や、一〇〇社以上にエントリーし、数十社で面接まで行った女子学生の就活体験の話がありました。

それらは、私の話を除き、新卒者と若者をとりまく労働市場の厳しさと、ブラック企業の見分け方を知るうえで、きわめて有益でした。ここではメインテーマであった「ブラック企業の見分け方」について、当日語られたことを私なりに整理してお伝えします。

**広義のブラック企業**

- 過労死・過労自殺を起こしたことがあるか、起こす恐れがある。
- 残業時間が異常に長く、サービス残業（賃金不払残業）が恒常化している。
- 三六協定に月八〇時間以上の残業を認める特別協定を盛り込んでいる。

この意味でのブラック企業には、少なくない大手一流企業も含まれます。しかし、その多くは、世間ではそうとは思われていないか、ほとんど知られていません。その意味では「隠れブラック」と言ってもよいでしょう。

**狭義のブラック企業**

- 社員規模に対する求人数の割合が不自然に高く、離職率が目立って高い。
- 社員の平均勤続年数がかなり短く、平均年齢がかなり若い（離職率が高い恐れ）。
- 基本給＋残業代を初任給とし、長時間残業を給与体系に組み込んでいる。
- 「〇年後には独立可能」「入社即店長」「〇年後には年収〇百万円」などの「夢」をやたらと売り物にする。
- 求人情報の労働条件と採用後の労働条件が大きく異なる。

◉大量に採用して酷い働かせ方をするだけでなく、使い潰して酷い辞めさせ方をする。
◉株価がきわだって高く、「猛烈企業」として名が通っている。
◉社長がワンマンないしカリスマでやたらと従業員のやる気を鼓吹する。

最近になってこれらの企業が「ブラック企業」として問題になってきた背景には、企業の利益第一主義の経営と政府の新自由主義的雇用政策が強まり、底辺に向かっての競争(race to the bottom)が激化してきたなかで、労働条件の悪化が一段と進んだという事情があります。そのうえ、就職新氷河期に入り、学生たちが従来なら敬遠したかもしれない問題企業にも応募し、就職せざるをえなくなったことが、ブラック企業への関心を高めたと言えます。さらにいえば、インターネットの掲示板や労働サイトに個別企業の告発情報や内部情報が溢れるようになったことも無関係ではありません。

総じて多くの企業の労働条件が悪化してきた今日では、ブラック企業を見分けて避けたつもりでも、自分の入った会社が不幸にしてブラック企業である可能性があります。とすれば、たんに見分け方を身につけるだけでなく、そうした企業に対する対抗手段や問題解決の方法を知っておく必要があります。

## 福島の原発事故と広島・長崎の被曝

第一二八回　二〇一一年三月二九日

三月一一日の東日本大地震の発生以来、何人もの海外の親戚・友人・知人から見舞いのメールや電話をいただきました。『ワーキング・プア――アメリカの下層社会』（森岡孝二・川人博・肥田美佐子訳、岩波書店、二〇〇七年）の著者であるデビッド・K・シプラーさんもその一人です。

彼から「大阪があの地震と津波のあった場所から遠いことは分かっていますが、あなたや友人や家族の安否のことを心配しています」、という震災見舞いのメールが届きました。それに私が返信すると、「安心しましたが、ひどい状況に心が痛みます」というメールがありました。さらに三度目のメールには、三月一七日にオンライン・マガジン、The Shipler Report に寄稿したエッセイが添えられていました。

書き出しは「広島は、北日本のメルトダウンした原子炉から遠く安全な距離ですが、私の気持ちのうえではすぐ近くにあります。核兵器で攻撃された唯一の国が六六年後のいま原子力の平和利用による脅威に直面しているのは、あまりにも不公平です」となっています。

これは東電福島第一原発の原子炉事故から、二〇〇七年五月の来日時に訪問した広島に思いを馳せた文章です。シプラーさんは、前掲の著書の邦訳が出版された折に来日され、五月一五日にNHKのクローズアップ現代「ワーキングプア――アメリカからの警告」に出演し（放送は一七日）、夜は東京の岩波ホールで講演。一七日に関西大学経済学部で講演。そして翌一八日は広島に行かれ、その夜はエルおおさかで「働き方ネット大阪」主催の講演会に臨まれる、というハードスケジュールのなかの広島訪問でした。

本題に戻ります。シプラーさんの広島エッセイを読んだ私は、彼に、三月一九日に、今回の原子炉事故の報道では、「被曝」という言葉が頻繁に使われながら、これまでのところ、広島、長崎の被爆のことはほとんど語られていません、と書き送りました。

その後、『朝日新聞』の小さな紹介記事に出ていた大江健三郎氏の『ニューヨーカー』への寄稿記事（三月二八日号、ネットには三月二三日時点で掲載されていた)を読む機会がありました。そのなかには、次のように書かれています。

地震や津波やその他の天災と同様に、広島の体験は人類の記憶に刻み込まれるべきです。それはまさに人為であるがゆえに、これらの自然災害以上に劇的な大災害です。原子炉を建設することを通して、人間の生命への同じ冒瀆を繰り返すことは、広島の犠牲者の記憶への考えうる最悪の裏切りです。

---

それにしても、いまにいたるも、日本のマスメディアではこの種の評論や記事が少ない状況をどう考えればいいのでしょうか。シプラーさんからは原発に対する日本の世論はどうなっていますか、と尋ねられています。反原発あるいは脱原発の世論が高まっているのは確かでしょう。だとしても、何か浅いところで議論がされているように思われてしかたなく、いまだに返事をしかねています。

## 橋下大阪府知事の教育論は一〇〇パーセント間違っています

第一四一回 二〇一一年六月一三日

六月一〇日の『毎日新聞』の「記者の目」に、大阪府議会で「君が代起立条例」が成立したことに対して、「さまざまな考えを学び合うはずの学校が、一つの型にはめ込まれようとしている。子どもの将来を思うと、取り返しのつかない道を進んでいる気がしてならない」と批判する記事が載っています。

それに橋下府知事がツイッターで噛みついて、「教育とは二万％強制です」「生まれたての赤ちゃんから大人になるまで、教育は強制そのもの」と、つぶやくというより、なじっています。「ほっといたら、挨拶だってできません。おしっこだって、その辺でし放題」。だから強制が必要だというのです。

メーリングリストでこの話を読んで、私は腹が立つというより、あまりのいいかげんさに呆れました。あれは教師に強制するための条例だとばかり思っていましたが、「教育は強制」と言い放ち、その一例として子どもの躾の話をしているところをみると、あれは、子どもに対して強制教育を推進するために制定した条例だったのでしょうか。結局、教師に強制したいのか、子どもに強制したいのか、はたまた教師にも子どもにも強制したいのか、そんなことなどどうでもいいような、いいかげんな人物のいいかげんな思いつきだったのでしょうか。

「教育は強制」と強弁して憚らない大阪府知事は、日本語で言えば、「させる」と「しましょう」の違い、英語で言えば、メイク(強制使役)とレッツ(自発使役)の違いもわからない粗野な暴君です。

永井愛という劇作家がいます。作品には『歌わせたい男たち』という君が代強制問題に題材をとった抱腹絶倒、怒り心頭のドラマもあります。『ら抜きの殺意』という芝居では、彼女は、言葉の問題をテーマに、最近は若者を中心に「ら抜きことば」が広がっていることや、日本語の女言葉には命令形がないことを、おもしろおかしく取り上げています。

私は永井さんの『ら抜きの殺意』をテレビで観て以来、女言葉には命令形がないことを日本語のジェンダーの問題として、ネガティブに考えていました。しかし、「教育は強制」という知事の言を聞いて、目から鱗というか、女言葉に命令形がないことは教育の本質に根ざしていることで、そもそも教育には命令はなじまないことに気づかされました。

日本の父親たちは、子どもに何かをさせたいとき、「やれ」あるいは「しろ」と命令形で言いがちです。ところが、母親たちは、たいていの場合、子どもに対しては「してちょうだい」「したらどう」と依頼形で言います。このことは、家庭内の教育や躾は、一方的な命令形ではうまくいかないことを証明するものです。男たちは、日頃、子どもと接する機会が少ないために、安易に命令しがちですが、いつも子どもと接する母親は、命令では反発を招くだけで躾はできないことをよく知っているので、なさるという敬語動詞の命令表現として「しなさい」と言う場合はありますが、むき出しの命令形はほとんど使わないのです。

乳幼児の躾で親たちが苦労するのは「おしっこ」や「うんこ」などの排泄ですが、「教育は強制」と言う府知事は、こどもは命令すれば、「おしっこ」を自分で言い、自分でするようになるとでも思っているのでしょうか。ツイッターで「挨拶だって」「おしっこだって」と書いているところをみると、本気でおしっこの躾は強制しなければできないと考えているのかもしれません。

しかし、わかりきったことですが、おしっこの躾は強制では一〇〇%できません。そんなこともわからない人物が知事であることをとても悲しく思います。

## 仙台市と名取市の津波被災地を訪ねて想う

第一四三回　二〇一一年六月二三日

三・一一から約三か月後の今月一八日(土)、経済理論学会代表幹事の八木紀一郎先生とご一緒に福島を訪ね、一九日(日)の朝、「福島県復興ビジョン検討委員会」がまとめた基本方針(案)について、座長代行の山川充夫先生(福島大学)に詳しくお聞きしました。

その日の午後は仙台まで足を伸ばし、当地にお住まいの森岡ゼミ出身の小川かおりさんと彼女の夫君のご案内で、仙台市と名取市の沿岸部を半日見て回りました。最初に訪れたのは仙台市[illegible]い横浜冷凍の辺りでした。ここは工場・倉庫団地だったところですが、どの建物も津波の巨大な力に押しつぶされ、コンテナやスクラップの山と化していました。そこから車で若林区の荒浜地区に入り、何度も降りて、家屋ごと流された住宅地区や、船があちこちに置き去りにされている農地を見て回りました。

Googleでみると、荒浜地区は海岸のすぐ近くに住宅が立て込んでいたために被害が大きかったことがわかります。六月一六日現在で仙台市の死者数は七〇四人、行方不明者数は五一人となっています。この犠牲者の多くは荒浜地区の人々ではないかと推察されます。

仙台市若林区の南西は名取市の閖上《ゆりあげ》地区に続いています。ここは若林区以上に悲惨です。六月一六日現在で、名取市の死者数は九一〇人、行方不明者数一〇九人にのぼっています。津波で壁が抜けながら外形だけをとどめた家屋もありますが、大半はがれきが撤去され、大空襲のあとの東京の焼け野原の映像のように、見渡すかぎり平地が広がっています。

リアス式海岸の港町では、四~五階のビルに大勢の人が避難して押し寄せる津波に怯えているテレビ映像をよく見ましたが、閖上地区にはどこにも高い建物も山も高台もなく、津波が押し寄せたら、近くには逃げる場所がありません。それだけに強い恐怖と悲嘆を覚えました。

閖上地区の日和山という名の数メートルの丘(多分盛り土)の下に、「地震があったら津波の用心」と題された震嘯《しんしょう》記念碑が横たわっていました。デジタルカメラで撮った写真をもとに起こしてみました(原文は、点や丸のないカタカナ混じりの文体ですが、読みやすくするために句読点を入れ、ひらがなに改めました)。この教訓がはたしてどれほど生かされたか、考えさせられます。

---

震嘯記念碑　地震があったら津浪の用心

昭和八年三月三日午前二時三十分突如強震あり。沈静後約四十分にして異常の音響と共に怒濤澎湃し来たり、水嵩十尺名取川を遡上して、西は猿猴圍、南は貞山堀廣浦江一帯に氾濫せり。浸水家屋二十餘戸。名取川町裏沿岸に在りし三十噸級の発動機漁船数艘は柳原圍の畑地に押し上げられ、小艇の破砕せらるるもの尠なからざりしも、幸人畜には死傷なかりき。縣内桃生牡鹿本吉の各郡及び岩手青森両縣地方の被害甚大なりしに比し、輕少なりしは、震源地の遠く金華山の東北東約百三十海里の沖合に在りて、濤勢牝鹿半島に遮断せられ、その餘波の襲来に過ぎざりしと、河口の洲丘及び築堤の之を阻止したるとに因るなり。震災の報一度天聴に達するや、畏くも天皇・皇后両陛下より御救恤として御内帑金を御下賜せらる。聖恩宏大なること洵に恐懼感激に禁へざるところなり。惟うに天災地変は人力の予知し難きものなるを以って、緊急護岸の万策を講ずべきは勿論、平素用心を怠らず変に応ずるの覚悟なかるべからず。茲に刻して以て記念とす。

なお、この年の地震と津波は、名取川河口では死傷者もなく、さほど大きくなかったようですが、ウィキペディアによると、震源は現在の岩手県釜石市の東方沖約二〇〇キロメートル。マグニチュードは八・一の大地震でした。大津波の最大波高は、大船渡市綾里で二八・七メートル。死者一五二二人、行方不明者一五四二人、負傷者一万二〇五三人にのぼる大災害だったようです。

## 就職新氷河期で増える学生の就活自殺

第一四六回　二〇一一年七月二四日

就職氷河期の再来が心も凍る「就職新氷河期」と呼ばれるこのごろ、学生の就活うつが増えています。それだけでなく、就活の失敗に起因する学生の自殺が急増しています。

警察庁によれば、二〇一〇年の「就職失敗」を原因あるいは動機とする大学生の自殺者は、前年の二倍の四六人（男性四〇人、女性六人）になりました（警察庁「平成二二年中における自殺の概要資料」二〇一一年三月三日）。

学生の就職失敗による自殺者の数は、二〇〇七年は一三人（男性一三人、女性〇人）、二〇〇八年は二二人（男性一七人、女性五人）、二〇〇九年は二三人（男性一八人、女性五人）でした。

二〇〇八年から二〇一〇年で見ると、大学生のあらゆる原因による自殺者総数は五三六人から五一三人に減少しています。にもかかわらず、就職失敗を原因とする大学生の自殺が増加していることはゆるがせにはできません。

近年は、三〇代、さらには二〇代の若い労働者の過労自殺が増えて社会問題になっています。過労自殺では企業の責任が問われますが、就活自殺は、面接の失敗や圧迫面接が引き金になったとしても、加害責任を特定することが難しく、労災保険制度のような補償のあてもなく、内密にしたいという保護者の心情もあって、社会問題になりにくいと言えます。それだけに大学関係者は学生の就活自殺の増加に警鐘を鳴らす必要があります。

さきの数字は、就職の失敗による大学生の自殺者は男子のほうが女子よりずっと多いことを示しています。それは、社会人でいえば、男性のほうが女性より過労死・過労自殺の犠牲者が多いことと無関係ではありません。これには、いまなお男性中心社会の日本では男子学生は女子学生以上に「よい就職」に対する本人や家族のこだわりが強く、それだけ就活のストレスも高いという事情があると考えられます。

しかし、このことは女子学生のほうが男子学生より就活の苦労が少ないということを必ずしも意味しません。むしろ、女子学生は、総合職の門が狭いうえに、一般職の採用が厳しく抑えられています。そのなかで、男子より多くの企業に応募しながら、内定がなかなか取れず、内定の出る時期も男子より遅く、内定率が低い反面で、「泣いている率」が高いのが女子学生です。

とはいえ、それ以上に泣いているのは、就活の失敗で自ら命を絶った息子、娘の親たちです。それを思うと、悲しさと腹立たしさでいたたまれない気持ちになります。

## 若者の働かされ方の地獄絵を見るようです

第一四七回　二〇一一年九月九日

今月七日、飲料水配送会社に勤めていた二〇〇八年八月に過労自殺した兵庫県尼崎市の若者（当時二七歳）の両親が、息子の死は、会社が健康配慮義務を怠って長時間過重労働に従事させたことが原因だとして、会社に計約八三〇〇万円の損害賠償を求めて大阪地裁に提訴しました。

それを事前に報じた五日の『毎日新聞』（大阪版）によれば、その若者は、大学卒業後約五年間、アルバイトをしながら正社員職を探し、〇八年四月に大手飲料メーカーの配送業務と自販機の補充業務を行う「日東フルライン」（大阪市住之江区）に就職し、四カ月後に死亡しました。両親は過労によるうつ病が原因[illegible]労災を申請し、大阪西労働基準監督署で昨年六月に認定されました。タイムカードでは、うつ病発症前一カ月の時間外労働は約一〇四時間、三カ月平均は約八一時間であったといいます。今回の訴訟は、民事上の会社の責任を追及するために起こされたものです。

この記事には「過労死や過労自殺が若年化している。正規雇用されても過労死しかねないという、就職を巡る若者の地獄絵図を見るようだ」という私の一言コメントが付されています。

この若者だコカコーラなどの飲料水（ソフトドリンク）配送会社に有期雇用の契約社員などではなく、正社員として入社したかどうかは不確かな点もありますが、彼が正社員職を探していたこと、「きついみたいだが、やっと正社員になれたから頑張る」と張り切っていたことは確かです。大学卒業後の数年、アルバイトの非正規労働者として働き、ようやく正社員になれたと思ったら、入社後わずか四カ月で過労自殺。ここに現在の日本の働き方の悲惨さが集中的に表れています。

以前、立教大学経済学部の一〇〇周年記念シンポジウム（佐高信・雨宮処凛・森岡孝二『信号機の壊れた「格差社会」』岩波ブックレット、NO. 722 二〇〇八年四月）で、こう述べたことがあります。

いまの労働現場は、非正規労働者にとって非常に過酷なものであるとともに、正社員にとっても過酷なものになっています。／労働者は、どちらの過酷さを選択するのかが迫られているとも言えます。一方で雇用が不安定で賃金がいつまでも上がらない非正規雇用であれば、非常に低い収入しか得られない。他方で、正社員になって雇用が安定するかと思うと、猛烈な働き方を要求されて、働きすぎの状態になる。大ざっぱに言ってしまうと、一方を選ぶと貧困が待っており、他方を選ぶと働きすぎ・過労が待っている。極言すると、一方にはワーキングプア、他方には過労死がある。いまの日本の「格差社会」は、その二つの極端――ワーキングプアと過労死――が、抱き合わせのセットになってあらわれているところが大きな特徴です。

私がさきのコメントで、「就職を巡る若者の地獄絵」という言葉を使って言いたかったのもこのことです。

## ソウル市長の朴元淳さん、日本から応援しています

第一五八回　二〇一一年一一月三〇日

今年驚いたことの一つは、一〇月二六日に投票された韓国ソウル市長選挙で野党統一候補の朴元淳（パク・ウォンスン）さんが当選されたことです。以前、日本と韓国で二度お会いしている方です。それで親しみと尊敬の念を込めて「さん」と呼ばせていただきます。

最初に会ったのは、二〇〇一年一一月二四日、龍谷大学で開かれた社会文化学会第四回全国大会でし

た。その全体シンポジウムで、朴さんは「韓国市民運動の特徴と方向性」について、私は「社会派株主運動と企業改革」について報告し、シンポのなかでもその前後でも意見を交わす機会がありました。

二度目は、朴さんに招待されて、二〇〇二年八月一日から三日にかけて、株主オンブズマンのメンバー八人(ほかに同伴者二名)とともに韓国の市民団体である参与連帯の経済民主化委員会を訪問したときです。参与連帯の名は、二〇〇〇年韓国総選挙の「落選運動」のニュースで日本でも知られていました。朴さんは、私たちが訪問した当時、参与連帯の事務所長を降り、市民社会団体連帯会議(NGO連合)の常任運営委員長でした。

朴さんは、私たちが参与連帯と交流した場には来られなかったという事情もあって、八月二日の夜、私たちが宿泊していたロッテホテルにわざわざお見えくださいました。そのとき、彼が「私は韓国でもっとも有名で、もっとも貧乏な弁護士です」と笑いながら言われたことが今でも記憶に残っています。自分は「落選運動」で一躍有名になったけれど、現在は弁護士としての仕事はしておらず、市民団体のわずかな専従手当しか収入がない、という意味です。

また、そのとき、後に日本で『韓国市民運動家のまなざし――日本社会の希望を求めて』(風土社、二〇〇三年)というタイトルで出版された本の韓国語版をサイン入りで恵贈いただきました。私は韓国語はわかりませんが、朴さんから二〇〇〇年に三カ月日本にいて各地の市民団体をめぐったときの記録で、「日本の変わり者を訪ねて」という題の本だと聞きました。

いま、当時の日本語版の出版記念フォーラムの朴さんの講演記録を読むと、「三年前(二〇〇〇年)、私が初めて日本に来たときは、知っている人もいないし、日本語も全くできませんでした。東京にいるときは通訳をお願いできましたが、地方ではそうもいかず、私自身が日本語を話さなければなりませんでした。一所懸命勉強して、最後には日本語で講演するほどになりました」。三カ月で日本語で講演できるまで日本語に習熟するとは驚きです。その後、私が二度お会いしたときは、昔から知っていたかのような日本語を話されていました。

朴さんは、その後も「美しい財団」というNPOを設立するなど、ずっと貧乏弁護士として、企業監視の市民運動の先頭に立ってきました。その人が若者層の強い支持を受けて市長選に圧勝したのですから、どこかのタレント上がりの金持ちの強権的弁護士市長とは大違いです。

朴さんは市長就任後、公約通り非正規の市職員の正規化を進めているといいます。また従軍慰安婦問題では、過去の完全な精算と日本政府の補償を求める立場を表明しています。

お隣りの国の首都のこととはいえ、朴元淳さんの市長としての仕事を、これから期待を込めて見守るとともに、応援していきたいと思います。

## 朴元淳市長との面談もかない収穫の多いソウル四日間の旅でした

第一七八回　二〇一二年五月三〇日

五月二五日(金)から二八日(月)まで、鰺坂真・大阪革新懇代表世話人を団長とする訪問団の一員としてソウルに行ってきました。総勢二〇名(うち一一名は女性)のなかには、私を含む六人の「働き方ネット大阪」事務局のメンバーもいました。

今回のソウルツアーの発端になったのは、本ブログ講座第一〇六回の「ソウル市長の朴元淳さん、日本から応援しています」という拙文でした。これを見て朴ソウル新市長との面談が可能かもしれないと思った大阪革新懇事務局長（働き方ネット大阪副会長）の服部信一郎さんが、大阪革新懇や大阪自治体問題研究所の諸氏を誘い、ソウル市の国際協力課と連絡を取り合って、本決まりになった次第です。

全体にたいへん学ぶところの多い刺激的なツアーでしたが、最大の収穫は朴市長に面談し、新しいまちづくりについての市長の抱負を直に伺うことができたことです。市長室のテーブルの席は、市長と八名の訪問団と二人の通訳（市側および訪問団）がようやく座れるほどのスペースでしたが、市長は着席する前に右側の最前列の特別に立派な椅子を指して、「市民が市長です。私はここを市民市長の席と呼んでいます」と日本語でにこやかに言われました。日本語は、一一年前に数カ月日本に滞在したときに一から覚えたのだそうです。

その後の話は韓国語でしたが、とくに印象に残ったのは、「これからは環境と福祉と住民参加のまちづくりの時代で、経済成長を追求して高いビルを建設していく時代は終わった」「公務員の人員や賃金をカットして士気をくじいては市政改革はうまくいかない」と語っていたことです。

まちづくりに関しては、「ソウル市内の六〇〇年前の城郭を修復し、世界遺産にしたい」「二五の全行政区ごとに住民参加の独自のコミュニティを復興するプロジェクトに取り組みたい」とも語っていました。

これは市長面談の前に行われたソウル市人事課との懇談の場でお聞きしたことですが、市長は現業を中心とする市職員の非正規雇用問題にも果敢に取り組み、今年三月の発表で五月一日から、市関係の非正規職員の四割近い一〇五四人を正規職員に転換しました。

二日目は「韓国非正規労働センター」および「福祉国家ソサイエティ」と懇談しました。非正規労働センターで聞いた話のなかには、昨年の春から秋にかけて、プサンの韓進重工業造船所の女性溶接工キム・ジンスクさんが、整理解雇に反対してクレーン上に籠城し、それを支援する「希望バス」に全国から五次にわたり一万数千人が参加し、勝利の後押しをしたという感動的なドラマもありました。

福祉国家ソサイエティは、八〇名前後の学者を擁する社会政策のシンクタンクです。ここの懇談で伺った韓国の社会保障と福祉システムの話はきわめて濃密なもので、韓国の政治経済の困難とともに、朴ソウル市長を誕生させた社会運動の理論的基盤の奥深さを実感させられました。

平和の碑、女性人権センター、浅川巧ゆかりの地への訪問もそれぞれ強く記憶に刻まれました。これらを含め、実に収穫の多いソウル三泊四日の旅でした。

いちいちお名前は記しませんが、通訳、案内、説明などでお世話になった方々に心よりお礼を申し上げます。

## 【ブラック企業すぎるワタミの冷酷非情な働かせ方】

第一六六回　二〇一二年三月三日

すでに報道で広く知られていますが、神奈川労働局は、去る二月、二〇〇八年に大手居酒屋チェーン「和民」で働いていた森美菜さん（当時二六歳）の自殺を過重労働による労災であると認定しました。二〇〇九年、遺族は横須賀労働基準監督署に労災認定を申請しましたが却下されたために、神奈川労働局に審査請求をした結果、ようやく労災認定にいたったものです。

二月二一日のＮＨＫニュースが労災認定の決定書から伝えるところでは、美菜さんは二〇〇八年四月に入社し、横須賀市の店に配属されて調理を担当していましたが、最長で連続七日間に及ぶ朝五時までの深夜勤務を含む長時間労働や、休日のボランティア研修などが重なって精神障害となり、入社約二カ月後に自殺しました。二カ月間の時間外労働（残業）は二二七時間でした。美菜さんの両親によると、手帳に記された日記には亡くなるおよそ一カ月前に「体が痛いです。体が辛いです。気持ちが沈みます。早く動けません。どうか助けて下さい。誰か助けて下さい」と書かれていたといいます。テレビや新聞にはその手書きのコピーが出ていました。

こうした報道があった直後、ワタミ会長の渡邉美樹氏は、ツイッターでつぎのようにコメントしました。「労災認定の件、大変残念です。四年前のこと　昨日のことのように覚えています。彼女の精神的、肉体的負担を仲間皆で減らそうとしていました。労務管理できていなかったとの認識は、ありません。ただ、彼女の死に対しては、限りなく残念に思っています。会社の存在目的の第一は、社員の幸せだからです」。

美菜さんの過労自殺が労災と認定されたのは「大変残念」、働かせ方に問題はないと言わんばかりの経営者の冷酷非情なコメントに、一斉に怒りの声が上がりました。渡邉氏は、従業員と消費者のあいだに批判が拡がることを恐れてか、その後のツイッターでは、次のように弁明しています。

　縁あって、ワタミの思いに、共鳴してくれて入社してくれた一人の社員を守れなかったのは、事実。命懸けの反省をしなければならない。彼女に、心からお詫びをしなくてはならないと考えるに至りました。もう一歩、寄り添うことが、出来ていれば…一層の法令遵守　社員に寄り添う会社づくりを約束します。

「命がけの反省」などといういかにも軽薄な表現をしているところを見ても、これはその場逃れの口先対応であって、まともな反省とは考えられません。

ワタミフードサービスが「ブラック企業すぎる」ことは、前々から言われておりました。二〇〇八年には、全国各地の「和民」の店舗で、アルバイト店員の勤務時間を一分単位で記録せずに三〇分単位などで端数を切り捨て、賃金の一部を支払っていなかったために、ワタミは労基署の是正勧告を受け、不払い部分を支給させられています。その二年前には、元アルバイト店員が残業代の不正を労基署に申告したために解雇されるという事件も起きています。従業員に「三六五日二四時間死ぬまで働け」と呼びかけている社内冊子もあります。

今年三月九日の『週刊朝日』に美菜さんと同期入社という元和民店長の証言が載っています。彼の残業は月三〇〇時間以上にもなることがあり、「仕事と会議で、寝ないで丸二日続けて働くことも。夜勤明けで渡邉美樹会長の講話へ行って、そのまま寝ないで出勤したこともある」といいます。「にもかかわらず支払われた残業代は月三〇時間、支給額は手取りで一六万円。ボーナスもなく、寸志で一万円程度だった」そうです。

同じ外食産業の大庄グループ・日本海庄やでは二〇〇七年に新卒過労死事件がありました。この会社では、月八〇時間の残業を前提に、その残業代込みの支給額を「初任給」とする給与体系をとっていました。その事件の損害請求裁判では、京都地裁も大阪高裁も、会社と経営者の責任を厳しく咎める判決を出しました。

この裁判では、大庄は同業他社も同じような働かせ方をしていることを示す資料として、他社の「三六協定」（時間外労働協定）の時間数を提出しました。それによると、大庄自体は「月一〇〇時間の時間外労働が年六回認められる」協定を結んでいましたが、ワタミは月一二〇時間の時間外労働を認める協定を結んでいました。

美菜さんの入社後二カ月間の時間外労働二二七時間はワタミの三六協定に盛り込まれた月一二〇時間にほぼ対応しています。この一事をとってもワタミは「ブラック企業」すぎると言われて当然です。

## 大阪が首都になり「維新諸法度《はっと》」が公布されたら

第一八二回　二〇一二年六月二四日

このごろ加齢のせいか、夜中にときどき悪夢にうなされて目が覚めることがあります。昨晩は、夢のなかで気づくと、何年後のことなのか、二〇XX年、デストピア大阪が維新政府の首都となり、「維新諸法度」が公布されたことを、深夜テレビが一斉に報じていました。その悪夢が記憶に残っているうちに、ここに全一七箇条を書き留めておきます。

一……参議院を廃止し、首相公選制を導入し、憲法改正手続きを緩和して憲法を改正し、自衛隊を正式に軍隊とし、徴兵制を敷き、核兵器を保有する。

一……すべて国民は、国家元首にして陸海空軍を統帥する天皇を尊崇し、公の施設や学校における行事に限らず、家庭でも祝日のたびに日の丸を掲揚しなければならない。また、どこであれ、君が代は直立不動の姿勢で斉唱しなければならない。口パクは厳重に禁止する。

一……日米安保体制を堅持しつつ、沖縄の基地負担を軽減するために、首都大阪をはじめ全国主要都市に米軍基地を移転する。

一……産業界の電力需要に応ずる必要があるかぎり、既存の原子力発電所の稼働は止めない。

一……国および地方自治体は、軍隊と警察を除く公務員の人員と人件費を大幅に削減するために、公務労働者を可能な限り正職員から、パート、アルバイト、派遣、請負およびボランティアの非正職員に置き換えなければならない。

一……労働者は、国家公務員、地方公務員、民間企業の従業員を問わず、労働組合を作ったり、団体交渉を行ったり、ストライキをしたりしてはならない。

一……労働者は、使用者から命じられた残業(時間外・休日労働)を拒否してはならず、また残業に対して賃金および割増賃金の支払いを求めてはならない。

一……労働者は、職場では入れ墨、派手な茶髪やひげやマニキュア、肌の過度の露出などをしてはならない。

一……政府と産業界は、財政赤字の解消と企業利益の拡大のため、公共部門と民間部門の別を問わず、労働者の賃金を大幅に引き下げなければならない。そのために、最低賃金制度は廃止する。

一……首相と首相が率いる政党を除くすべての有権者は、政治活動をしてはならない。ウェブ、ブログ、ツイッター、フェイスブック等による政府批判もしてはならない。

一……利潤を生まない芸術や文化に対して、国や地方自治体は施設利用や補助金等で助成してはならない。

一……必要な情報のほとんどはインターネットで入手でき、また誰もが自由に図書を購入できるので、公共図書館の施設と予算は大幅に縮小する。

一……財政再建と緊縮予算のために、女性の社会参加と男女共同参画を推進する施設は、国と地方自治体が特別に必要と認めるものを除き全廃する。

一……財政再建と緊縮予算のために、高齢者や障害者のための公共交通機関や公共施設の無料・割引制度を改め、自己負担額を引き上げる。

一……生活保護制度は、現状の現金給付をやめ、クーポン券の利用や生活用品を渡す現物支給を基本にする制度に改める。また、給付期間を限定し、稼働能力のある者は労働に従事することなく生活保護を受けることを厳しく禁止する。

一……国と地方自治体は、ギャンブルやカジノを大いに振興し、すべて国民は賭けごとを愛好しなければならない。

一……すべて国民は、国の法律と地方自治体の条例に従わなければならない。教育と労働において命令と強制に従わない者は厳重に罰せられる。

# 国家戦略会議の冷酷非情な「四〇歳定年制」提言

第一八四回 ❖ 二〇一二年七月七日

今日の『日本経済新聞』朝刊に、野田首相を議長とする国家戦略会議の「フロンティア分科会」報告書が出たという記事が載っています。それをこのブログの「注目のニュース」欄にアップしておきましたのでご覧ください。

フロンティア分科会には「繁栄のフロンティア」、「幸福のフロンティア」、「叡智のフロンティア」、「平和のフロンティア」の四部会が設けられ、それぞれのテーマについて検討しています。そのなかには、「環太平洋経済連携協定」(TPP)への参加を通じた貿易と投資の自由化」(繁栄のフロンティア)や、「集団的自衛権の見直しなどを通じた安保体制の拡充」(平和のフロンティア)などの提言も盛り込まれていますが、働き方との関連でとくに注目を引くのは、四〇歳定年制導入の提言です。

Webで総論にあたる「フロンティア分科会」の本文を開くと、「人生のさまざまなライフステージや環境に応じて、ふさわしい働き場所が得られるようにする。具体的には、定年制を廃し、有期の雇用契約を通じた労働移転の円滑化をはかるとともに、企業には、社員の再教育機会の保障義務を課すといった方法が考えられる。場合によっては、四〇歳定年制や五〇歳定年制を採用する企業があらわれてもいいのではないか」という文章が目に飛び込んできます。

これは、グローバリゼーション時代の国際競争に負けて、日本がこれ以上「坂を転げ落ちない」ためには、現在の「定年制」を廃止し、「有期雇用契約制」に転換する必要があるという提言です。

「繁栄のフロンティア」では、「人財戦略を国家戦略に」することが強調され、「有期を基本とした雇用や金銭解雇ルールの明確化」と合わせて、「皆が七五歳まで働くための四〇歳定年制」の導入を提起して、次のように述べています。

「人生で二～三回程度転職することが普通になる社会を目指すためには、むしろ定年を引き下げることが必要である。具体的には、入社から二〇年目以降であれば、労使が自由に定年年齢を設定できるようにすべきである」。

定年制というのは、短期の再雇用措置がある場合も含め、通常は、一定の年齢をもって雇用契約が終了し、退職する制度を指します。しかし、上記の報告書は、四〇歳定年制の導入を持ち出しながら、「七五歳まで働ける環境をつくっていくための柔軟な雇用・解雇ルールの確立」と言ったり、「何歳でもその適性に応じて雇用が確保され、健康状態に応じて、七〇歳を超えても活躍の場が与えられるというのが前提」と書いたりしています。

しかし、この付け足しの定年後の雇用は、うまく見つかるとしても、以前より賃金の低い、いつ解雇されるかわからない有期雇用です。四〇歳定年制は、どんな餡《あん》にくるもうと、「四〇になればクビだ」という制度である点で、冷酷非情な毒入り饅頭であることは隠せません。

私は、この報告書に目を通して、以前に監訳したジル・フレイザーの著書『窒息するオフィス　仕事に強迫されるアメリカ人』（岩波書店、二〇〇三年）の一文を思い出しました。四〇歳定年制は、ここにいうキャリア上の「死のキス」を四〇歳という若さで制度化しようというものです。

今日では人々は、二〇代には派遣社員に登録するか、仕事がきつく昇進可能性が乏しい正社員のポストに就くかを選択することを迫られている。三〇代、四〇代には、会社のもっと働けという要求と、子どもや老親の世話をする必要との板挟みで苦労させられる。そしてさらに年をとると、これまで猛烈に働いてきたことが報われるどころか、在職期間が長く給与水準が高いために、失業させられる危険がいっそう高くなり、個人営業や非正規労働のほかには、ほとんど選択肢がないことを悟る。いまや証券業やハイテク分野のような冷酷な業界では、こうしたキャリア上の「死のキス」は四〇代の若さの人びとを襲っている(同書、八～九ページ)。

先日、本欄に「大阪が日本の首都となり、『維新諸法度』が公布された」悪夢の話を書きました。このたびの国家戦略会議「フロンティア分科会」の報告書は、二〇五〇年までに実現するべき日本の国家像をまとめたものです。その国家戦略の中心に据えられた雇用戦略だけをみても、この報告書が描いているのは、「維新諸法度」の悪夢にも劣らぬディストピア(暗黒世界)の日本社会です。私たちの子や孫たちのためにも、こんな地獄の到来を許してはなりません。

## 安倍首相が返り咲くと残業ただ働き法案が生き返る？

第一九七回 ✤ 二〇一二年九月二七日

自民党の新総裁に安倍晋三氏が選出されて言葉がありません。予想していたわけでもないので、「さもありなん」とは言えません。他に期待していた候補がいたわけでもないので、「うんざり」でもありません。ある知人から今朝いただいたメールに「日本人として情けない」とありました。わたしも正直そんな気持ちです。

安倍氏は二〇〇六年九月二六日に戦後最年少の戦後生まれでは最初の首相に就任し、二〇〇七年九月二六日に退任しました。退陣の背景には二〇〇七年七月の参議院選挙における自民党の歴史的敗北があるとはいえ、所信表明演説のわずか二日後に退陣表明をするなど実に無様《ぶざま》な辞め方をしたことも記憶に新しいところです。

首相在任中、安倍氏は教育基本法を改悪し、道徳心や愛国心を鼓吹し、防衛庁の防衛省への昇格を強行するなど、国の針路を一段と国家主義と軍国主義の方向に切りました。働き方ネットとして忘れてならないのは、彼は「残業ただ働き法案」とも「過労死促進法案」とも呼ばれた「ホワイトカラー・エグゼンプション」制度をアメリカから導入しようとして、労働者の総反撃を受け立法化を断念した首相でもありました。この制度は、ホワイトカラー（管理・専門・営業・事務系の労働者）に対して、労基法の規制を適用除外にして、残業という概念をなくし、したがって残業賃金を払わずに、無制限に働かせようというのですから、成立してきたら大変なことになっていたところです。

働き方ネットはホワイトカラー・エグゼンプションの法制化が急を告げるなかで、これをなんとしても阻止するために「ストップ・ザ・エグゼンプション！」をスローガンにスタートしました。本会のブログを見ると、結成総会は、安倍内閣発足直後の二〇〇六年九月二八日、エルおおさか南館五階ホールで開かれ、わたしが「働き方はこれでよいのか？ストップ・ザ・エグゼンプション」と題して基調講演をしたとあります。

「近いうち」の総選挙で、自民党が勝利して、あるいは選挙結果によっては日本維新の会と連立して、安倍ゾンビ首相が誕生すると、一度葬られたホワイトカラー・エグゼンプションも生き返らないともかぎりません。

かといって、裏切りに裏切りを重ねた民主党や、大阪から国政に乗り出すにわか政党にこの国の針路やわたしたちの働き方を委ねることはできません。ストップ消費税！ストップ原発！ストップ過労死！ストップ貧困！を基準にした政治選択が求められています。

## 天王寺動物園の元日開園を迫る橋下大阪市長に批判ツイッター

第二〇九回　二〇一三年一月二日

百貨店の元旦営業について書こうと思ってネットを検索していたら、天王寺動物園の年末年始営業に関する橋下大阪市長のツイッター発言をめぐる論議が目に止まりました。

発端は一二月三〇日に発信されたつぎのような「つぶやき」です。

〈昨日、仕事が正月休みに入ったので、子どもを連れて、天王寺動物園に遊びにいったら正月休みでした。働いている人は大変かもしれませんがこういった施設は、みんなが休みの時に、にぎあうので二九、三〇日くらいまで開けられないでしょうか？〉

これに対して橋下市長は、次のように応答しています。

〈天王寺動物園を都市型動物園として大阪の集客施設の目玉にしようかと議論しているところです〉。

〈天王寺動物園には、経営的視点から入園者の立場に立てと指示しているのですが、正月休みを取ると言う時点でアウトでしょ。完全にお役所仕事。入園者を必死で増やす意識〇《ゼロ》。倒産しないお役所の意識丸出し。テーマパークで正月休みを取っているところってあるのかな。入園者が少ない平日に休めばいい〉。

天王寺動物園の公式サイトでは、休園日は、毎週月曜日（休日にあたる場合は翌平日）と年末年始（一二／二九・一／一）となっています。正月も二日からは開園しているのですから、正月は休んでいるかのような橋本市長の言い方は不正確です。動物園を「テーマパーク」のような「集客施設」とみているのは、動物園が単なる見世物や商業的な娯楽施設ではなく、生きた動物を飼育・展示する博物館的な研究・教育施設としての役割を持っていることを無視した暴論です。働く者とその家族の正月の持ち方への配慮はみじんもありません。

総選挙後の橋下ブームの冷え込みを反映しているからなのか、問題の市長発言が労働者や市民の感覚からずれているからなのか、ツイッター上では、橋下発言を支持する意見よりも、批判する意見の方が多いように見受けられます。以下、私が同感する批判のいくつかを紹介します。

〈まず、お前さんがちゃんと市長として働けよ〉。

〈働く人の後ろには当然家族がいるわけで、正月に働かせるという事は、その働いている人の数分の家庭から「家族そろった正月」を奪う事になる〉。

〈動物の世話っていうのは年中無休なハズだから、たぶん裏方さんは誰かしら出てると思うんだけど、それでも休園ていうのは年明けに向けての準備も込みなんじゃないですかね？……年末ギリギリまで開園するとしたら三ヶ日は休むとかの配慮は必要だろうし、正月二日から開園するために年末休んでるんじゃないのかな〉。

〈橋下市長のツイッターは要するに『議員の口利き受付窓口』なんですかね。陳情の方法はちゃんとあるのに、市長案件が他を押しのけてすばやく処理されるんだったら、同じ市民の要望でも、緊急性や重要性以外に市長の案件であることが有利になってしまう。公平性を欠きます〉。

〈へー、じゃあ土日市役所が開いてないのは働く気がないからですよね？　つーか土日に市役所が開いてくれると企業的には非常にありがたいんだけどね〉。

〈橋下さん、保守じゃないのかな？　保守なら「みんな実家に帰って家族でゆったり過ごすのが日本の正月だろ」くらいのこと言うかと思いきや。ラモス瑠偉ならそう言いそうな気がするぞ〉。

〈そもそも本来正月は休みだよ。いい加減元の形に戻しなよ。スーパーとかにいるお客様サービス対応係にでもなったの？〉。

〈ダイエー中内功が始めた正月営業だけど、結局現場に負荷がかかるばかりで社会全体の幸福は減少してるのじゃないかと思うよ。流通業界だって正月くらい休みたいのが本当じゃないのかな。橋下市長のいう「民間」ってブラック企業にしか思えない〉。

## 働く者には踏んだり蹴ったりのアベノミクス

第二二〇回　二〇一三年四月一七日

マスコミではアベノミクスがもてはやされていますが、安倍首相が創案した何か独自のエコノミクス（経済学）があるわけではありません。

看板の「大胆な金融政策」は、インフレとバブルで一時的に花見酒の浮かれ景気をもたらそうという古くからの手法です。「大規模な財政出動」は大型赤字財政による公共投資の景気拡大効果を当て込んだ土建国家型の悪しきケインズ主義です。雇用政策は労働市場の流動化（解雇の自由化）一辺倒の露骨な新自由主義です。両者は政策的には水と油の関係にあります。一方は雇用を増やし、他方は雇用を減らします。本来異質なものの危険な組み合わせ、その意味での「アブナイミックス」、それがアベノミクスなのです。

安倍首相は、二月一二日、「デフレ脱却に向けた経済界との意見交換会」に出席し、業績好調な企業に対して労働者の報酬の引き上げを要請しました。それに呼応して、流通業界を中心にごく一部の企業が正社員の賞与などをわずかに引き上げましたが、それは合計で見ても微々たるもので、労働者全体の賃金の上昇にはつながっていません。

厚生労働省の二〇一三年二月分の「毎月勤労統計調査」によれば、現金給与総額は前年比マイナスでした。日本経団連が四月五日に発表した二〇一三年春闘の第一回賃金回答集計によると、大企業の定期昇給を含む賃上げ率（定昇込み）は、前年集計時と比べ二年連続低下しました。さかのぼって同調査の二〇一二年結果を見ると、ボーナスなどを合わせた二〇一二年の現金給与総額（月平均）は、現在の調査方法に変更した一九九〇年以降で過去最低となりました。減少傾向は九八年から続いており、一二年は、〇八年秋のリーマンショックの影響で過去最低だった〇九年をさらに下回りました。最も高かった九七年と比べると、男女の労働者の平均年収は六九万円も下がったことになります。全労働者の雇用者報酬（賃金、退職金、福利厚生費用など）は、同じ期間に三五兆円も下がりました。これに示される賃金の持続的な下落こそがデフレの原因なのです。

賃金の低下傾向が止まらずに、物価だけが上がると、実質賃金が下がらざるをえません。これまではデフレで物価の下落が続いたために、名目賃金が下がっても実質賃金はさほど低下することなく推移してきました。しかし、「アブナイミックス」が効を奏して物価が上がると、名目賃金だけでなく、実質賃金も下がって、踏んだり蹴ったりの状態になる恐れがあります。

安倍政権のもとに「産業競争力会議」が設けられています。二〇一三年三月一五日に開催されたその第四回会合に長谷川閑史《やすちか》主査（武田薬品社長、経済同友会代表幹事）が提出した文書には、「雇用維持型の解雇ルールを世界標準の労働移動型ルールに転換するため、再就職支援金（や）、最終的な金銭解決を含め、解雇の手続きを労働契約法で明確に規定する」とあります。ここでいう「金銭解決」とは、たとえ訴訟で会社側が負けて解雇無効になっても、一定の金銭を支払いさえすれば労働者を解雇できる制度のことを意味しています。

安倍内閣の雇用政策は「規制改革会議」でも議論されています。同会議の雇用ワーキンググループに出された鶴光太郎座長（慶應大学教授）の「雇用改革の『三本の矢』」と題された文書はこれまでは「賃金の抑制・低下及び非正規雇用の活用に頼り過ぎた」と反省らしいことを言っています。その文書はまた、「デフレ脱却に向けて金融政策と賃金上昇が車の『両輪』になるべき」とも言って、賃上げに触れています。

しかし、その一方で「賃金を上げるのであれば、雇用の柔軟性を高める政策を実行すべき」と念を押しています。これからもわかるように、鶴提案のキーワードは、「人が動く」、つまり「労働市場の流動化」

なのです。労働時間についても「裁量労働制の見直し」を軸に「労働時間規制の見直し」を提唱しています。これは第一次安倍内閣が世論の猛反発を受けて二〇〇七年一月に引っ込めた「ホワイトカラー・エグゼンプション」という名の「残業ただ働き制度」の焼き直しにほかなりません。

結局、あれをとってもこれをとっても、アベノミクスは働く者にはきわめて危ない政策です。くわえて憲法改悪もあり、原発再稼働もありの「アブナイミックス」の大行進を許してはなりません。

## 日本の労働者を年収一〇〇万円で働かせるのがユニクロ

第二二二回　二〇一三年四月二四日

四月二三日の『朝日新聞』に、ユニクロが正社員の賃金を全世界同一にするという記事がでています。記事が指摘しているように、「世界同一賃金」体系が導入されれば「新興国に比べて割高な(日本の)賃金が下がる可能性がある」ことは火を見るより明らかです。ユニクロを経営するファーストリテイリングの柳井正会長兼社長自身、あけすけに次のように語っています。

「将来は、年収一億円か一〇〇万円に分かれて、中間層が減っていく。仕事を通じて付加価値がつけられないと、低賃金で働く途上国の人の賃金にフラット化するので、年収一〇〇万円のほうになっていくのは仕方がない」(朝日デジタル四月二五日、インタビュー記事)。

ユニクロが従業員に対してどんなに酷い働かせ方をしているかは、『週刊東洋経済』の今年三月四日号の風間直樹記者のルポに詳しくでています。

横田増生著『ユニクロ帝国の光と影』(二〇一一年、文藝春秋)によれば、ユニクロの全従業員約三万人のうち正社員は三〇〇〇人だそうです。今回、「世界同一賃金」が適用されるといわれているのは、全体の一割の正社員(それも一部)ですが、残りの九割の非正社員はどうなっているかを知りたくて、ネットで調べてみました。

なぜか、ユニクロでは有期雇用で低時給の非正規労働者を「パート」といわず、「アルバイト」というようです。全国各地のユニクロ店の「カジュアル衣料販売スタッフ」のアルバイト募集の時給を見ると、短期アルバイトの時給は一一〇〇円から八〇〇円まで幅があります。地方の店舗はたいてい八〇〇円台になっています。八〇〇円だと、年収は、パートに多い年間一二〇〇時間なら手取りでほぼ一〇〇万円です。たとえフルタイム並みに年間二〇〇〇時間働いても、手取りで一六〇万円にしかなりません。

他の会社も同様でしょうが、バイトの時給は「全国同一賃金」ではありません。その理由は、会社にとっては地域別最低賃金をクリアする限り賃金は安いほど望ましいが、人手が必要である以上はなんとか雇える額を払わざるをえないからです。いずれにせよ、ユニクロの「世界同一賃金」は、大半のユニクロ労働者にとっては、年収一〇〇万円、時給は地域別最低賃金で働かざるをえなくなることを意味していると言えます。

現時点では、地域別最低賃金は、たとえば東京都八五〇円、大阪府八〇〇円、愛知県七五八円、香川県六七四円、秋田県・宮崎県・沖縄県六五三円となっています。

各地のユニクロの「短期アルバイト」募集の時給を見れば、東京は一一〇〇円の店舗もあるようですがたいてい一〇〇〇円です。最低賃金が一番低い沖縄などの地方は八〇〇円です。この二〇〇円の差は最低賃金の差にほぼ対応しています。もし、最低賃金が引き下げられるようなことがあれば、それに応じてユニクロの賃金も引き下げられるでしょう。もちろん、逆も真であって、最低賃金が上がれば、ユニクロも賃金を上げざるをえなくなります。

いずれにしても、ユニクロの地域別最低賃金＋$\alpha$のアルバイト時給が「全国同一」でないことは言うまでもありません。

## 橋下さん、ツイッター乱発で政治生命がツイエター！

第二二三回　二〇一三年五月一八日

橋下徹氏がいわゆる従軍慰安婦について大阪市役所で「当時は必要だった」と記者団に語ったのは五月一三日午後でした。その場では、沖縄県を五月一日に訪問した際、米海兵隊幹部に「もっと風俗業を活用してほしい」と求めたことも明らかにしました。

橋下氏は、翌日の早朝からこれを書いている一七日夜まで、一七〇本以上のツイッターを発信しています。一四日は五七本、一五日は五九本と異常な数です。一四日は反響を大きくすることを意図してか、早朝から以下のように分刻みにつぶやいています。午前六時台から八時台のあいだだけでも、六時二一分、二五分、二七分、三二分、三三分、三九分、四六分、五三分、五五分、七時〇四分、一一分、一四分、一六分、二二分、二四分、二七分、四一分、四三分、八時二三分、三〇分、三三分、三六分、三九分、四六分というように、自らの「慰安婦」発言問題に関連して二四本も発信しています。

一四日の午後は職員なら勤務時間である午後三時過ぎから再び「慰安婦」問題についてツイッターを二、三分間隔で三時五七分までに一三本も速射しています。一四日は午後一一時五八分の送信で終わっていますが、日付が変わっただけで、一五日は午前〇時三分から四八分まで一二回、八時一九分から九時三七分まで一五回も打ち続けています。そして午前一一時四一分から再開し、一一時五一分まで五回、夜も含めると一日で五九回という具合です。

これだけの頻度でツイッターを打ち続けるのはずいぶん時間と労力を要します(それを数えてる私も暇ってことですか)。今回の発言内容は大阪市が世界の嫌われ者になるというマイナスの影響はありますが、大阪市政にとってはプラスの寄与はなにもありません。公人としての市長に職務専念義務があるとすれば、橋下氏の言動とそれに費やした時間は重大な専念義務違反にあたります。

橋下氏のツイッターの多くは朝と夜に打たれていますが、普通なら執務時間にあたる時間帯に出したものもかなりの数にのぼります。職員が同じことをすれば、おそらく橋下氏なら懲戒処分にするところです。

この間の橋下氏のツイッターは、初めは反響を計算して煽るために、後には批判に対する火消しのために乱発されたと推測されます。いずれにせよ、じっくり考える間もないほど早撃ちするとボロが出ます。そして、あれこれ言いつのるほど、お粗末な品性、感性、知性のほどが否応なくさらけ出されます。謝罪も撤回もせずに、ツイッターで恥知らずの言い訳を繰り返していると、ついには政治生命までツイエターということになりかねません。

自ら起こして大きな国際問題に発展した今回の事件では、どうやらそうなりそうな感じがします。

## NHKラジオに出演し、過労死問題でコメント

第二二七回　二〇一三年六月二一日

六月二一日、NHKラジオ第一放送「私も一言！夕方ニュース」にスタジオ出演しました。全国放送ですが、近畿、東海三県、九州などは別番組だったようです。「〝過労死〟〝過労自殺〟のない社会をつくるには」がテーマでした。

この日は、二〇一二年度の労災補償状況に関する厚生労働省の発表がありました。さきの番組冒頭のニュースでも紹介されたように、過労死にかかわる脳・心臓疾患での労災認定は前年度より二八人増の三三八人（うち死亡一二三人）でした。また過労自殺にかかわる精神疾患での認定は、前年度一・五倍の四七五人（うち自殺・自殺未遂は九三人）にのぼり、三年連続で過去最多を更新しました。

六月一五日には「過労死一一〇番」があったところでした。それに寄せられた以下のような相談事例がさきのラジオ番組でも読み上げられました。

◉夫が土日・祝日も休めず、午前二時～三時の帰宅、二～三日徹夜。食事もできず、顔色が悪く、痩せてきている。周りの社員も見て見ぬふりをしている。（男性・情報関係、妻からの相談）

◉娘は休みを月に一回しかとれず、毎日夜遅く、昼の休憩もない。一年目に過労で倒れ、小さなことで大泣きするなど情緒不安定になっている。（二〇代女性・教員、親からの相談）

◉息子が長時間労働でうつ病になっている。夜中にも呼び出されたりしていて、実際には月二〇〇時間以上の残業があるが、記録は一〇〇時間程度しかつけられていないよう。（二〇代男性・警察、父からの

相談）

◉息子が自殺で亡くなった。出退勤の記録もなく、年休も取れず、「休職したい」と言っていた。遺族として過労死防止法制定の運動に関わっていきたい。（ＩＴ関係四〇代男性の母親からの相談）

◉入社後二年で自殺。亡くなる一年ほど前から気分が不安定で優れない、仕事を変わりたいと言っていた。震災後節電のころ残業が多くなり、自殺で亡くなる二〜三日前にも会社を辞めたいと言っていた。

（二〇代男性・製造、親からの相談）

ある時期までは夫を過労死で亡くした妻からの相談が多かったのですが、右の例からもわかるように、今では息子や娘の精神疾患や過労自殺についての親からの相談が多くなっています。それだけ若い世代の労働者のあいだに過労とストレスによる健康障害が拡がっているのです。

番組の途中にリスナーからメールで声が寄せられました。ＮＨＫの番組ホームページに出ているので、そのなかの就活学生の親からの声を紹介しておきます。ふるい分けるためか、内定を辞退させるためか、いずれにしても酷い企業もあったものです。こういうブラック企業の横行を許してはなりません。そういう思いから、番組の最後では「過労死防止基本法」の早期制定を強く訴えました。

私の娘は大学四年で就活をしています。ある会社から内定をやっともらい喜んでいた矢先。娘から相談が。会社から通勤時間がもったいないので会社の近くに住むように、簿記の二級を取る、宅建の資格を取る、居酒屋でバイトをして人間関係を磨け、新人研修はスポンジの押し売りをやるなどと言われているというのです。私は愕然としました。学生の無知と就職難を良い事にこの様な会社があること自体ビックリしています。この様な会社を無くす事と不正な雇用の（実態についての）教育を義務教育時点で行なうべきではないでしょうか？（東京都　四〇代　男性）。

## バイト学生がこれだけ多ければ労組結成も当然

第二三三回　二〇一三年九月八日

「大学生らが労組結成　バイトの労働条件向上求め」という共同通信の配信記事を目にしました。今日では多くの大学生や高校生がアルバイトに従事し、コンビニや外食などの産業で学生アルバイターが基幹的な労働力になっています。では、いわゆるアルバイト学生はいったいどのくらいいるのでしょうか。

今年の七月に、五年ごとに行われる「就業構造基本調査」（「就調」）の二〇一二年結果が発表されました。そのニュースでは非正規労働者が二〇四三万人、三八・一％に達し、実数でも比率でも過去最高を記録したことが話題になりました。

この二〇四三万人というのは、高校、専門学校、大学、大学院など、在学中にアルバイトに従事している雇用者一三六万人を含んだ数字です。自営業における家族従業者を含めると、在学中の就業者は一四三万人にのぼります。内訳は高校生二五万人、専門学校生一〇万人、短大生六万人、大学生九三万、大学院生八万人となっています。

アルバイト学生のなかにはフルタイム労働者並みに就業している者が九万人います。なかには週六〇時間以上働いている者が一・四万人、年間三〇〇日以上働いている者が一・五万人います。

警察庁の自殺統計を見ると、ここ三年ほど、大学生の「就職失敗」による自殺が増加しています。それに関連して注目されるのは、二〇一一年に大学生の「仕事疲れ」による自殺が四件も起きていることです。これはおそらく「アルバイト過労自殺」と考えられます。今では過労とストレスで自殺するほどきついアルバイトもありうるということです。

「就調」にもとづけば、大学生のアルバイト従事率は三三％（二八二万人のうちの九三万人）です。しかし、関西大学の二〇一一年「学生生活実態調査」によれば、六六％の学生がアルバイトを「継続的にしている」と答えています。それと比べると、「就調」の数字は過小ではあっても、けっして過大ではありません。大学院生を含めると一〇〇万人を超える大学生がアルバイトの形態で非正規労働者に組み入れられている現実を直視すれば、大学生が労働組合を作るのも当然と言わなければなりません。

## 議員連盟が過労死防止基本法の早期制定に動き出す

第二四二回　二〇一三年一一月二〇日

一一月一九日午後、衆議院第一議員会館で「過労死防止基本法の制定を実現するつどい」が大会議室を埋める二三四名の参加を得て開催されました。二〇一一年一一月一八日の「〝ストップ過労死〟過労死防止基本法制定実行委員会」のスタートから七回目、その前年の準備集会から八回目の院内集会でした。

この集会までに「全国過労死を考える家族の会」と「過労死弁護団全国連絡会議」を中心に、過労死防止基本法（以下、防止法）の制定をめざす一〇〇万人署名に取り組み、約五二万人の署名を集めることができました。また、全国七六の自治体（二〇〇三年一二月末現在）で防止法の制定を求める意見書が採択されています。さらに、本年六月に防止法の制定を求める超党派の議員連盟が始動し、今月一九日までに自民、公明、民主、維新、みんな、共産、社民などから一二二名の議員が加わっています。そのうち四八名は自民党議員です。

衆議院の本会議と重なる時間帯でしたが、集会には、四〇名を超える議員（代理秘書を含む）が出席され、議員立法による今臨時国会での成立に向けて努力する意向をこもごも表明されました。同日に開かれた議連世話人会で事務局長になった自民党の馳浩《はせひろし》衆議院議員は、挨拶に立って一二月六日までの会期のなかで成立させるのは容易ではなく、約束はできないが、今臨時国会での成立に向けて努力したいと言明されました。

法案の基になっているのは、過労死防止基本法制定実行委員会が本年四月に発表した「過労死防止基本法（案）」です。議連世話人会が発足してからは、これを尊重しつつ、衆議院法制局の事務方と連絡協議を重ねて、骨子案→要綱案→条文案と練られて現在に至っています。実行委員会案と比べると、議連法案の名称には「過労死等防止基本法案」と「等」が入っています。これは過重労働による死亡だけでなく、重篤な疾患を含めたことを意味しています。

また実行委員会案では内閣府に「過労死防止総合対策会議を置く」となっていましたが、議連案では、厚生労働省に「過労死等防止推進協議会を置く」となっています。これは内閣府への基本法関連機関の集中を避け、過重労働対策を講じてきた厚労省に委ねるほうがよいということです。

現時点では、自民党の党内調整がまだ終わっていません。時間切れで、来年の通常国会に持ち越すという心配もないではありません。しかし、山登りにたとえれば、いまは防止法山という未踏の山の九合目にさしかかって、ようやく頂上が間近に見えてきたと言ってよいでしょう。これを願望に終わらせずに現実にするために、署名や議員要請に最後の奮闘が求められています。

〈追記〉二〇一三年一二月四日、参議院における秘密保護法の採決をめぐって国会が紛糾していたなかで、前日に行われた過労死防止基本法制定を目指す超党派議員連盟(代表世話人・馳浩自民党衆院議員)の総会での合意を受けて、野党六党の共同提案のかたちで「過労死等防止基本法案」が衆議院に提出されました。自民党の党内手続きが終わっていないために、臨時国会では採決せずに継続審議となり、一四年春の通常国会での成立を目指す運びになっています。しかし、一寸先は闇といわれる政局のことです。自民党から野党案より大幅に後退した案が示される可能性もあり、予断や楽観は禁物です。

# 謝辞

私は、教員生活が長かったために、大阪外国語大学の時代を含め、大勢の学生や多くの教職員の方々から助けられてきました。

前著の『過労死は何を告発しているか――現代日本の企業と労働』（岩波現代文庫、二〇一三年）の「あとがき」にも書きましたが、関西大学でお世話になった教職員のみなさんには心から感謝しています。いちいちお名前は記しませんが、こうしてなんとか勤め上げることができたのもみなさんの支えのおかげです。学部や大学院からから巣立っていった元ゼミナール生をはじめとする卒業生のみなさんには、教えた以上に教えられたことにお礼を言います。

学会関係では、基礎経済科学研究所、経済理論学会、経済教育学会、独占研究会の古参のみなさんになにかとお世話になりました。社会活動では、株主オンブズマン、大阪過労死問題連絡会、過労死弁護団、過労死家族の会、NPO働き方

ＡＳＵ-ＮＥＴなどのメンバーにずいぶん元気をもらいました。研究成果の発表では、本作りに携わる多くの人びとのお力添えがありました。

高校の三年間同じクラスだった同窓生や、大学・大学院時代の友人にも退職のお知らせをしなければならないと思っています。大学時代のゼミで指導を受けた山﨑怜先生と大学院のゼミで指導を受けた池上惇先生が今もご健在で、健筆を揮われているのは、すでに高齢者の仲間入りをした私にとってなにより励みになることです。

本書の出版では桜井書店の店主で友人の桜井香さんに何から何までご面倒をおかけしました。思えば、桜井さんが青木書店の若き編集者だった頃に共著『現代世界恐慌と資本輸出』(池上惇編、青木書店、一九七三年)で知り合って以来、四〇年余りの長きにわたり助言をいただき、励まされてきたことになります。あらためてお礼を言います。

最後にすてきな装丁やレイアウトで引き立ててくださったブックデザイナーの加藤昌子さんに謝意を表します。

◉森岡孝二……もりおか・こうじ

一九四四年三月二四日大分県生まれ。一九六六年三月香川大学経済学部卒業。一九六九年九月京都大学大学院経済学研究科博士課程退学、経済学博士(京都大学)、一九六九年一〇月大阪外国語大学助手、一九七四年四月関西大学経済学部講師、一九八三年四月同教授、二〇一四年三月関西大学退職、株主オンブズマン代表、大阪過労死問題連絡会会長、働き方ASU-NET代表理事。

主な著書に、『独占資本主義の解明――予備的研究』(新評論)、『現代資本主義分析と独占理論』、『企業中心社会の時間構造――生活摩擦の経済学』(以上、青木書店)、『働きすぎの時代』、『就職とは何か――〈まともな働き方〉の条件』、『過労死は何を告発しているか――現代日本の企業と労働』(以上、岩波書店)、『貧困化するホワイトカラー』(ちくま新書)、『日本経済の選択――企業のあり方を問う』、『強欲資本主義の時代とその終焉』(以上、桜井書店)などがある。

教職みちくさ道中記

発行　二〇一四年 三月三一日　初版

著者　森岡孝二
ブックデザイン　加藤昌子
発行者　桜井　香
発行所　株式会社 桜井書店
東京都文京区本郷一丁目五─一七　三洋ビル一六　〒一一三─〇〇三三
電話(〇三)五八〇三─七三五三　ファクシミリ(〇三)五八〇三─七三五六
http://www.sakurai-shoten.com/
印刷所　株式会社 ミツワ
製本所　誠製本 株式会社


ISBN978-4-905261-16-2 Printed in Japan

教職みちくさ道中記